高等职业教育高速铁路综合维修技术专业教材

高速铁路
工电供理论与实操基础

敬军　李宽 ◎ 主编

西南交通大学出版社
·成　都·

图书在版编目（CIP）数据

高速铁路工电供理论与实操基础 / 敬军，李宽主编.
成都：西南交通大学出版社，2025. 7. -- ISBN 978-7
-5774-0534-6

Ⅰ．U238

中国国家版本馆CIP数据核字第2025XN0190号

Gaosu Tielu Gong-dian-gong Lilun yu Shicao Jichu
高速铁路工电供理论与实操基础

敬军　李宽 / 主编

策划编辑 / 李芳芳
责任编辑 / 姜锡伟
封面设计 / 墨创文化

西南交通大学出版社出版发行
（四川省成都市金牛区二环路北一段111号西南交通大学创新大厦21楼　610031）
营销部电话：028-87600564　　028-87600533
网址：https://www.xnjdcbs.com
印刷：成都中永印务有限责任公司

成品尺寸　185 mm×260 mm
印张　15.75　　字数　344千
版次　2025年7月第1版　　印次　2025年7月第1次

书号　ISBN 978-7-5774-0534-6
定价　48.00元

课件咨询电话：028-81435775
图书如有印装质量问题　本社负责退换
版权所有　盗版必究　举报电话：028-87600562

前 言

高速铁路工电供理论与实操基础包括专业安全、专业基础知识、专业实作三部分内容，具有结合铁路现场高铁综合工电供集中检修和应急处置的特点，适用于现场高速铁路工电供维护人员培训学习使用。编写此书的目的是使高速铁路综合维修技术专业的学生通过学习，能够尽快适应现场作业环境，担当高速铁路综合维修的本职工作。

专业安全部分涉及的规章包括《铁路技术管理规程》、《高速铁路行车组织细则》、《高速铁路线路修理规则》、《高速铁路桥隧建筑物修理规则》、《高速铁路信号维护规则》相关的工务、电务、供电相关的内容。专业安全部分包括高速铁路工务安全知识、高速铁路电务安全规则、高铁供电安全的相关安全知识。

专业基础知识及专业实训部分包括线路、桥隧、信号、接触网等相关知识。

本书编写参考了中国铁路沈阳局集团有限公司制定的相关文件、制度，其他局使用时应对照本局最新的规定执行。

本书由吉林铁道职业技术大学敬军、李宽主编，中国铁路沈阳局集团有限公司沈阳高铁基础设施段何忠武主审。参加编写的还有吉林铁道职业技术大学苏立平、曲乙澍、温承鹏、马寅峻、罗冲，中国铁路沈阳局集团有限公司职工培训基地冉凤菊、景秀利、贾辉，中国铁路沈阳局集团有限公司通辽供电段郭云鹏。其中，思政、信息化部分由辽宁省大连市庄河市第四高级中学罗健负责编写。

本书在编写过程中得到了中国铁路沈阳局集团有限公司沈阳高铁基础设施段、中国铁路沈阳局集团有限公司职工培训基地、中国铁路沈阳局集团有限公司通辽供电段、辽宁省大连市庄河市第四高级中学领导和同志们的帮助和支持，特表示由衷的感谢。

由于时间仓促，资料搜集不全，更由于编者水平所限，书中错误、疏忽、不妥之处在所难免，恳请读者批评、纠正，多提宝贵意见。

编 者
2025 年 3 月

目　录

第一部分　工电供专业安全

第一章　高速铁路工务安全知识 002
第一节　工务人员出工前安全知识 002
第二节　工务人员上道作业中安全知识 005

第二章　高速铁路电务安全规则 007
第一节　总　则 007
第二节　作业安全 007
第三节　事故案例 008

第三章　高速铁路供电安全 010
第一节　供电安全知识 010
第二节　人体触电急救方法 012

第二部分　高速铁路工电供专业基础知识

第四章　高速铁路线路 016
第一节　高速铁路钢轨 016
第二节　无砟轨道结构 019
第三节　客运专线扣件系统简介 030
第四节　高速道岔结构 045
第五节　无缝线路 055
第六节　《高速铁路线路修理规则》相关内容 062

第五章 高速铁路桥隧建筑物 ·· 066

第一节 高速铁路桥梁 ·· 066

第二节 高速铁路隧道 ·· 072

第三节 《高速铁路桥隧建筑物修理规则》相关内容 ·· 076

第四节 防灾安全监控系统基本知识 ·· 085

第六章 铁路信号 ·· 089

第一节 ZPW-2000A 型无绝缘轨道介绍 ·· 089

第二节 应答器 ··· 096

第三节 道岔基础知识 ·· 104

第四节 结合部管理理论知识 ·· 117

第五节 《铁路技术管理规程（高速铁路部分）》电务部分相关内容 ·························· 129

第六节 《高速铁路信号维护规则》相关内容 ··· 132

第七章 接触网 ··· 136

第一节 客运专线概况和标准 ·· 136

第二节 客运专线主要技术指标 ··· 137

第三节 客运专线接触网各部的组成 ·· 139

第四节 供电分段介绍 ·· 142

第五节 工作票认知与驻站联络员一次作业流程 ·· 144

第三部分 高速铁路工电供专业实作

第八章 工务工具仪器使用 ··· 149

第一节 电子轨距尺的使用 ·· 149

第二节 常用作业工具的使用方法及安全注意事项 ··· 151

第九章 线路、桥隧作业 ·· 155

第一节 无砟轨道线路高低调整作业（CRTSⅠ型） ·· 155

第二节 无砟轨道线路改道作业（CRTSⅠ型） ··· 158

第三节 道岔巡视检查作业指导书 ·· 160

第四节 桥隧作业 ·· 161

第十章　线路应急处理 ... 167
第一节　红光带故障处理流程及办法 ... 167
第二节　道岔故障处理 ... 170

第十一章　电务（信号）仪表使用及作业 ... 174
第一节　信号常用仪表的使用 ... 174
第二节　高速铁路色灯信号机 ... 178
第三节　站内 25 Hz 相敏轨道电路 ... 182
第四节　ZPW-2000A/K 无绝缘轨道电路 ... 189
第五节　道岔调整 ... 195

第十二章　电务（信号）应急处理 ... 211
第一节　道岔应急处理 ... 211
第二节　轨道电路故障处理 ... 216

第十三章　接触网仪表工具使用 ... 220
第一节　特斯拉计使用 ... 220
第二节　利用接触网激光测量仪测量接触网参数 ... 221
第三节　安全、绝缘工具检查、使用 ... 224
第四节　接触网常用工具认识和使用 ... 228
第五节　绳扣系法 ... 235

第十四章　接触网作业及应急处理 ... 238
第一节　验电、接挂、拆除地线 ... 238
第二节　异物处理 ... 240
第三节　接触网隔离开关状态确认和应急操作 ... 242

参考文献 ... 244

第一部分　工电供专业安全

第一章　高速铁路工务安全知识

第一节　工务人员出工前安全知识

一、出工前机具的准备

高速铁路工务线路维修工作不能等同于普速铁路线路维修，因为高速铁路线路维修工作具有作业时间特殊、维修要求精准、作业手段科学的特点。高速铁路维修工作中所使用的机具都是比较先进的、精密的、作业效率较高的，所以，在出工之前，从安全角度对机具的准备提出几点要求。

（一）按派工单准备机具

作业负责人按当日作业派工单所列准备机具。

（二）机具的检查

1. 检查人：由机具使用人员和作业负责人共同进行检查。
2. 检查项目：
（1）机具外观。
（2）发动、试运转。
（3）如发动不起来，必须查明原因并进行修理。

（三）机具装车

1. 对于较重机具（如发电机、打磨机、内燃扳手、捣固镐等，见图1-1），必须多人协作、共同搬运，车上一定要有人接稳、扶牢，避免滑落伤人。

（a）内燃螺栓扳手　　　　　　　　　（b）打磨机

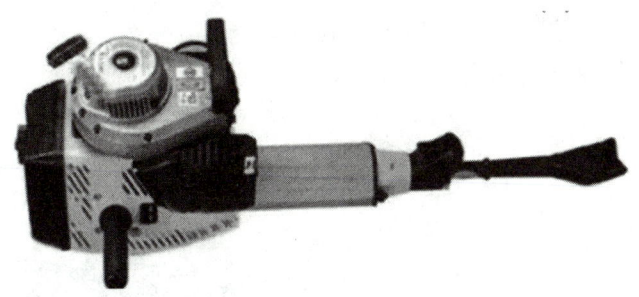

（c）手提式内燃冲击捣固镐

图1-1　机具图示

2. 对于一些作业杆件（如撬棍、加力扳手、走行架等），装车时一定要注意放平稳、牢固，防止遗漏。

二、作业人员乘车

1. 司机保证睡眠充足。
2. 副驾驶位置乘坐作业负责人。
（1）严禁盹睡。
（2）提醒司机注意路况、周边车辆等安全事项。
3. 作业人员必须全部乘坐在驾驶室内，车外严禁乘坐人员。

三、在封闭网外

（一）到达目的地

到达目的地后，将机具卸车、摆放整齐、清点核查，清点准确无误后，搬运到封闭网外。

（二）进行双报告，等待调度命令

作业人员到达线路封闭网外等候调度命令时，确认好线别、行别后，现场防护员（图1-2）和作业负责人分别向驻站防护员"报告"。流程及用语如下：

作业负责人：××驻站××，有没有？

驻站防护员：××驻站有。

作业负责人：我是现场负责人××，作业×组已到达××线×行侧××公里××米处封闭网外，人员、料具已经准备到位。

驻站防护员：××驻站明白，请等候调度命令。

作业负责人：作业×组明白。

现场防护员：我是现场防护员××，作业×组已到达××线×行侧××公里××米处封闭网外，人员、料具已经准备到位。

驻站防护员：××驻站明白，请等候调度命令。
现场防护员：作业×组明白。

图1-2 现场防护员

（三）封锁命令确认"三方控"

驻站防护员接到调度命令后，与现场防护员、作业负责人进行命令传达"三方控"，现场执行复诵、报告制度。流程及用语如下：

驻站防护员：作业×组现场防护员有没有？

现场防护员：作业×组现场防护员有。

驻站防护员：调度命令已下达，命令号×××，从×时×分起至×时×分结束，命令传达完毕。

现场防护员：调度命令已下达，命令号×××，从×时×分起至×时×分结束（作业负责人同时跟随复诵，可不发射）。

驻站防护员：作业×组负责人有没有？

作业负责人：作业×组负责人有。

驻站防护员：调度命令已下达，命令号×××，从×时×分起至×时×分结束，命令传达完毕。

作业负责人：调度命令已下达，命令号×××，从×时×分起至×时×分结束（现场防护员同时跟随复诵，可不发射）。

现场防护员：报告，命令已下，命令号×××，从×时×分起至×时×分，可以上道。

作业负责人：大家是否听清。

全体人员：命令已下，可以上道。

然后，人员机具方可进网、上道作业。

第二节　工务人员上道作业中安全知识

一、按规定穿戴好劳动保护用品

穿好绝缘鞋、戴好绝缘手套。

冬季要按规定做好防寒工作：

1. 着带有反光条的防护棉服，禁止穿有连体帽的衣服。
2. 按规定戴好防寒帽、听耳孔必须外露。

防护员装备如图1-3所示，上道作业携带设备如图1-4所示。

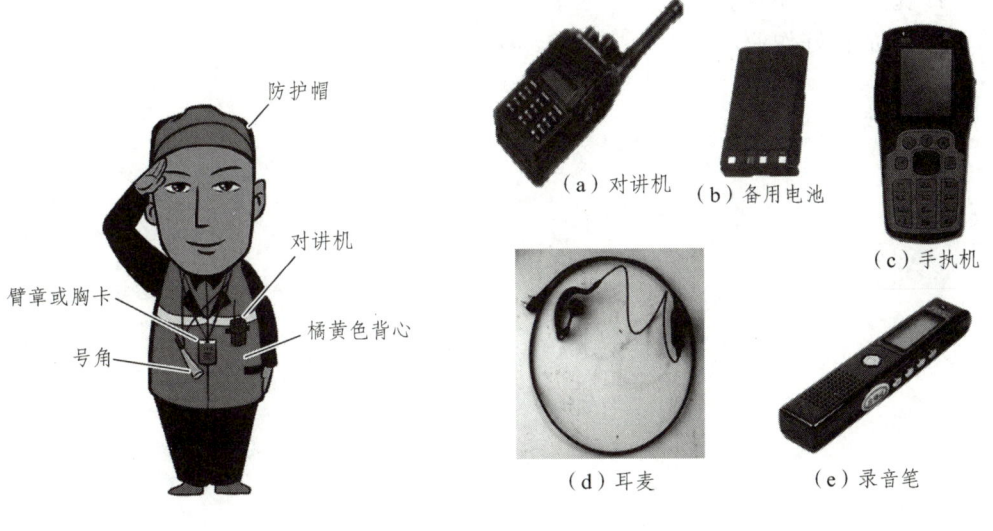

图1-3　防护员装备　　　　图1-4　上道作业携带设备

二、作业过程中要精力集中

严格遵守作业纪律和劳动纪律，作业过程中禁止嬉笑打闹、闲谈和做与工作无关的事。

三、相互照应

1. 保持安全距离。
2. 密切配合、相互提醒。
3. 做到"三不伤"，即：不伤害自己、不伤害别人、不被别人所伤。

四、统一行动

1. 坚持同去同归、不违章。
2. 听从命令，统一指挥。
3. 动作一致，共同发力。

五、预估风险

1. 要做到不懂勿动。
2. "长眼睛"。

六、守规矩

1. 避免惯性违章。
2. 养成良好作业习惯。

第二章 高速铁路电务安全规则

第一节 总则

第一条 为保障铁路行车、人身安全及设备运用安全,根据《中华人民共和国安全生产法》《中华人民共和国铁路法》《铁路安全管理条例》《铁路技术管理规程》《中国铁路总公司安全管理规定》《铁路交通事故调查处理规则》等有关法律法规和规章制度,制定本规则。

第二条 本规则是中国铁路总公司(以下简称总公司)电务安全管理的基本规定,适用于国家铁路和由铁路局实施委托运输管理的合格铁路。

第三条 铁路局应遵守国家有关安全生产法律法规,坚持"安全第一、预防为主、综合治理"的方针,建立健全安全管理制度,全面推行安全风险管理,提高安全生产管理水平。

第四条 铁路局及所属电务(通信)段应依据本规则制定实施细则及相关标准、办法等,全面加强和规范电务安全管理工作。本规则未作规定的,铁路局可根据需要自行补充。

第二节 作业安全

电务工作人员必须认真执行"三不动"、"三不离"、"四不放过"、"十严禁"、三级施工安全措施等基本安全制度和作业纪律。

一、"三不动"

1. 未登记联系好不动。
2. 对设备性能、状态不清楚不动。
3. 正在使用中的设备(指已办理好进路或闭塞的设备)不动。

二、"三不离"

1. 工作完了,不彻底试验良好不离。
2. 影响正常使用的设备缺点未修好前不离。
3. 发现设备有异状时,未查清原因不离。

三、"四不放过"

1. 事故原因分析不清不放过。
2. 没有防范措施不放过。
3. 事故责任者和职工没有受到教育不放过。
4. 有关人员没有受到处理不放过。

四、三级施工安全措施

电务段、车间、工区三级组织的施工均应制定施工安全措施。安全措施的基本内容应包括：

1. 施工前的准备措施。
2. 施工中的单项作业措施、安全卡控措施及安全防护措施。
3. 施工后的检查试验措施，以及发生故障时的应急措施等。

五、电务工作人员必须严格执行下列作业纪律

1. 严禁甩开联锁条件，借用电源动作设备。
2. 严禁采用封连线或其他手段封连各种信号设备电气接点。
3. 严禁在轨道电路上拉临时线沟通电路造成死区间，或盲目用提高轨道电路送电端电压的方法处理故障。
4. 严禁色灯信号机灯光灭灯时，用其他光源代替。
5. 严禁甩开联锁条件，人为沟通道岔假表示。
6. 严禁未登记要点使用手摇把转换道岔。
7. 严禁代替行车人员按压按钮、转换道岔、检查进路、办理闭塞和开放信号。
8. 严禁在天窗外进行影响设备正常使用的作业。
9. 严禁现场动配线或故障处理后联锁试验不彻底开通设备。
10. 严禁电化区段牵引电流未沟通和在电力机车占用下更换和拆卸轨道电路器材。

第三节　事故案例

"4·29"荣家湾特别重大事故

事故原因：4月29日8时许，长沙电务段荣家湾信号工郝××对荣家湾站内南端12号的电缆盒进行配线整理、加端子牌和内部卫生清扫，郝××先打开12号道岔转辙机，甩开1号端电缆线，擅自使用二极管封连线，将1、3号端子封连（此时12号道岔处于定位），而后又将HZ—24电缆盒打开，进行配线整理。

10时22分,车站办理818次旅客列车进4道接车线路时,郝××发现12号道岔由定位转至反位;10时35分,818次列车进入4道停车后,郝××未及时将二极管封连线卸下,恢复1号端子电缆线;10时42分,车站办理324次旅客列车E道通过进路,控制台Ⅱ道上行进出站信号均显示绿灯,Ⅱ道通过进路显示白光带,12号道岔显示定位(由于郝××的二极管封连线未卸下,甩开的1号端子线未接上,故12号道岔实际仍处于反位)。324次与818次尾部发生冲突,如图2-1所示。

图2-1 "4·29"荣家湾特别重大事故

第三章　高速铁路供电安全

第一节　供电安全知识

一、概念介绍

（一）接触网的检修作业分类

1. 停电作业——在接触网停电设备上进行的作业。
2. 间接带电作业——借助绝缘工具间接在接触网带电设备上进行的作业。
3. 远离作业——在距接触网带电部分 1 m 及其以外的处所进行的作业。

（二）双线电化区段，接触网停电作业按停电方式分类

1. 垂直作业——双线电化区段，上、下行接触网同时停电进行的接触网作业。
2. V 形作业——双线电化区段，上、下行接触网一行停电进行的接触网作业。

二、一般规定

1. 接触网设备，自第一次受电开始即认定为带电设备。
2. 遇有雷电时（在作业地点可见闪电或可闻雷声），禁止在接触网上作业。
3. 在接触网上进行作业时，除按规定开具工作票外，还必须有列车调度员准许停电的调度命令和供电调度员批准的作业命令。
4. 遇有雨、雪、雾、风力在 5 级及以上恶劣天气一般不进行 V 形作业。必须利用 V 形作业进行检修和故障处理或事故抢修时，应增设接地线，并在加强监护的情况下方准作业。
5. 作业人员（包括所持的机具、材料、零部件等）与周围带电设备的距离不得小于下列规定：220 kV 为 3 000 mm；110 kV 为 1 500 mm；25 kV 和 35 kV 为 1 000 mm；10 kV 及以下为 700 mm。
6. 发现牵引供电设备断线，或发现牵引供电设备上挂有线头、绳索、塑料布等异物，均不得与之接触，应立即通知附近车站；在未采取措施以前，任何人员均应距已断线索或异物处所 10 m 以上。
7. 电气化铁路附近发生火灾时，须遵守下列规定：

（1）距带电部分不足 4 m 的燃着物体，使用水或灭火器灭火时，牵引供电设备必须停电。

（2）距带电部分超过 2 m 的燃着物体，使用沙土灭火时，牵引供电设备可不停电，但须保持灭火机具及沙土等与带电部分的距离在 2 m 以上。

三、作业准备

（一）个人准备

作业组成员须穿戴有反光标识的防护服、安全帽、安全带，并逐件检查。

（二）绝缘工具检查

1. 必须有合格证，禁止使用试验不合格或超过试验周期的工具。
2. 绝缘工具在运输和使用中要保持清洁干燥，切勿损伤。

（三）验电器检查

1. 接触网作业使用验电器的电压等级为 25 kV。
2. 验电器具有自检和抗干扰功能，自检时具有声、光等信号显示。

（四）接地线检查

1. 接地线的裸铜绞线透明护套是否有破损。
2. 接地线不得有断股、散股和接头。
3. 接地端和接设备端状态是否良好。

四、作业注意事项

（一）验电和接地

总体要求：

1. 验电和装设、拆除接地线必须由两人进行，一人操作，一人监护。
2. 操作人员必须穿绝缘鞋、戴绝缘手套。

接地要求：

1. 两人共同确认接地线位置。
2. 在装设接地线时，先接接地端，再接设备端。拆除时，其顺序相反。
3. 装设接地线时，人体不得触及接地线。

（二）推扶车梯作业

1. 作业中推动车梯应服从工作台上人员的指挥。
2. 当车梯工作台面上有人时，推动车梯的速度不得超过 5 km/h，并不得发生冲击和急剧起、停。

（三）扶梯子作业

1. 用梯子作业时，应先检查梯子是否牢靠。
2. 要有专人扶梯，梯子支挂点稳固，严防滑移。
3. 扶梯至少 2 人。

（四）接触网作业车作业

1. 人员上、下作业平台应征得作业平台负责人的同意。
2. 接触网作业车移动或作业平台升降、转向时，严禁人员上、下。
3. 作业平台上的所有人员在车辆移动中应注意防止接触网设备碰刮伤人。

第二节　人体触电急救方法

一、脱离电源

脱离低压电源的方法：拉、切、挑、扯、垫。

拉闸停电：立即通知供电调度分闸停电。

短路法：在极端情况下可抛掷裸金属短软导线使线路短路跳闸。

绝缘用具法：戴上绝缘手套、穿上绝缘靴或用绝缘用具，使伤者脱离电源。

二、检查呼吸心跳

（一）平　躺

触电伤员如神志清醒，应使其就地平躺，严密观察，暂时不要站立或走动。触电伤员如神志不清，应就地仰面平躺，且确保气道通畅，并用 5 s 时间呼叫伤员或轻拍其肩部，以判定伤员是否丧失意识。禁止摇动伤员头部呼叫伤员。

需要抢救的伤员，应立即就地坚持正确抢救，并设法联系医疗部门接替救治。

（二）检查呼吸心跳

触电伤员如意识丧失，应在 10 s 内用看、听、试的方法，判定伤员呼吸心跳情况。

看——看伤员的胸部、腹部有无起伏动作。

听——用耳贴近伤员的口鼻处，听有无呼气声音。

试——试测口鼻有无呼气的气流，再用两手指轻试一侧（左或右）喉结旁凹陷处的颈动脉有无搏动。

若看、听、试结果既无呼吸又无颈动脉搏动，可判定呼吸心跳停止。

三、抢 救

触电伤员呼吸和心跳均停止时，应立即按心肺复苏法支持生命的三项基本措施，正确进行就地抢救。

（一）通畅气道

触电伤员呼吸停止时，重要的是始终确保气道通畅。如发现伤员口内有异物，可将其身体及头部同时侧转，迅速用一个手指或用两手指交叉从口角处插入，取出异物。操作中要注意防止将异物推到咽喉深部。

通畅气道可采用仰头抬颏法。用一只手放在触电者前额，另一只手的手指将其下颌骨向上抬起，两手协同将头部推向后仰，舌根随之抬起，气道即可通畅。严禁用枕头或其他物品垫在伤员头下，头部抬高前倾，会更加重气道阻塞，且使胸外按压时流向脑部的血流减少，甚至消失。

（二）口对口（鼻）人工呼吸

在保持伤员气道通畅的同时，救护人员用放在伤员额上的手的手指捏住伤员鼻翼，救护人员深吸气后，与伤员口对口紧合，在不漏气的情况下，先连续大口吹气两次，每次 1~1.5 s。如两次吹气后试测颈动脉仍无搏动，可判断心跳已经停止，要立即同时进行胸外按压。

除开始时大口吹气两次外，正常口对口（鼻）呼吸的吹气量不需过大，以免引起胃膨胀。吹气和放松时，要注意伤员胸部应有起伏的呼吸动作。吹气时如有较大阻力，可能是头部后仰不够，应及时纠正。

触电伤员如牙关紧闭，可口对鼻人工呼吸。口对鼻人工呼吸吹气时，要将伤员嘴唇紧闭，防止漏气。

（三）胸外按压

1. 正确的按压位置是保证胸外按压效果的重要前提。确定正确按压位置的步骤：
（1）右手的食指和中指沿触电伤员的右侧胁弓下缘向上，找到肋骨和胸骨接合处的中点。
（2）两手指并齐，中指放在切迹中点（剑突底部），食指平放在胸骨下部。
（3）另一只手的掌根紧挨食指上缘，置于胸骨上，即为正确按压位置。

2. 正确的按压姿势是达到胸外按压效果的基本保证。正确的按压姿势：
（1）使触电伤员仰面躺在平硬的地方，救护人员立或跪在伤员一侧肩旁，救护人员的两肩位于伤员胸骨正上方，两臂伸直，肘关节固定不屈，两手掌根相叠，手指翘起，不接触伤员胸臂。
（2）以髋关节为支点，利用上身的重力，垂直将正常成人胸骨压陷 5~6 cm（儿童和瘦弱者酌减）。

（3）压至要求程度后，立即全部放松，但放松时救护人员的掌根不得离开胸壁。

3. 按压必须有效，有效的标志是按压过程中可以触及颈动脉搏动。

4. 操作频率：

（1）胸外按压要以均匀速度进行，每分钟100~120次，每次按压和放松的时间相等。

（2）胸外按压与口对口（鼻）人工呼吸同时进行，其节奏为：单人抢救时，每按压30次后吹气2次（30∶2），反复进行；如双人或多人施救，应每2 min或5个周期心肺复苏（每个周期包括30次按压和2次人工呼吸）更换按压者，并在5 s内完成转换。

四、抢救过程中的再判定

按压吹气每2 min或5个周期后，应用看、听、试方法在5 s时间内完成对伤员呼吸和心跳是否恢复的再判定。若判定颈动脉已有搏动但无呼吸，则暂停胸外按压，而再进行2次口对口人工呼吸，接着每5 s吹气一次（即每分钟12次）。如脉搏和呼吸均未恢复，则继续坚持心肺复苏法抢救。在抢救过程中，要每隔数分钟再判定一次，每次判定时间均不得超过5 s。在医务人员未接替抢救前，现场抢救人员不得放弃现场抢救。

第二部分 高速铁路工电供专业基础知识

第四章 高速铁路线路

第一节 高速铁路钢轨

一、钢轨类型及定尺长度

我国高速铁路全部采用国内自主研发生产的 60 kg/m、定尺长度为 100 m、材质为 U71MnG 或 U75VG 的钢轨。短尺轨长度为 95 m、96 m、97 m 和 99 m。

二、钢轨断面尺寸允许偏差

《钢轨 第 1 部分：43 kg/m ~ 75 kg/m 钢轨》（TB/T 2344.1—2020）规定高速铁路用钢轨的断面、端面、长度及螺栓孔尺寸的极限偏差值见表 4-1。

表 4-1 尺寸极限偏差

项目	允许偏差/mm	项目	允许偏差/mm
钢轨高度	±0.6	轨底边缘厚度	+0.75 −0.50
轨头宽度	±0.5	轨底凹入	≤0.3
轨冠饱满度	+0.6 −0.3	端面斜度（垂直、水平方向）	≤0.6
断面不对称	±1.2	长度（环境温度为 20 ℃时）	±30
接头夹板安装面高度	+0.6 −0.5	螺栓孔直径	±0.7
轨腰厚度	+1.0 −0.5	螺丝孔位置	±0.7
轨底宽度	±1.0	螺栓孔直径和位置的综合偏差	2.0

三、钢轨伤损标准

1. 钢轨伤损形式主要有轨头磨耗、轨头剥离裂纹及掉块、轨顶面擦伤、波形磨耗、碰伤、表面裂纹、内部裂纹和锈蚀等。
2. 高速铁路钢轨轻伤和重伤标准。

(1)高速铁路钢轨轻伤和重伤评判标准见表 4-2、表 4-3。

表 4-2 钢轨轻伤和重伤评判标准

伤损项目	伤损程度		备注
	轻伤	重伤	
钢轨头部磨耗	见表 4-3		
钢轨表面裂纹	—	出现轨头下颚水平裂纹（透锈）、轨腰水平裂纹、轨头纵向裂纹、轨底裂纹等	
钢轨内部裂纹	—	探伤发现横向、纵向、斜向及其他裂纹和内部裂纹造成的踏面凹陷（隐伤）	包括核伤（黑核、白核）
焊缝缺陷	在役焊缝缺陷未达到超声波探伤判废标准，但与判废标准差值小于 6 dB	在役焊缝缺陷达到超声波探伤判废标准	
钢轨锈蚀	—	经除锈后，轨底厚度不足 8 mm 或轨腰厚度不足 12 mm	
波浪形磨耗	—	钢轨表面有周期性波浪形磨耗且平均谷深超过 0.08 mm，波长不大于 300 mm	适用于 200 km/h 及以上线路
焊接接头低塌	0.2 mm<低塌<0.4 mm	低塌≥0.4 mm	
钢轨擦伤、剥离掉块	0.30 mm<深度<1 mm	深度>1 mm	
钢轨碴伤	0.30 mm<深度<1.5 mm	深度>1.5 mm	

表 4-3 钢轨头部磨耗轻伤和重伤标准

名称		轻伤			重伤	
		总磨耗/mm	垂直磨耗/mm	侧面磨耗/mm	垂直磨耗/mm	侧面磨耗/mm
区间钢轨		9	8	10	10	12
基本轨、翼轨、导轨		7	5	6	7	8
尖轨、心轨、叉跟尖轨	轨头宽度 10 mm 断面	—	—	2.5	—	3.5
	轨头宽度 15 mm 及以上断面	6	4	6	6	8

注：1. 总磨耗=垂直磨耗+1/2 侧面磨耗。
2. 对于区间钢轨及道岔导轨、基本轨、翼轨、尖轨、心轨、叉跟尖轨全断面区段，垂直磨耗在钢轨顶面宽 1/3 处（距标准工作边）测量；对于尖轨、心轨、叉跟尖轨机加工区段，垂直磨耗自轨头最高点测量；随着心轨顶宽增大而翼轨光带逐渐减小时，翼轨垂直磨耗测量点为光带中心。
3. 侧面磨耗在钢轨踏面（按标准断面）下 16 mm 处测量。
4. 磨耗影响转换设备安装时，按重伤处理。

（2）钢轨折断标准。

钢轨折断是指发生下列情况之一者：

① 钢轨全截面断裂。

② 裂纹贯通整个轨头截面。

③ 裂纹贯通整个轨底截面。

④ 引起钢轨失效的严重掉块。

四、钢轨伤损主要类型

高速铁路常见伤损类型有波浪形磨耗、踏面接触疲劳裂纹（又称鱼鳞状裂纹）、核伤、焊缝内部缺陷等。

（一）波浪形磨耗

波浪形磨耗，如图 4-1 所示，是指钢轨轨头踏面沿长度方向出现周期性的不均匀塑性变形和磨耗，使钢轨全长呈现波浪形状的不平顺。波浪磨耗的波谷处有明显塑性变形，使踏面碾宽或出现碾边，轮轨接触光带变宽。波峰处踏面的塑性变形量明显小于波谷，接触光带变窄。波峰、波谷踏面光带的明暗程度也有差异。

图 4-1　波浪形磨耗

（二）踏面接触疲劳裂纹

踏面接触疲劳裂纹，如图 4-2 所示，是指轨头踏面在轮轨接触应力作用下形成的沿钢轨全长密集分布的表面裂纹，通常称为鱼鳞状裂纹。裂纹的扩展方向与行车方向有关，用手指顺行车方向探摸剥离裂纹时有刺手感。

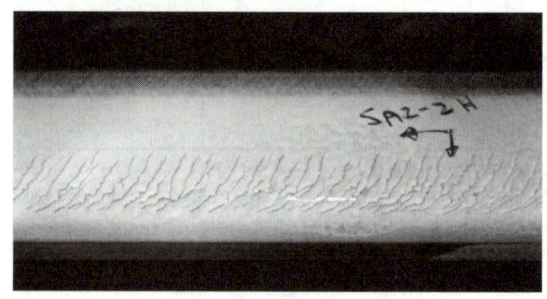

图 4-2　踏面接触疲劳裂纹

（三）内部裂纹

内部裂纹又称核伤，如图 4-3 所示，是指钢轨内部的制造缺陷（冶金缺陷、热处理缺陷等）在运行荷载作用下形成和扩展的疲劳裂纹或脆性裂纹。在内部裂纹未扩展到钢轨表面时，钢轨断裂的断口具有金属光泽，一般现场称之为"白核"。当内部裂纹已扩展到钢轨表面时，由于受氧化腐蚀作用，使断口呈暗褐色，现场称之为"黑核"。

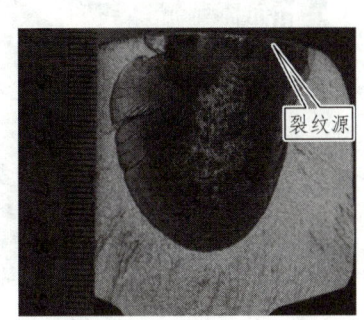

图 4-3　核伤

第二节　无砟轨道结构

一、CRTS Ⅰ、CRTS Ⅲ 型板式无砟轨道和双块式无砟轨道

（一）CRTS Ⅰ 型板式无砟轨道

1. CRTS Ⅰ 型板式无砟道床结构及主要技术要求。

（1）道床结构由轨道板、水泥乳化沥青砂浆充填层、混凝土底座、凸形挡台及其周围填充树脂等部分组成，如图 4-4 所示。曲线超高在底座上设置。

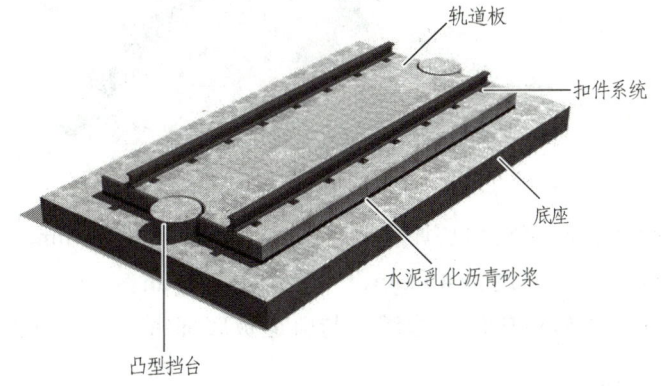

图 4-4　CRTS Ⅰ 型板式无砟轨道结构组成

（2）轨道板结构类型可分为预应力混凝土平板、预应力混凝土框架板和钢筋混凝土框架板，图 4-5 所示为预应力混凝土平板，图 4-6 所示为预应力混凝土框架板。标准轨道板长度为 4 962 mm，轨道板宽度为 2 400 mm，厚度不宜小于 190 mm。轨道板两端设半圆形缺口，半径为 300 mm。扣件节点间距不宜大于 650 mm。

图 4-5　预应力混凝土平板

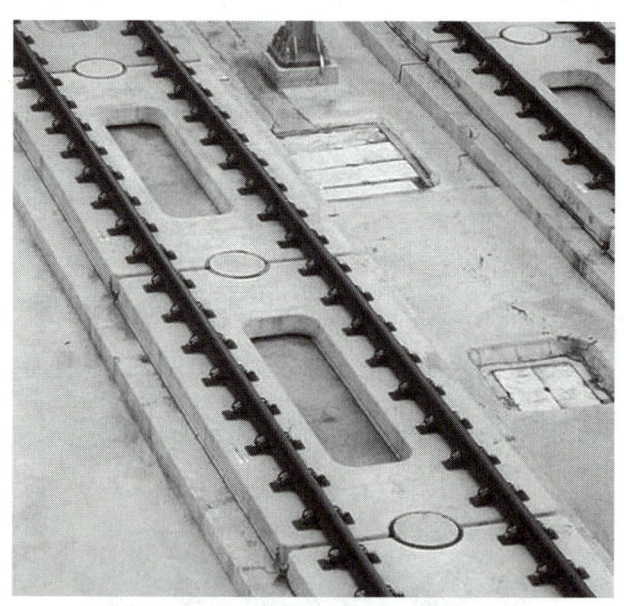

图 4-6　预应力混凝土框架板

（3）水泥乳化沥青砂浆充填层厚度为 50 mm，不应小于 40 mm。减振型板式轨道水泥乳化沥青砂浆充填层厚度为 40 mm，不应小于 35 mm。

（4）水泥乳化沥青砂浆应灌注饱满，与轨道板底部密贴，轨道板边角悬空深度应小于 30 mm。

（5）凸形挡台分为圆形和半圆形，半径为 260 mm，高度为 250 mm。其周围填充树脂厚度为 40 mm，不应小于 30 mm，填充树脂低于轨道板顶面 5～10 mm。在梁端部为半圆形，在梁体中部均为圆形。

（6）预应力混凝土轨道板不允许开裂，普通混凝土框架板混凝土裂缝宽度不得大于 0.2 mm。

（7）底座混凝土裂缝宽度不得大于 0.2 mm，路基和隧道地段混凝土底座间伸缩缝宽度为 20 mm，状态应良好。

（8）排水通道，特别是框架式轨道板内排水、底座内预埋横向排水管道，应保持通畅。

2. 路基地段 CRTS I 型板式无砟轨道。

（1）底座在路基基床表层上设置。

（2）底座每隔一定长度，对应凸形挡台中心位置，设置横向伸缩缝。

（3）线间排水应结合线路纵坡、桥涵等线路条件具体设计。当采用集水井方式时，集水井设置间隔应根据汇水面积和当地气象条件计算确定。严寒地区线间排水设计应考虑防冻措施。

（4）线路两侧及线间路基表面以沥青混凝土防水材料封闭，路基面防水材料的性能应符合相关规定。

路基地段 CRTS I 型板式无砟轨道如图 4-7 所示。

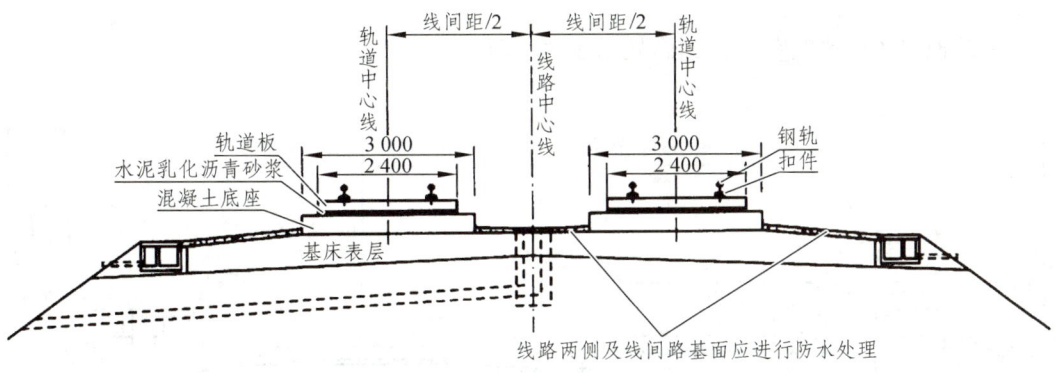

图 4-7　路基地段 CRTS I 型板式无砟轨道（单位：mm）

3. 桥梁地段 CRTS I 型板式无砟轨道。

（1）底座在梁面上构筑，底座通过梁体预埋套筒植筋与桥梁连接。在底座轨道中心线 2.6 m 范围内，对梁面应进行拉毛或凿毛处理。

（2）底座对应每块轨道板长度，在凸形挡台中心位置，设置横向伸缩缝。

（3）在底座范围内，梁面不设防水层和保护层；在底座范围以外，根据桥梁设计的相关规定设置防水层和保护层。

（4）桥上扣件纵向阻力及梁端扣件结构形式应根据计算确定。

桥梁地段 CRTS I 型板式无砟轨道如图 4-8 所示。

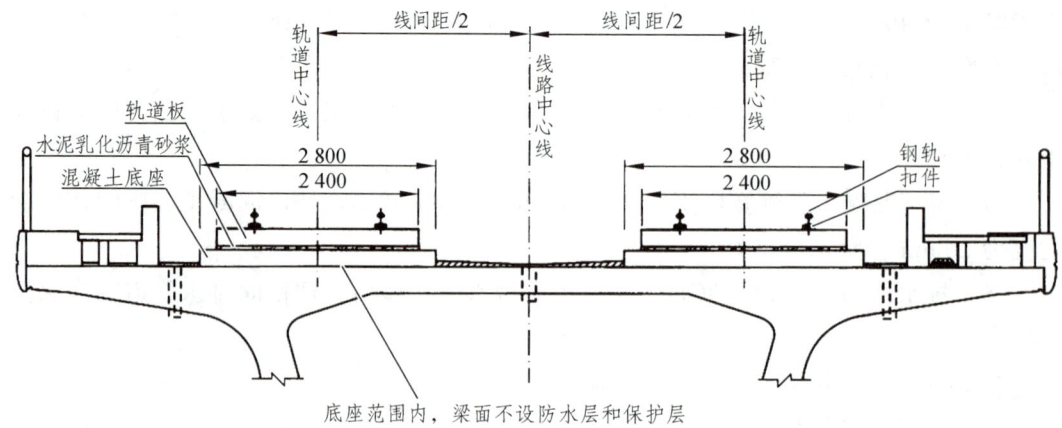

图 4-8　桥梁地段 CRTS Ⅰ 型板式无砟轨道（单位：mm）

4. 隧道地段 CRTS Ⅰ 型板式无砟轨道。

（1）有仰拱隧道内，底座在仰拱回填层上构筑，沿线路纵向，每隔一定长度，对应凸形挡台中心位置，设置横向伸缩缝。隧道沉降缝位置，底座对应设置伸缩缝。在底座宽度范围内，对仰拱回填层表面应进行拉毛或凿毛处理。

（2）无仰拱隧道内，底座与隧道钢筋混凝土底板合并设置，并连续铺设。

（3）距隧道洞口 100 m 范围，仰拱回填层或钢筋混凝土底板预埋钢筋与底座连接。

隧道地段 CRTS Ⅰ 型板式无砟轨道如图 4-9 所示。

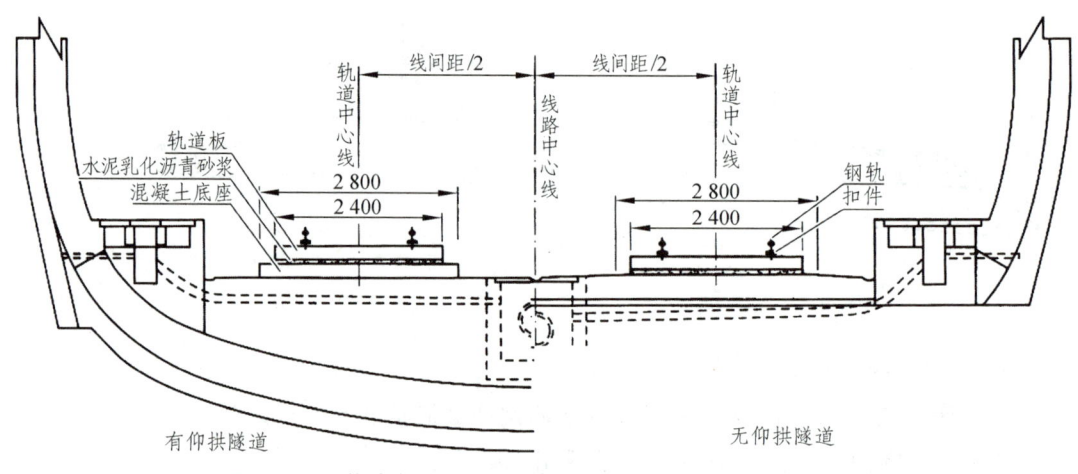

图 4-9　隧道地段 CRTS Ⅰ 型板式无砟轨道（单位：mm）

（二）CRTS Ⅲ 型板式无砟轨道

CRTS Ⅲ 型板式无砟轨道是在现浇的钢筋混凝土底座或混凝土支承层上铺装预留连接钢筋的预制混凝土轨道板，中间设置自密实混凝土层，并适应 ZPW-2000 轨道电路的无砟轨道结构形式，如图 4-10 所示。

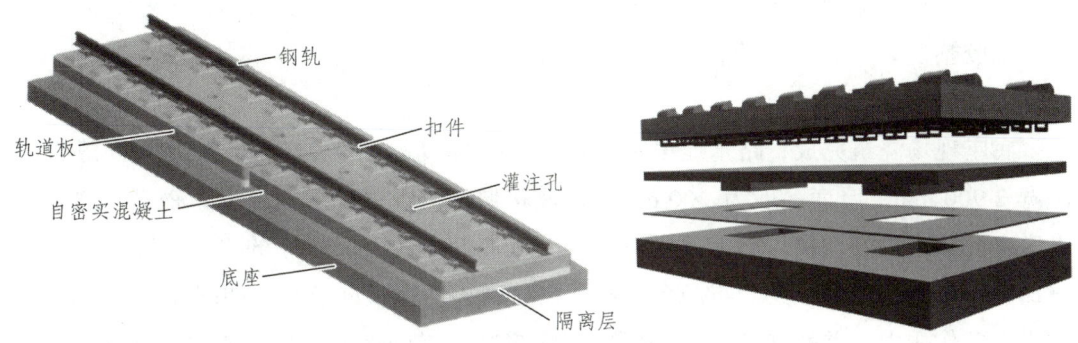

图 4-10　CRTS Ⅲ 型板式无砟轨道结构

1. 道床结构组成。

（1）轨道板。

轨道板采用工厂预制带挡肩的双向后张部分预应力结构。轨道板板下设置两排 U 形筋，板下填充层内设有一层钢筋网片，通过自密实混凝土填充层，不仅能与轨道板可靠连接，还能与底座凹槽形成凸凹结合，从而形成复合结构，整体性好，限制轨道板纵横向移动。同时还可以有效控制轨道板离缝、翘曲和板下填充层开裂等现实问题。轨道板主要类型有 P5350（P 指预应力平板，5350 指板长度，单位为 mm）、P5600、P4925 和 P4856 等。轨道板宽 2 500 mm，厚 190 mm 或 210 mm。扣件间距为 687 mm、630 mm、617 mm 等，如图 4-11 所示。

图 4-11　轨道板底连接钢筋

（2）自密实混凝土层。

采用强度较高、流动性及耐久性良好的自密实混凝土，自密实混凝土层强度等级为 C40，四周与轨道板侧面齐平，厚度设计值一般为 100 mm。自密实混凝土层间设置钢筋网片或冷轧焊网，通过轨道板中部灌注孔进行灌注施工。对应每块轨道板范围自密实混凝土层形成两个凸台,与底座板上设置的凹槽相互结合,凸台与凹槽之间设置弹性橡胶垫层。

(3)底座。

底座现场浇筑完成,路基地段宽 3 100 mm,厚度为 200~300 mm;桥梁和隧道区段宽 2 900 mm,厚度一般为 200 mm。底座按照结构设计配置双层受力钢筋,并对应自密实混凝土设置凹槽。自密实混凝土层与底座间设置 4 mm 厚的土工布隔离层。凹槽四周设置弹性缓冲垫层,与凸台一起限制轨道板的纵横向位移,如图 4-12 所示,抵抗纵横向作用力,并传递荷载;同时,弹性缓冲垫层可提供合适的弹性,有效地缓冲列车纵横向的冲击。

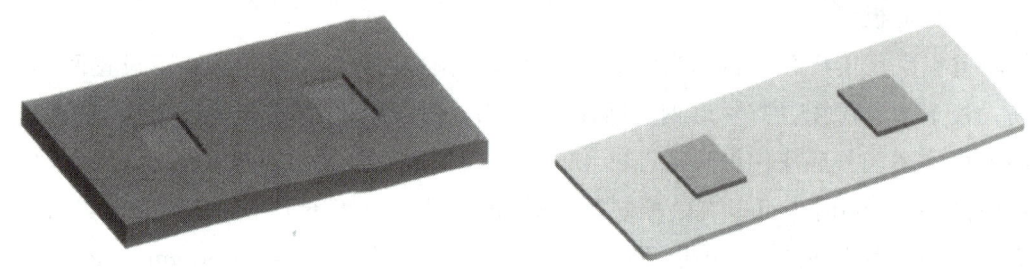

图 4-12 自密实混凝土层及灌注形成的凸台

底座长度受混凝土裂缝制约。路基、桥梁、隧道地段均采用分段钢筋混凝土底座结构。路基地段 2~4 块轨道板设置一道底座伸缩缝;桥梁地段每块轨道板设置独立的混凝土底座;隧道地段 3~4 块轨道板设置一道底座伸缩缝,遇隧道沉降应对应设置伸缩缝。伸缩缝缝内填充聚乙烯泡沫板,并用沥青软膏或聚氨酯密封。

路基上 CRTSⅢ型板式无砟轨道如图 4-13 所示,桥上 CRTSⅢ型板式无砟轨道结构如图 4-14 所示。

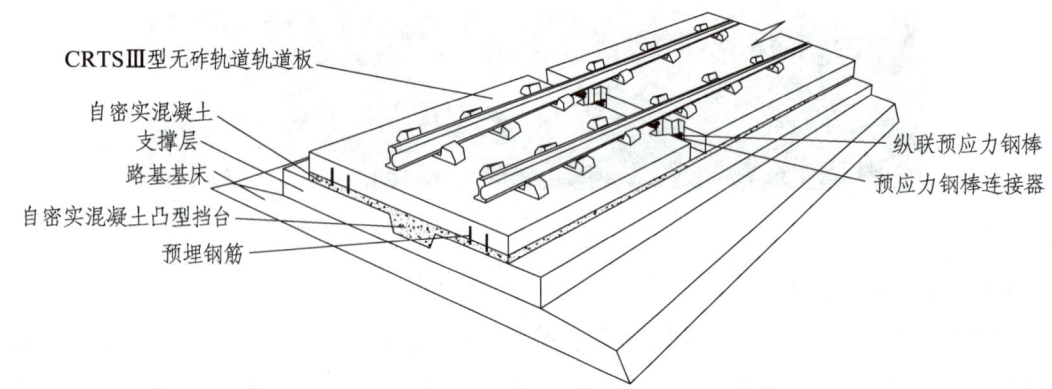

图 4-13 路基上 CRTSⅢ型板式无砟轨道结构

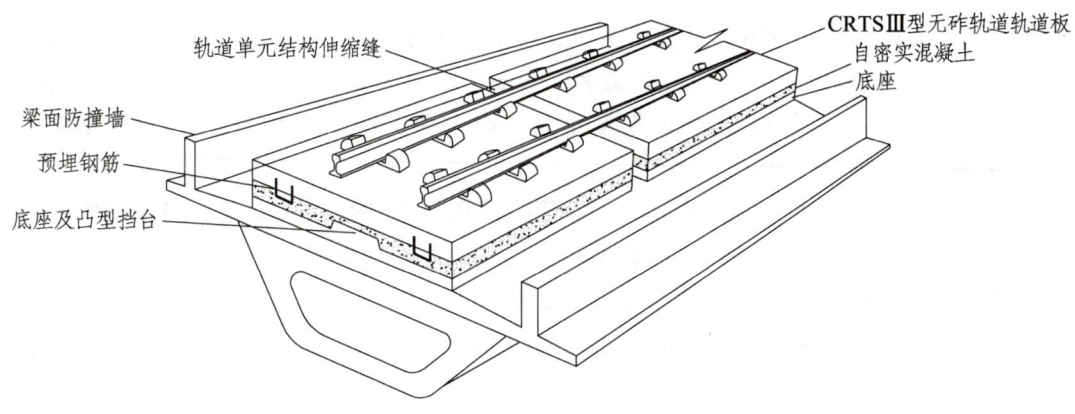

图 4-14　桥上 CRTS Ⅲ 型板式无砟轨道结构

2. CRTS Ⅲ 型板式无砟道床结构特点。

（1）采用弹性不分开式扣件配套有挡肩预制混凝土轨道板。

（2）轨道板底面预留 U 形筋与自密实混凝土层连接，形成复合结构，改善了轨道板受力。

（3）采用自密实混凝土作为轨道板下充填材料。

（4）自密实混凝土层和混凝土底座之间设置隔离层。

（5）通过底座设置限位凹槽、自密实混凝土灌注形成凸台的方式进行结构限位。

（三）双块式无砟轨道

双块式无砟轨道道床板采用钢筋混凝土结构，现场浇筑成型，混凝土强度等级为 C40。

1. 双块式无砟轨道结构及主要技术要求。

（1）路基地段道床结构由双块式轨枕、道床板、支承层等部分组成，道床板一般为纵向连续的钢筋混凝土结构。曲线超高在基床表层上设置。

（2）桥梁地段道床结构由双块式轨枕、道床板、隔离层、底座（或钢筋混凝土保护层）、凹槽（或凸台）周围弹性垫层等部分组成。道床板或底座沿线路纵向分块设置，间隔缝为 100 mm。道床板与底座（或保护层）间设置隔离层，底座凹槽（凸台）侧立面粘贴弹性垫层。曲线超高在底座或道床板上设置。

（3）隧道地段道床结构由双块式轨枕、道床板等部分组成，道床板为纵向连续的钢筋混凝土结构。曲线超高在道床板上设置。

（4）双块式轨枕不得有裂缝，道床板混凝土不得有横向或竖向贯通裂缝。

（5）路基地段支承层不应有竖向贯通裂缝，支承层与道床板、路基基床表层间应密贴，不得有离缝。

（6）排水通道应保持通畅，道床板表面不得积水。

2. 路基地段双块式无砟轨道。

（1）支承层在路基基床表层上设置。支承层顶面宽度为 3 200 mm，底面宽度为

3 400 mm，厚度为 300 mm。沿线路纵向，每隔不大于 5 m 设一横向预裂缝，缝深为厚度的 1/3。对道床板宽度范围内的支承层表面进行拉毛处理。

（2）道床板为纵向连续的钢筋混凝土结构，在支承层上构筑。道床板宽度为 2 800 mm，厚度为 260 mm。

（3）线间排水应结合线路纵坡、桥涵等线路条件和环境条件确定。当采用集水井方式时，集水井设置间隔根据汇水面积和当地气象条件计算确定。

（4）线路两侧及线间路基面进行防水处理。

路基地段双块式无砟轨道标准横断面如图 4-15 所示。

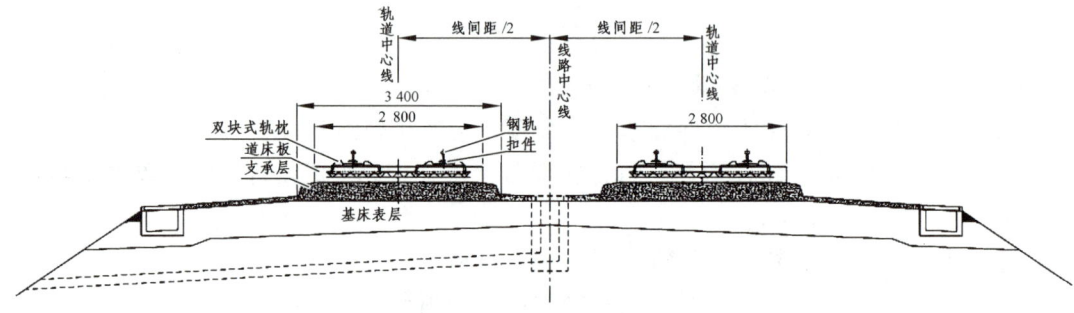

图 4-15　路基地段双块式无砟轨道标准横断面示意图（单位：mm）

3. 桥梁地段双块式无砟轨道。

（1）道床板宽度为 2 800 mm，厚度为 260 mm。底座宽度为 2 800 mm，直线地段底座厚度不宜小于 210 mm，曲线地段底座内侧厚度不应小于 100 mm。

（2）底座通过梁体预埋套筒植筋或预埋钢筋与桥梁连接，在轨道中心线 2.6 m 范围内，对梁面进行拉毛处理。

（3）在底座范围内，梁面不设防水层和保护层。

（4）桥上扣件纵向阻力及梁端扣件结构形式根据计算确定。

桥梁地段双块式无砟轨道标准横断面如图 4-16 所示。

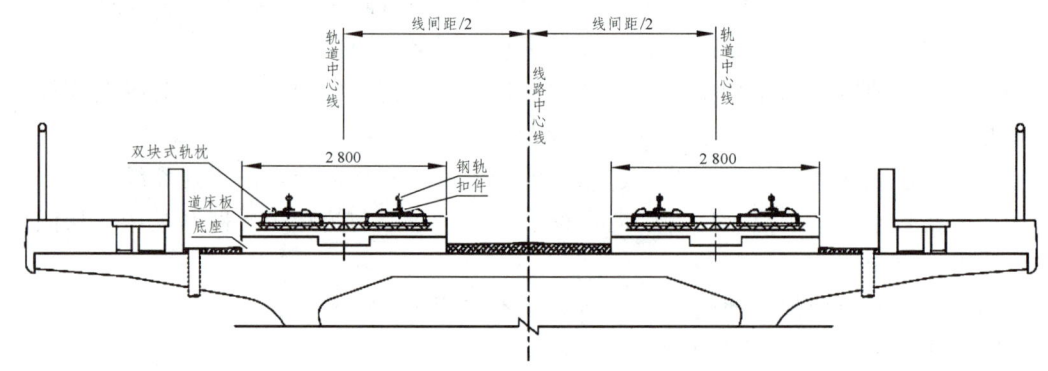

图 4-16　桥梁地段双块式无砟轨道标准横断面示意图（单位：mm）

4. 隧道地段双块式无砟轨道结构。

（1）道床板为纵向连续的钢筋混凝土结构，直接在隧道仰拱回填层（有仰拱隧道）或底板（无仰拱隧道）上构筑。道床板宽度为 2 800 mm，厚度为 260 mm，在其宽度范围内，对仰拱回填层或底板表面进行拉毛处理。

（2）距洞口 200 m 范围内，隧道内道床板结构与路基地段相同；其余地段的道床板结构根据相应的设计荷载确定。

隧道直线地段双块式无砟轨道标准横断面如图 4-17 所示。

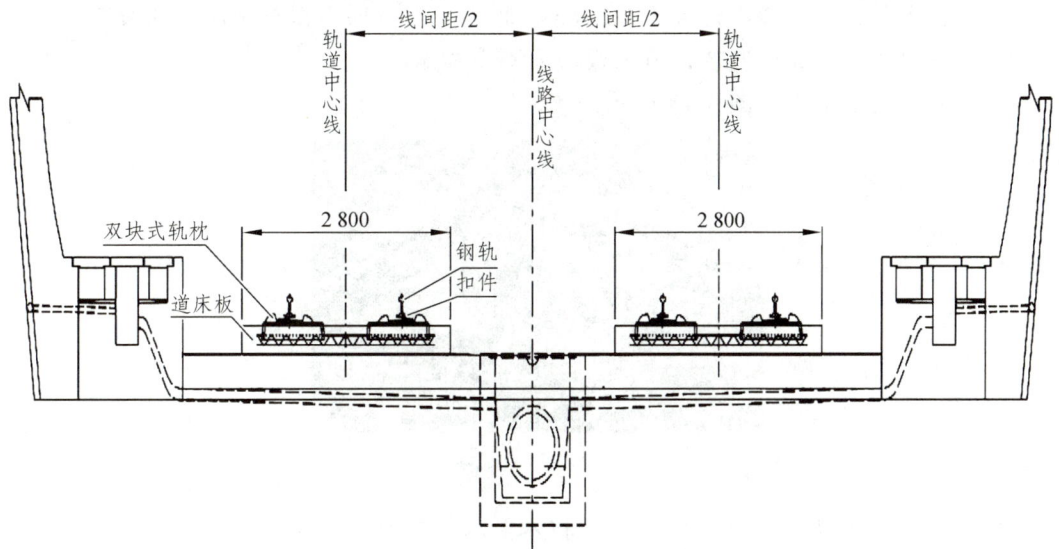

（a）无仰拱隧道

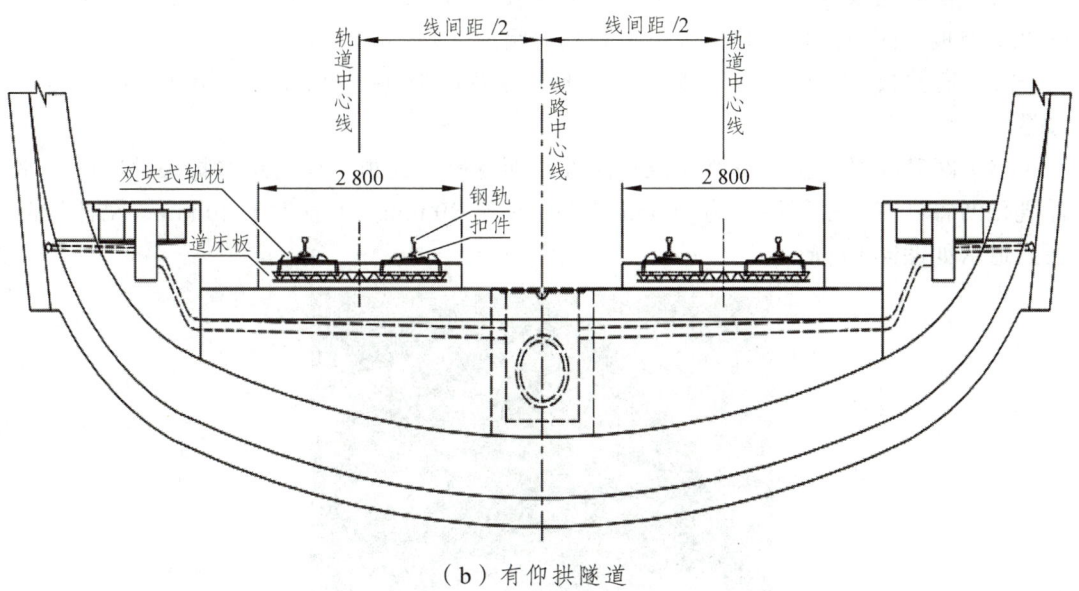

（b）有仰拱隧道

图 4-17　隧道直线地段双块式无砟轨道标准横断面示意图（单位：mm）

（四）道岔区无砟道床结构

1. 道岔区轨枕埋入式无砟道床结构及主要技术要求。

（1）路基和隧道地段道床结构由桁架式预应力岔枕、道床板、底座或支承层等部分组成。

（2）桥梁地段道床结构由桁架式预应力岔枕、道床板、隔离层、底座及凹槽周围弹性垫层等部分组成。

（3）岔枕不应出现裂缝，道床板混凝土裂缝不得有横向或竖向贯通裂缝。

（4）底座混凝土裂缝不得大于 0.2 mm，底座或支承层不得有竖向贯通裂缝。

（5）排水通道应保持通畅，道床板表面不得积水。

枕式无砟道岔结构如图 4-18 所示。

图 4-18　枕式无砟道岔结构

2. 道岔区板式无砟道床结构及主要技术要求。

（1）路基地段道床结构由道岔板、底座（自密实混凝土层）及找平层等部分组成。

（2）桥梁地段道床结构由道岔板、水泥乳化沥青砂浆充填层、底座、滑动层、高强度挤塑板、侧向挡块及弹性限位板等部分组成。

（3）道岔板（或预设裂缝处）混凝土裂缝宽度应小于 0.2 mm，扣件周围不得有裂缝。

（4）路基地段底座、桥梁地段水泥乳化沥青砂浆充填层应与道岔板底部密贴。水泥乳化沥青砂浆充填层厚度为 30 mm，不应小于 20 mm，不宜大于 40 mm。京津城际板式道岔如图 4-19 所示。

图 4-19　京津城际板式道岔

（5）桥梁地段连续底座混凝土裂缝不得大于 0.3 mm，侧向挡块不得有裂缝。

（6）排水通道应保持通畅，道岔板表面不得积水。

二、无砟道床伤损标准

无砟道床伤损等级分为Ⅰ、Ⅱ级。对Ⅰ级伤损应做好观测、记录、分析，对Ⅱ级伤损应列入维修计划并适时进行修补。

1. CRTSⅠ型板式无砟道床伤损形式及伤损等级判定标准见表 4-4。
2. 双块式无砟道床伤损形式及伤损等级判定标准见表 4-5。
3. 道岔区轨枕埋入式无砟道床伤损形式及伤损等级判定标准见表 4-6。

表 4-4　CRTSⅠ型板式无砟道床伤损形式及伤损等级判定标准

伤损部位	伤损形式	判定项目	评定等级 Ⅰ	评定等级 Ⅱ	备注
预应力轨道板	裂缝	宽度/mm	0.2	0.3	掉块、缺损或封端脱落应适时修补
预应力轨道板	锚穴封端离缝	宽度/mm	0.5	1.0	掉块、缺损或封端脱落应适时修补
普通轨道板	裂缝	宽度/mm	0.3	0.5	掉块、缺损或封端脱落应适时修补
凸形挡台	裂缝	宽度/mm	0.3	0.5	掉块、缺损或封端脱落应适时修补
底座	裂缝	宽度/mm	0.3	0.5	掉块、缺损或封端脱落应适时修补
水泥乳化沥青砂浆	离缝	宽度/mm	1.5	2.0	掉块、缺损或剥落应适时修补
水泥乳化沥青砂浆	离缝	深度/mm	50	100	掉块、缺损或剥落应适时修补
水泥乳化沥青砂浆	离缝	长度/mm	200	800	掉块、缺损或剥落应适时修补
水泥乳化沥青砂浆	裂缝	宽度/mm	0.5	1.0	掉块、缺损或剥落应适时修补
凸形挡台周围填充树脂	离缝	宽度/mm	2.0	3.0	缺损应适时修补
凸形挡台周围填充树脂	裂缝	宽度/mm	0.5	1.0	缺损应适时修补

表 4-5　双块式无砟轨道道床伤损形式及伤损等级判定标准

伤损部位	伤损形式	判定项目	评定等级 Ⅰ	评定等级 Ⅱ	备注
双块式轨枕	裂缝	宽度/mm	0.2	0.3	掉块、缺损应适时修补，挡肩失效应及时修补
双块式轨枕	挡肩缺损	面积比/%	10	30	掉块、缺损应适时修补，挡肩失效应及时修补
道床板	裂缝	宽度/mm	0.3	0.5	掉块、缺损应适时修补，挡肩失效应及时修补
道床板	轨枕界面裂缝	宽度/mm	0.3	0.5	掉块、缺损应适时修补，挡肩失效应及时修补
支承层	裂缝	宽度/mm	0.5	1.0	掉块、缺损应适时修补，挡肩失效应及时修补
底座	裂缝	宽度/mm	0.3	0.5	掉块、缺损应适时修补，挡肩失效应及时修补

表 4-6　道岔区轨枕埋入式无砟道床伤损形式及伤损等级判定标准

伤损部位	伤损形式	判定项目	评定等级 I	评定等级 II	备注
岔枕	裂缝	宽度/mm	0.2	0.3	掉块或缺损应适时修补
道床板	裂缝	宽度/mm	0.3	0.5	
道床板	岔枕界面裂缝	宽度/mm	0.3	0.5	
底座	裂缝	宽度/mm	0.3	0.5	
支承层	裂缝	宽度/mm	0.5	1.0	

第三节　客运专线扣件系统简介

高速铁路无砟轨道主要采用 WJ-7 型、WJ-8 型和 300 型扣件，按轨下基础形式分为有挡肩和无挡肩扣件，WJ-7 型为无挡肩扣件，WJ-8 型和 300 型为有挡肩扣件。

一、WJ-7 型扣件部件组成及说明

WJ-7 型扣件由 T 形螺栓、螺母、平垫圈、弹条、绝缘块、铁垫板、轨下垫板、绝缘缓冲垫板、重型弹簧垫圈、平垫块、锚固螺栓和预埋套管组成，如图 4-20 所示。此外，为了钢轨高低位置调整的需要，还包括轨下调高垫板和铁垫板下调高垫板。

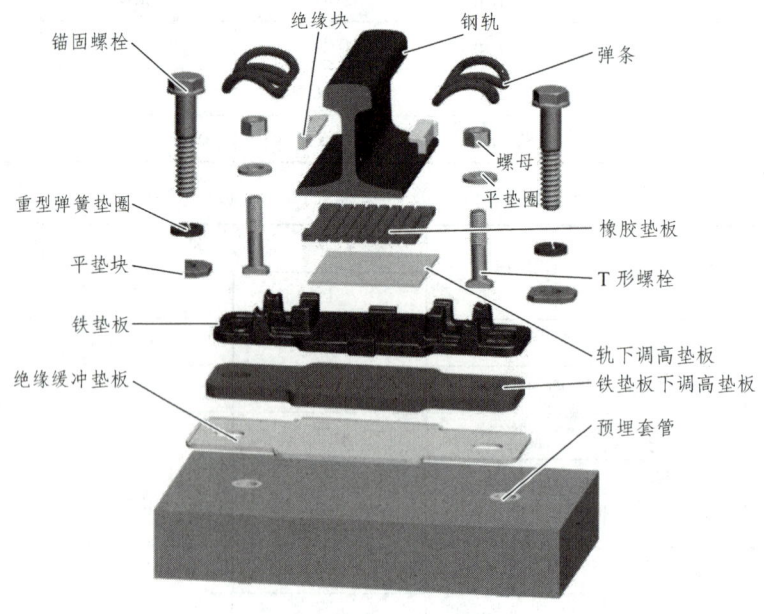

图 4-20　WJ-7 型扣件部件组成

（一）弹 条

弹条分两种，即一般地段使用的 W1 型和桥上可能使用的 X2 型，W1 型弹条的直径为 14 mm，X2 型弹条的直径为 13 mm。

（二）轨下垫板

轨下垫板分 A、B 两类。A 类用于兼顾货运的客运专线，B 类用于客运专线，每一类又分一般地段使用的橡胶垫板和桥上可能使用的复合垫板两种。桥上需要降低线路阻力时，可采用 X2 型弹条并配用复合垫板。此时单组扣件的钢轨纵向阻力为 4 kN，如图 4-21 和图 4-22 所示。

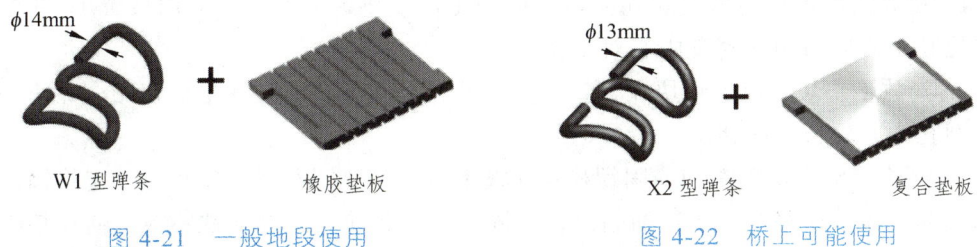

图 4-21　一般地段使用　　　　　图 4-22　桥上可能使用

（三）预埋套管

该部件预先埋设于轨枕/轨道板中，埋设精度应满足要求，且预埋套管顶面应与轨枕/轨道板承轨面齐平。预埋套管埋设后，应加盖塑料（或其他材料）盖以防雨水和泥污进入。

（四）调高垫板

调高垫板分轨下调高垫板和铁垫板下调高垫板两种。

轨下调高垫板根据厚度 d 不同，分为 0.5 mm、1 mm、2 mm、5 mm、8 mm 共 5 种规格，如图 4-23 所示。

铁垫板下调高垫板每片厚度为 8 mm，如图 4-24 所示。

图 4-23　轨下调高垫板　　　　　图 4-24　铁垫板下调高垫板

二、WJ-7 型扣件部件铺设顺序及要求

（一）安装前的准备工作

1. 选择并准备合适类型的弹条（W1 型或 X2 型）和合适类型的轨下垫板（A 类、B 类橡胶垫板或复合垫板）。
2. 适当准备 1 mm、2 mm 轨下调高垫板，以备微量调整钢轨高低之用。
3. 检查轨枕/轨道板承轨面，不应有裂纹。清除轨枕/轨道板承轨面的泥渣。
4. 摘除预埋套管上的塑料（或其他材料）盖。

（二）安装顺序

1. 安放绝缘缓冲垫板：使垫板孔与预埋套管孔对中。
2. 安放铁垫板：使轨底坡朝向轨道内侧（按铁垫板上的箭头方向放置）。铁垫板的螺栓孔中心应与预埋套管中心对正。
3. 安放平垫块：使平垫块在铁垫板上两凸台之间，底面与铁垫板密贴，并使平垫块距圆孔中心较长一侧朝内。
4. 安放重型弹簧垫圈和锚固螺栓：安放重型弹簧垫圈和锚固螺栓前，应将锚固螺栓螺纹部分涂满铁路专用防护油脂。在锚固螺栓拧紧前，应挪动铁垫板，使铁垫板与平垫块的标记线对齐。
5. 安放轨下垫板：将轨下垫板安放在铁垫板上，使轨下垫板沟槽方向垂直于铁垫板的长度方向。
6. 安放钢轨。
7. 安放绝缘块，且绝缘块的边耳应扣住铁垫板挡肩。

特别提示：安放绝缘块时，不得用锤或其他工具猛烈敲击使其入位。

8. 安放 T 形螺栓。

T 形螺栓头部插入铁垫板后，按顺时针方向旋转 90°，使螺栓头部到预定位置，然后上提使 T 形头完全嵌入槽中。

9. 安放弹条。
10. 安放平垫圈和拧紧螺母。

将 T 形螺栓螺纹部分涂油，然后套入平垫圈，拧入螺母。

特别提示：判断弹条是否安装到位的标准：以弹条中部前端下颚与绝缘块刚好接触为准，两者的间隙不大于 0.5 mm。

安装建议：通常情况下，W1 型弹条的理论安装扭矩在 120 N·m 左右，X2 型弹条的理论安装扭矩在 80 N·m 左右。

在现场大规模安装前，建议先取 5~10 个节点进行安装，以测出使弹条能按照以上"安装到位标准"达到正确安装位置的实际安装扭矩。

11. 拧紧锚固螺栓：确认轨距和轨向合适后，以 300~350 N·m 的扭矩拧紧锚固螺栓。

特别提示：在浇筑混凝土过程中，应对所有外露的扣件部件采用适当的防护措施进行包封，以保持清洁。

三、WJ-7 型扣件部件安装调整

（一）调整轨距和轨向

1. 检查轨距和轨向，如有不适，按如下步骤调整轨距：
（1）松开锚固螺栓。
（2）用改道器横向挪动铁垫板，直至轨距和轨向合适。
（3）以 300~350 N·m 的扭矩拧紧锚固螺栓。
2. 在挪动铁垫板时若出现平垫块和铁垫板卡阻情况，按以下步骤操作：
（1）将平垫块掉头，短边朝向钢轨。
（2）继续挪动铁垫板，确认轨距和轨向合适后以 300~350 N·m 的扭矩拧紧锚固螺栓。

（二）调整钢轨高低

如遇有钢轨高低和水平有少量不平顺时，可考虑放入调高垫板。此时应提升钢轨，垫入调高垫板。当调高量小于 10 mm 时，在轨下放入调高垫板；当调高量超过 10 mm 时，可同时在铁垫板下放入调高垫板。

1. 钢轨下调高。

轨下调高垫板不得放在轨下垫板上，放入的轨下调高垫板总厚度不得大于 10 mm，轨下调高垫板的数量不得超过两块，并应把最薄的轨下调高垫板放在下面，以防轨下调高垫板窜出。

2. 铁垫板下调高。

在铁垫板与绝缘缓冲垫板间垫入铁垫板下调高垫板，垫入的垫板总数不得超过两块。

四、WJ-7 型扣件部件养护维修要求

1. 运营初期应注意观察扣件的使用情况，如扣件松弛，应及时复拧。当发现钢轨空吊、高低和水平不平顺时，应及时放入调高垫板。
2. 应对 T 形螺栓进行定期涂油，防止螺栓锈蚀。
3. 应保持扣件的清洁。
4. 使用中如发现扣件部件损坏应及时更换。
5. 如遇有需要卸下锚固螺栓的情况时，应避免泥污进入预埋套管。

五、WJ-8 型扣件部件组成及说明

WJ-8 型扣件由螺旋道钉、平垫圈、弹条、绝缘块、轨距挡板、轨下垫板、铁垫板、铁垫板下弹性垫板和预埋套管组成，如图 4-25 所示。此外，为了钢轨高低位置调整的需要，还包括轨下微调垫板和铁垫板下调高垫板。

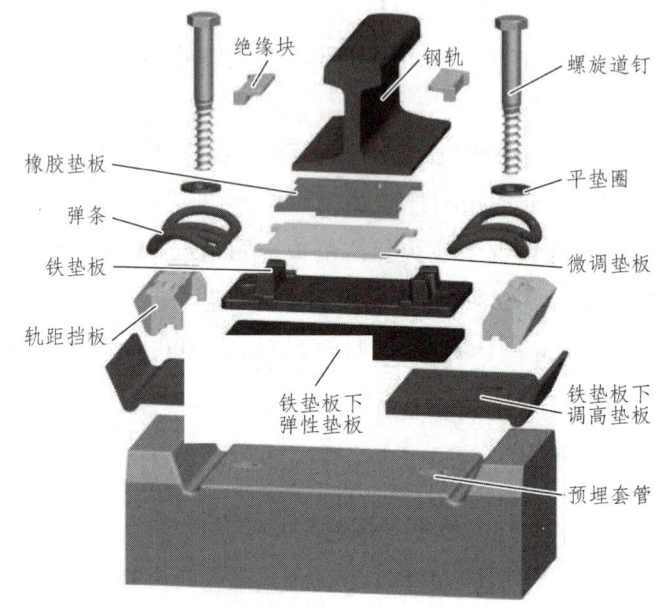

图 4-25　WJ-8 型扣件部件组成

（一）弹条和轨下垫板

弹条分两种，即一般地段使用的 W1 型弹条和桥上可能使用的 X2 型弹条，W1 型弹条的直径为 14 mm，X2 型弹条的直径为 13 mm。轨下垫板分一般地段使用的橡胶垫板和桥上可能使用的复合垫板两种。桥上需要降低线路阻力时，可采用 X2 型弹条并配用复合垫板，此时单组扣件的钢轨纵向阻力为 4 kN，如图 4-26 和图 4-27 所示。

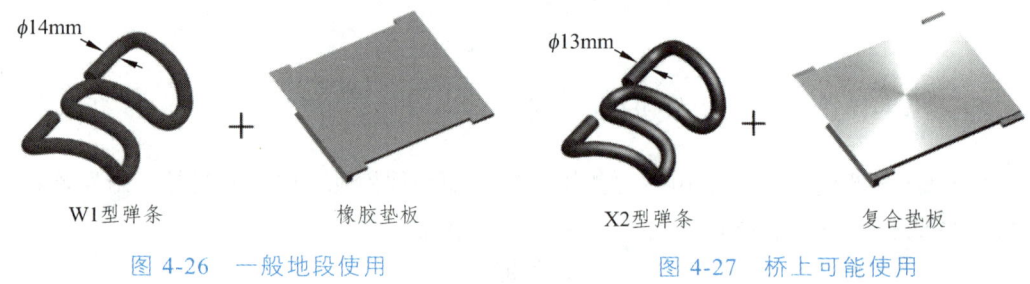

图 4-26　一般地段使用　　　图 4-27　桥上可能使用

（二）轨距挡板

轨距挡板分一般地段用 WJ-8 轨距挡板和钢轨接头处用 WJ-8 接头轨距挡板两种。

一般地段用 WJ-8 轨距挡板又分为 2 号、3 号、4 号、5 号、6 号、7 号、8 号、9 号、10 号、11 号和 12 号 11 种规格。标准轨距时使用 7 号轨距挡板，其中 10 号、11 号、12 号 3 种规格可用于钢轨接头处。

WJ-8 接头轨距挡板分 2 号、3 号、4 号、5 号、6 号、7 号、8 号、9 号 8 种规格，标准轨距时使用 7 号。轨距挡板如图 4-28 所示。

图 4-28　轨距挡板

（三）绝缘块

绝缘块分 I 型和 II 型两种，一般地段采用 I 型绝缘块，钢轨接头处采用 II 型绝缘块，如图 4-29 所示。

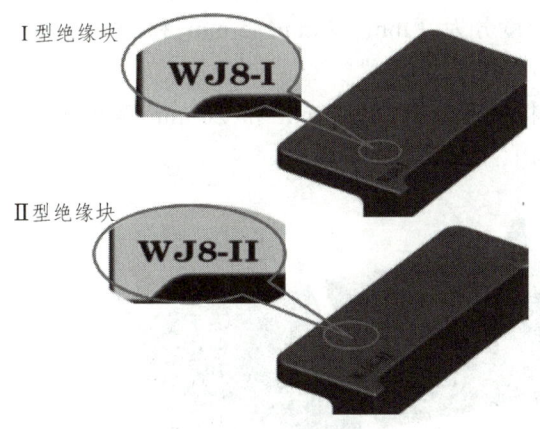

图 4-29　绝缘块

（四）铁垫板下弹性垫板

铁垫板下弹性垫板分 A、B 两类。A 类弹性垫板用于兼顾货运的客运专线，B 类弹性垫板用于客运专线。

（五）螺旋道钉（图 4-30）

螺旋道钉分 S2 型和 S3 型两种，在扣件正常安装时或钢轨调高量不大于 15 mm 时用 S2 型，大于 15 mm 时用 S3 型。

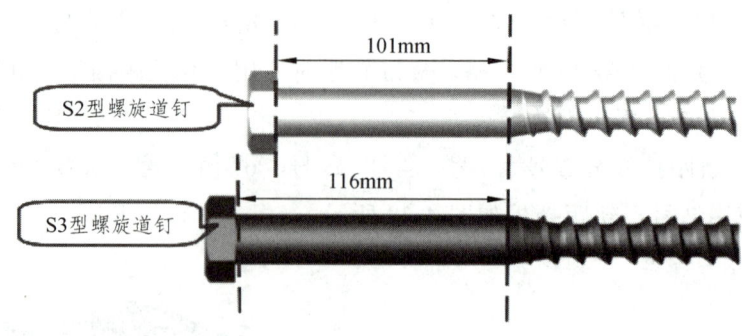

图 4-30 螺旋道钉

(六) 预埋套管

该部件预先埋设于轨枕/轨道板中，埋设精度应满足要求，且预埋套管顶面应与轨枕/轨道板承轨面齐平。预埋套管埋设后，应加盖塑料（或其他材料）盖以防雨水和泥污进入。

(七) 调高垫板

调高垫板分轨下微调垫板和铁垫板下调高垫板两种，分别放置于轨下垫板与铁垫板之间和铁垫板下弹性垫板与轨枕/轨道板承轨面之间。

轨下微调垫板按厚度分为 1 mm、2 mm、5 mm 和 8 mm 共 4 种规格，如图 4-31 所示。

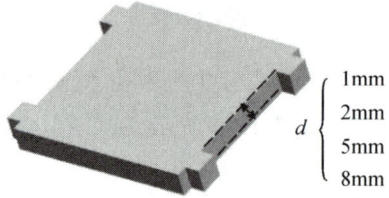

图 4-31 轨下调高垫板

铁垫板下调高垫板按厚度分为 10 mm 和 20 mm 两种规格，铁垫板下调高垫板由两片组成，应成副使用，如图 4-32 所示。

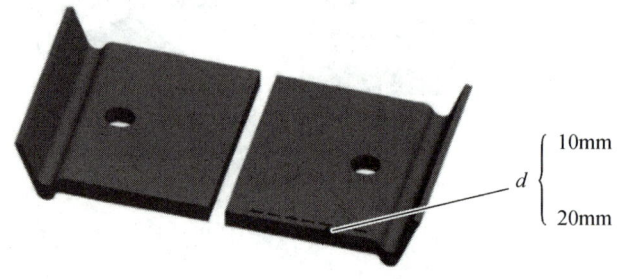

图 4-32 铁垫板下调高垫板

六、WJ-8 型扣件部件铺设顺序及要求

(一) 安装前的准备工作

1. 选择并准备合适类型的弹条（W1 型或 X2 型）和合适类型的轨下垫板（橡胶垫板或复合垫板），同时适当准备厚度为 1 mm、2 mm 的轨下微调垫板。

2. 准备 I 型绝缘块，并适当准备 II 型绝缘块以备用于钢轨接头处。

3. 选择并准备 7 号轨距挡板，并适当准备 6 号、8 号轨距挡板和相同型号的接头轨距挡板。

4. 选择并准备铁垫板下弹性垫板（A 类或 B 类）。

5. 选择并准备 S2 型螺旋道钉。

6. 检查轨枕/轨道板承轨槽，不应有裂纹。清除轨枕/轨道板承轨槽内的泥渣。

7. 摘除预埋套管上的塑料（或其他材料）盖。

（二）安装顺序

1. 安放铁垫板下弹性垫板：在承轨台中间位置铺设铁垫板下弹性垫板，使垫板孔与预埋套管孔对中。

2. 安放铁垫板：铁垫板的螺栓孔中心应与预埋套管中心对正。

3. 安放轨下垫板：在垫板中间位置安放轨下垫板，轨下垫板的凸缘应扣住铁垫板。

4. 安放轨距挡板：安设 7 号轨距挡板，轨距挡板的圆弧凸台应安放在轨枕/轨道板承轨槽底脚的凹槽内，其斜面和前端两支点应分别与轨枕/轨道板的挡肩和承轨面密贴。

特别提示：安放轨距挡板时，不得用锤或其他工具猛烈敲击使其入位。

5. 铺设钢轨。

6. 安放绝缘块。

特别提示：安放绝缘块时，不得用锤或其他工具猛烈敲击使其入位。

7. 安装弹条：将弹条摆放到位，螺旋道钉套上平垫圈且在螺纹部分涂满铁路专用防护油脂，然后拧入套管，紧固弹条。

特别提示：判断弹条是否安装到位的标准：以弹条中部前端下颚与绝缘块刚好接触为准，两者的间隙不大于 0.5 mm。

安装建议：通常情况下，W1 型弹条的理论安装扭矩在 160 N·m 左右，X2 型弹条的理论安装扭矩在 110 N·m 左右。

在现场大规模安装前，建议先取 5~10 个节点进行安装，以测出使弹条能按照以上"安装到位标准"达到正确安装位置的实际安装扭矩。

特别提示：钢轨接头处要用 WJ-8 接头轨距挡板和 II 型绝缘块。

特别提示：在浇筑混凝土过程中，应对所有外露的扣件部件采用适当的防护措施进行包封，以保持清洁。

七、WJ-8 型扣件部件安装调整

（一）调整轨距和轨向

检查轨距和轨向，如有不适，对照表 4-7，根据所检查的轨距调整量更换不同号码的轨距挡板。

表 4-7 轨距调整量

轨距调整量 /mm	左股钢轨		右股钢轨	
	外侧轨距挡板 a	内侧轨距挡板 b	内侧轨距挡板 c	外侧轨距挡板 d
−10	12	2	2	12
−9	11	3	2	12
−8	11	3	3	11
−7	10	4	3	11
−6	10	4	4	10
−5	9	5	4	10
−4	9	5	5	9
−3	8	6	5	9
−2	8	6	6	8
−1	7	7	6	8
0	7	7	7	7
+1	6	8	7	7
+2	6	8	8	6
+3	5	9	8	6
+4	5	9	9	5
+5	4	10	9	5
+6	4	10	10	4
+7	3	11	10	4
+8	3	11	11	3
+9	2	12	11	3
+10	2	12	12	2

（二）调整钢轨高低

如遇有钢轨高低和水平有少量不平顺时，可考虑放入调高垫板。此时应提升钢轨，垫入调高垫板。当调高量小于 10 mm 时，在轨下放入调高垫板，当调高量超过 10 mm 时，可同时在铁垫板下放入调高垫板。具体垫入厚度可按表 4-8 执行。

表 4-8 高低调整量

钢轨高低调整量/mm	轨下微调垫板总厚度/mm	铁垫板下调高垫板厚度/mm
0	0	0
1~10	1~10	0
11~20	1~10	10
21~30	1~10	20

1. 钢轨下调高。

轨下微调垫板必须放在轨下垫板与铁垫板之间，且放入的总厚度不得大于 10 mm，总数不得超过两块，并把最薄的轨下微调垫板放在下面，以防轨下微调垫板窜出。

2. 铁垫板下调高。

垫入的铁垫板下调高垫板放在铁垫板下弹性垫板与轨枕之间，且放入的总数不得超过两块，总厚度不得超过 20 mm。

特别提示：铁垫板下调高垫板每副由两片组成，分别从侧面插入。铁垫板下调高垫板只能单副使用，不能摞叠使用。钢轨相对正常状态的调高量大于 15 mm 时，应采用 S3 型螺旋道钉。

八、WJ-8 型扣件部件养护维修要求

1. 运营初期应注意观察扣件的使用情况，如扣件松弛，应及时复拧。当发现钢轨空吊、高低和水平不平顺时，应及时按要求垫入调高垫板。
2. 使用中如发现扣件部件损坏应及时更换。
3. 如遇有需要卸下螺旋道钉的情况时，应避免泥污进入预埋套管。

九、300 型扣件部件组成及说明

300 型扣件由弹条、绝缘垫片、轨距挡板、轨枕螺栓、绝缘套管、轨垫、铁垫板和弹性垫板组成，如图 4-33 所示。此外，为了钢轨的高低调节的需要，还包括调高垫板。

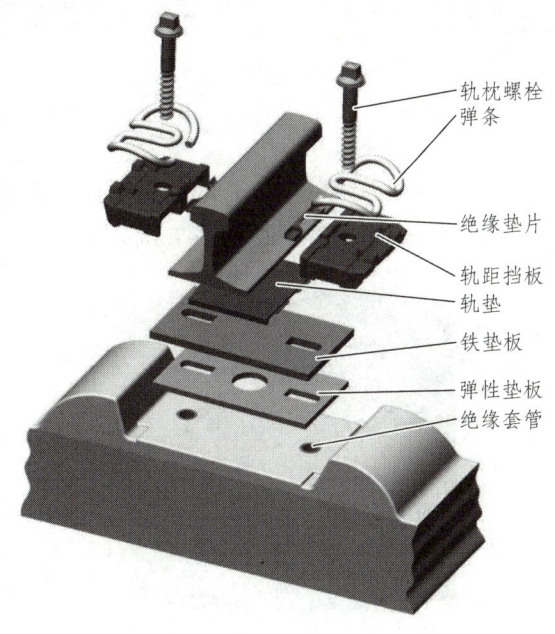

图 4-33　300 型扣件部件组成

(一)弹 条

弹条分两种,一种为一般地段使用的 SKL15 型弹条,另一种为桥上可能使用的小阻力 SKLB15 型弹条。SKL15 型弹条(黑色)的直径为 15 mm,SKLB15 型弹条(蓝色)的直径为 13 mm,如图 4-34 和图 4-35 所示。

图 4-34 SKL15 型弹条　　　　　图 4-35 SKLB15 型弹条

(二)轨枕螺栓

标准规格轨枕螺栓(Ss36-230)总长为 230 mm,为了钢轨调高的需要,还配有 Ss36-240、Ss36-250、Ss36-260、Ss36-270 和 Ss36-280 轨枕螺栓,如图 4-36 所示。

图 4-36 轨枕螺栓

(三)轨下垫板(图 4-37)

标准规格轨下垫板(Zw692-6)厚度为 6 mm。为了钢轨调高的需要,还配有 Zw692-2、Zw692-3、Zw692-4、Zw692-5、Zw692-7 和 Zw692-8 不同厚度轨下垫板。

图 4-37 轨下垫板

（四）轨距挡板

标准规格轨距挡板分为 Wfp15a 型挡板（适用于 300-1a 型扣件）和 Wfp15u 型挡板（适用于 300-1u 型扣件），如图 4-38、图 4-39 所示。为了钢轨左右位置调整的需要，还配有 Wfp15a±1（Wfp15u±1）~ Wfp15a±8（Wfp15u±8）各 16 种规格。

图 4-38　Wfp15a 型轨距挡板

 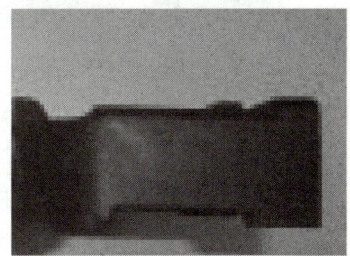

图 4-39　Wfp15u 型轨距挡板

（五）弹性垫板

弹性垫板放置于铁垫板下。两种不同颜色的弹性垫板，性能相同，如图 4-40 所示。

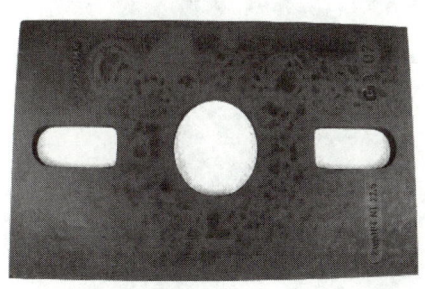 

图 4-40　弹性垫板

（六）预埋套管

预埋套管预先埋设于轨枕/轨道板中，埋设精度应满足要求，且预埋套管顶面应低于轨枕/轨道板承轨面 0~2 mm。预埋套管埋设后，如果不是在轨枕厂进行预先安装，则应盖上塑料盖（或其他材料）以防雨水和泥污进入，如图 4-41 所示。

 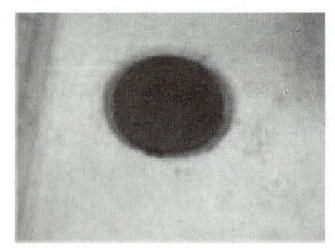

图 4-41　套管盖

（七）绝缘垫片

绝缘垫片 Is15 如图 4-42 所示，如果露天存储，现场必须加盖顶棚或苫布。在现场铺轨时，将其安装到弹条弹臂下正确位置。

图 4-42　绝缘垫片

（八）调高垫板

调高垫板分塑料调高垫板和钢制调高垫板。其中：塑料调高垫板按厚度分为 6 mm 和 10 mm 两种，标号分别为 Ap20-6（Ap20U-6）和 Ap20-10（Ap20U-10），如图 4-43 所示；钢制调高垫板厚度为 20 mm，标号为 Ap20S（Ap20U-S），如图 4-44 所示。

图 4-43　塑料调高垫板 Ap20-10（适用于 300-1a 系统）

图 4-44　钢制调高垫板 Ap20S（适用于 300-1a 型系统的钢板）

十、300 型扣件铺设顺序及要求

（一）安装前的准备工作

1. 清除套管中的杂质和积水。
2. 在套管中添加 10~15 g（Ferrocoat 673FS 或 Elascon KGF）油脂。
3. 检查轨枕/轨道板承轨槽，不应有裂纹。清除轨枕/轨道板承轨槽内的泥渣。

（二）预安装

1. 铺设弹性垫板：将弹性垫板放在承轨面的中间位置。
2. 铺设铁垫板：将铁垫板放在弹性垫板上。
3. 铺设轨垫：将轨垫放在铁垫板上。
4. 安放轨距挡板：将轨距挡板放入承轨槽中，使轨距挡板压住轨垫边缘并与承轨槽密贴。
5. 安放弹条：将弹条放在轨距挡板预安装位置。
6. 安装轨枕螺栓：将轨枕螺栓拧入预埋套管，使用配套的套筒扳手拧紧，扭矩为 30~50 N·m。

特别提示：不得使用锤子击打轨枕螺栓。

（三）现场最终安装

1. 铺设钢轨：将钢轨安放在正确位置，即两个轨距挡板之间，轨垫之上。
2. 安放绝缘垫片：将绝缘垫片放于轨底上表面的弹条扣压待安装位置，注意方向，半圆开口朝外。
3. 安放弹条：将弹条从预安装位置移到安装位置。
4. 安装轨枕螺栓：拧紧螺栓直至弹条的中肢前端与轨距挡板前端突起部分接触，扭矩约 250 N·m。（采用 SKL B15 弹条时扭矩约 180 N·m。）

建议：在现场大规模安装前，建议先取 5~10 个扣件节点进行安装，以测出弹条安装到位的实际扭矩，再按照该实际扭矩进行大规模安装。

特别提示：安装时，请注意绝缘垫片方向和位置，圆弧段朝外。

十一、300 型扣件安装调整

轨距和轨向调整：按表 4-9 更换不同规格轨距挡板，调整钢轨左右位置。

高低调整：通过嵌入调高垫板 Ap20-6、Ap20-10、Zw692 轨垫或 Ap20S 钢制调高垫板进行调整，并根据高低调整量选择相应长度螺栓。

高低调整量为 −4 mm~+26 mm 扣件调高垫板应按表 4-10 进行设置。

表 4-9　W300-1 型扣件钢轨左右位置调整配置

单股钢轨左右位置调整量/mm	钢轨外侧轨距挡板	钢轨内侧轨距挡板
−8	Wfp15+8	Wfp15-8
−7	Wfp15+7	Wfp15-7
−6	Wfp15+6	Wfp15-6
−5	Wfp15+5	Wfp15-5
−4	Wfp15+4	Wfp15-4
−3	Wfp15+3	Wfp15-3
−2	Wfp15+2	Wfp15-2
−1	Wfp15+1	Wfp15-1
0	Wfp15	Wfp15
+1	Wfp15-1	Wfp15+1
+2	Wfp15-2	Wfp15+2
+3	Wfp15-3	Wfp15+3
+4	Wfp15-4	Wfp15+4
+5	Wfp15-5	Wfp15+5
+6	Wfp15-6	Wfp15+6
+7	Wfp15-7	Wfp15+7
+8	Wfp15-8	Wfp15+8

表 4-10　W300-1 型扣件高低调整调高垫板设置（单位：mm）

高低调整量	轨垫厚度（Zw692-x）	塑料调高垫板厚度（AP20-x）	钢制调高垫板厚度（AP20S）	螺旋道钉长度（Ss36）
−4～−1	1×2～5			230
0	1×6			
+1～+2	1×7～8			
+3～+8	1×3～8	1×6		
+9～+12	1×5～8	1×10		
+13～+14	1×7～8	2×6		
+15～+18	1×5～8	1×10+1×6		240
+19～+22	1×5～8	2×10		250
+23～+26	1×3～6	1×6	1×20	

十二、300型扣件养护维修要求

300型扣件在养护维修时应注意如下情况：

1. 运营初期应注意观察扣件的使用情况，如通过目测发现弹条未达到最终安装位置，应及时按照如前所述。

特别提示：弹条安装到位判断方法：将其拧紧到位，当发现钢轨空吊、高低和水平不平顺时，应及时进行调整。

2. 如遇有需要卸下轨枕螺栓的情况时，应避免泥渣进入预埋套管。

第四节 高速道岔结构

一、高速铁路道岔的种类

高速铁路道岔均为单开道岔，可以按采用的技术系列、速度（包括直向容许通过速度和侧向容许通过速度）、轨下基础类型进行分类。

从技术系列上，高速铁路道岔可以分为客专线系列（我国自主研发）、CN系列（德国技术）和CZ系列（法国技术）。

大号码道岔的号数，与道岔的平面线形密切相关，由于德国、法国大号码道岔的平面线形完全不同，因而两国高速大号码道岔的主要尺寸和道岔号数也不相同。

我国自主研发的客运专线道岔，除18号道岔采用单圆曲线的平面线形外，其他大号码道岔均采用圆曲线+缓和曲线的平面线形，与法国高速道岔相同，但由于导曲线半径等不同，因而道岔主要尺寸也与法国引进道岔不同。

二、高速铁路道岔构造

道岔按平面布置分为转辙器、导曲线、辙叉和岔后连接部分，如图4-45所示。

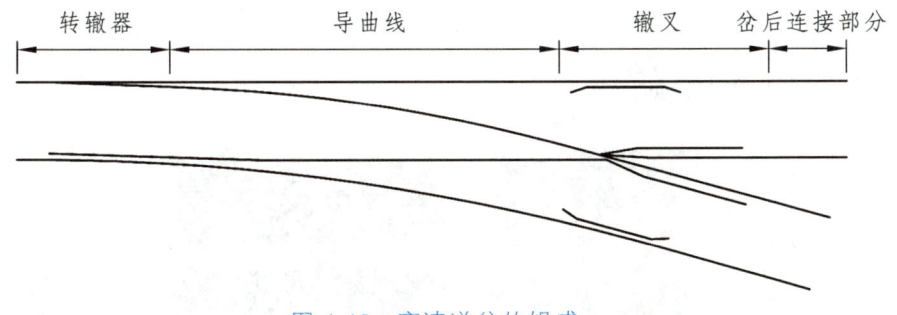

图4-45 高速道岔的组成

（一）特殊零部件

1. 滑床板：如图4-46所示。

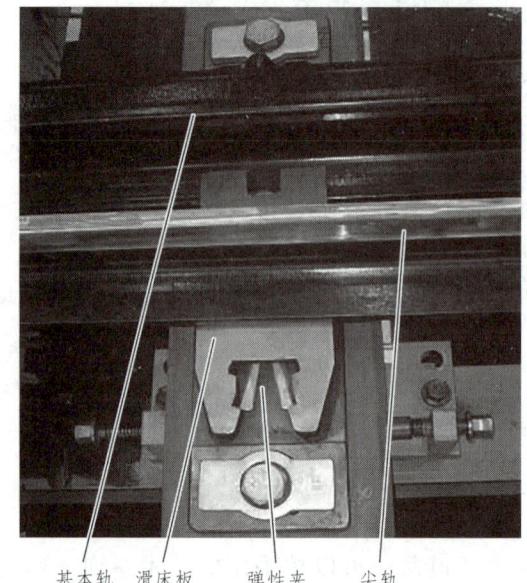

基本轨　滑床板　弹性夹　尖轨

图 4-46　滑床板

2. 辊轮与辊轮滑床板：如图 4-47 所示。

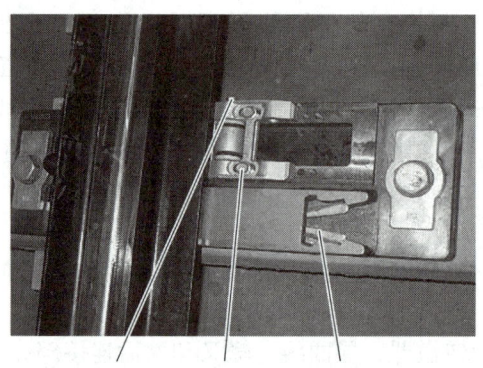

辊轮调节螺栓　竖向安装螺栓　弹性夹

图 4-47　辊轮与辊轮滑床板

3. 施维格弹性夹：如图 4-48 ~ 图 4-50 所示。

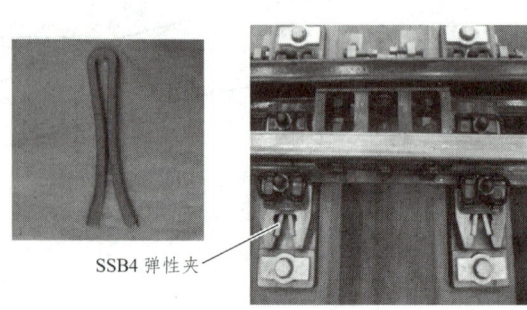

SSB4 弹性夹

图 4-48　SSB4（大号）用于尖轨跟端

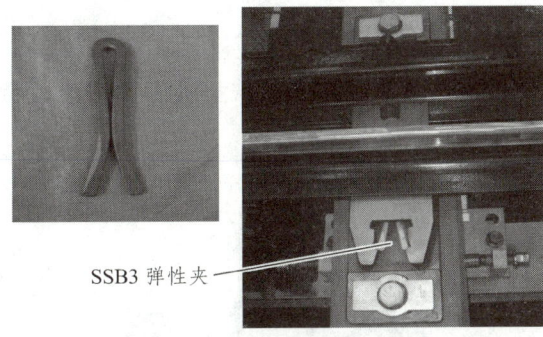

图 4-49　SSB3（中号）用于滑床板

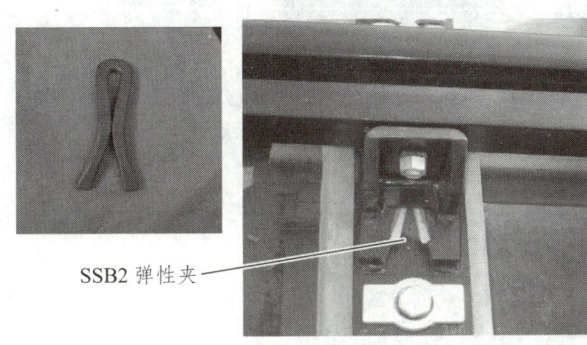

图 4-50　SSB2（小号）用于护轨垫板

（二）转换锁闭设备

客运专线道岔转换设备主要包括转辙机、外锁闭装置、密贴检查器、安装装置等，见表 4-11。

表 4-11　时速 350 km 18 号道岔转换设备主要参数

350-18	尖轨牵引点数	3
	尖轨密检器数	2
	心轨牵引点数	2
位置	尖轨开口/mm	转辙机动程/mm
尖轨一动	160	220
尖轨二动	118	220（170）*
尖轨三动	71	150（150）*
心轨一动	119	220
心轨二动	59	150（150）*

*注：如果使用电液转辙机主辅机方式，则尖轨二动、尖轨三动、心轨二动采用转换锁闭器，动程为 170 mm、150 mm、150 mm。

(三)扣件系统

1. 道岔扣件采用分开式弹条Ⅱ型扣件,铁垫板上设铁座,与提速道岔基本相同,如图 4-51 所示。

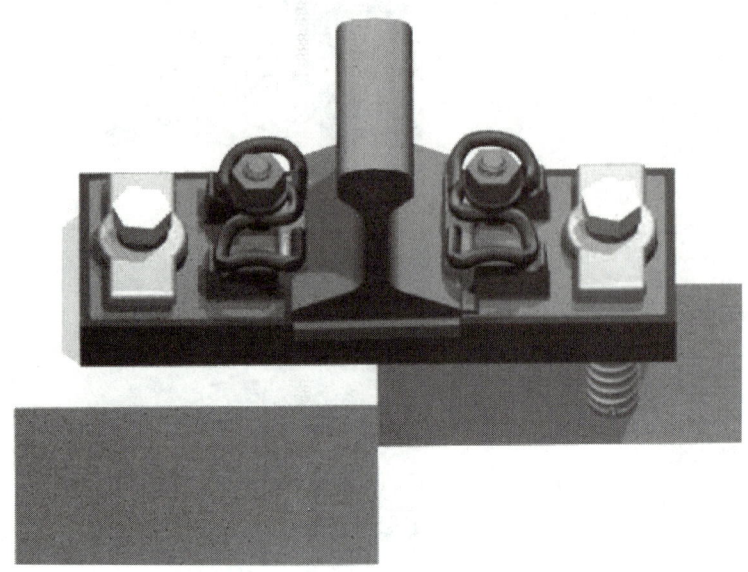

图 4-51　分开式弹条Ⅱ型扣件

2. 铁垫板的厚度为 27 mm（钢轨中心处）。
3. 钢轨轨下设 5 mm 厚橡胶垫板,铁垫板下设 20 mm 厚橡胶垫板。
4. 橡胶垫板下可以采用调高垫板进行调高,最大调高量为 30 mm。
5. 铁座与钢轨轨底间设轨距块,工作边采用 10 号轨距块,非工作边采用 11 号轨距块。
6. 铁垫板与岔枕间用岔枕螺栓连接,岔枕内预埋塑料套管,铁垫板与岔枕螺栓间设复合定位套和缓冲调距块。
7. 轨距调整采用轨距块和缓冲调距块联合进行,既可单独调距,也可联合调整。
8. 弹性铁垫板（普通垫板）为整体硫化结构。此结构是将板下弹性垫板及复合定位套与铁垫板硫化为一整体。

三、高速道岔维护

1. 尖轨、心轨、叉跟尖轨出现以下不良状态或伤损时,应进行修理或更换:

（1）尖轨尖端与基本轨或可动心轨尖端与翼轨间隙大于 1 mm,短心轨与叉跟尖轨尖端间隙大于 1.5 mm。

（2）尖轨、可动心轨侧弯,造成轨距不符合要求,或尖轨与基本轨、可动心轨与翼轨间隙超过 2 mm。

（3）尖轨、可动心轨拱腰，造成与滑床台间隙超过 2 mm。

（4）尖轨相对于基本轨降低值、心轨相对于翼轨降低值偏差超过 1 mm，且对行车平稳性有影响。

（5）尖轨与心轨因扭转或磨耗等造成光带异常，且对行车平稳性有影响。

（6）其他伤损达到钢轨轻伤标准。

2. 基本轨、翼轨、导轨和护轨出现以下不良状态或伤损时，应进行修理或更换：

（1）弯折点位置或弯折尺寸不符合要求。

（2）高锰钢摇篮出现裂纹。

（3）其他伤损达到钢轨轻伤标准。

3. 道岔扣件系统及其零部件应满足以下要求：

道岔扣件系统安装与调整应符合铺设图要求，各零部件应保持齐全，作用良好。应使用铁路专用防腐油脂定期对螺栓涂油，螺栓保持润滑状态。

扣件有以下伤损情况，应及时更换：

（1）岔枕螺栓、T 形螺栓折断或严重锈蚀。

（2）调高垫板损坏。

（3）弹性铁垫板或弹性基板的橡胶与铁件严重开裂。

（4）弹条、弹性夹、拉簧、弹片等损坏或不能保持应有的扣压力。弹性夹离缝、弹片与滑床板挡肩离缝、挡板前后离缝大于 2 mm。

（5）轨距块、挡板、缓冲调距块、偏心锥等严重磨损。

（6）套管失去固定螺栓的能力。

（7）垫板、滑床板、护轨垫板的焊缝开裂。

（8）滑床板损坏、变形或滑床台磨耗大于 3 mm。

（9）弹性垫板静刚度值超过设计上限的 25%。

（10）不得对转辙器滑床台涂油，辙叉滑床台可涂固体润滑剂。各部位螺栓涂油时不得污染橡胶垫板、弹性铁垫板和弹性基板。

4. 其他零部件应满足以下要求：

（1）其他零部件安装应符合铺设图要求，缺少时应及时补充。

（2）应使用铁路专用防腐油脂定期对螺栓涂油，使螺栓保持润滑状态。

（3）间隔铁、限位器的联结螺栓、护轨螺栓、长短心轨联结螺栓、接头铁螺栓必须齐全，作用良好，折断时必须立即更换。同一部位同时有两条螺栓或接头铁螺栓有一条缺少或折损时，道岔应停止使用。

（4）顶铁、心轨防跳铁、尖轨防跳限位装置等各部件的联结和固定螺栓变形、损坏或作用不良时应进行修理或更换。

（5）尖轨防跳限位装置、心轨防跳顶铁和心轨防跳卡铁损坏或作用不良时应进行修理或更换。

四、道岔检查工具及方法

（一）道岔检查工具（表4-12）

表4-12 道岔检查工具

序号	名　称	检　查　项　目
1	轨道测量仪	轨距、方向、水平、高低
2	轨距尺（道尺）	轨距、水平、查照间隔、护背距离
3	支距尺	支距
4	方　尺	道岔基本轨始端、尖轨尖端对齐，岔枕垂直度
5	卷　尺	道岔部件长度、岔枕位置、间距等
6	塞　尺	钢轨间、轨底与滑床板间、顶铁与钢轨间缝隙
7	游标卡尺、卡钳	间距、间隔等尺寸，部件尺寸
8	1 m平尺	轨顶、工作边直线度
9	2 m平尺	轨顶、工作边直线度，心轨尖端抗线，尖轨相对于基本轨降低值、心轨相对于翼轨降低值(配合塞尺或深度尺)
10	弦绳（绷线器）	钢轨工作边方向、轨顶高低、钢轨直线度
11	弹簧秤、磁力拉环	道岔长度、钢轨长度
12	扭矩扳手	螺栓扭矩
13	钢轨轮廓（磨耗）测量仪	钢轨顶面轮廓，轨顶坡、尖轨相对于基本轨降低值、心轨相对于翼轨降低值
14	尖轨降低值测量仪	尖轨相对于基本轨降低值、心轨相对于翼轨降低值
15	钢轨温度计	轨温
16	宽度尺	限位器两边间隙
17	辊轮专用安装、调整、检测工具	尖轨轨底和辊轮及滑床台间隙

（二）道岔检查方法（表4-13）

表4-13 道岔检查方法

序号	检测项目	检测工具	检测方法	示意图
1	道岔及调节器全长、轨件长度	钢卷尺、弹簧秤、磁力拉环	磁力拉环固定钢尺末端，弹簧秤拉紧端头，测量全长	
2	水平	轨距尺、轨道测量仪	观察轨距尺气泡位置，测量水平高差	
3	高低	弦线、钢板尺、轨道测量仪	在轨顶面使用10 m弦线测量弦线至轨顶矢度值。使用轨道测量仪测量高低	
4	方向	弦线、钢板尺、轨道测量仪	在轨头侧面（正线非工作边）使用10 m弦线测量弦线至轨头工作边矢度值。使用轨道测量仪测量方向	
5	方正差	方尺、支距尺、钢板尺	道岔始端任意处，方尺或支距尺垂直于直股工作边，用钢板尺测量两基本轨始端至方尺或支距尺边距离，计算差值	

续表

序号	检测项目	检测工具	检测方法	示意图
6	轨距	轨距尺、轨道测量仪	轨距尺水平放置于测量点位置处,使轨距尺垂直于轨距中心线,测量两钢轨之间最小距离	
7	尖轨与基本轨间隙	塞尺	使用塞尺中合适厚度的尺片确定间隙大小	
8	直尖轨工作边直线度	弦线、钢板尺	在轨头侧面(尖轨工作边)使用10 m弦线测量弦线至工作边矢度值	
9	尖轨与基本轨间顶铁间隙	塞尺	使用塞尺中合适厚度的尺片逐一反复滑塞,测量间隙大小	
10	尖轨轨底与滑床板间隙	塞尺	使用塞尺中合适厚度的尺片逐一反复滑塞,测量间隙大小	

续表

序号	检测项目	检测工具	检测方法	示意图
11	尖轨相对基本轨降低值	尖轨降低值测量仪	参见说明书	
12	转辙器部分最小轮缘槽	卡钳、钢板尺	用卡钳在基本轨、尖轨之间滑动（16 mm 工作边处）确认最窄处并测量出数据	
13	尖轨限位器两侧间隙偏差	宽度尺、游标卡尺	测量限位器两边间隙，测量偏差	
14	道岔导曲线支距	支距尺	使用支距尺测量各个支距点数据	
15	岔枕位置及间距偏差	卷尺、盘尺	使用盘尺、卷尺测量岔枕位置及间距	

续表

序号	检测项目	检测工具	检测方法	示意图
16	尖轨轨底和辊轮及滑床台间隙	辊轮专用安装、调整、检测工具	使用专用工具进行安装、调整和检测	
17	各种螺母紧固扭矩	扭矩扳手	使用测力扭矩扳手检测相应螺栓紧固扭矩	
18	顶面轮廓（含轨顶坡、尖轨相对于基本轨降低值、心轨相对于翼轨降低值）	钢轨轮廓（磨耗）测量仪	使用钢轨轮廓（磨耗）测量仪测试钢轨顶面轮廓、轨顶坡和尖轨相对于基本轨降低值、心轨相对于翼轨降低值	
19	可动心轨辙叉咽喉宽		同序号12	
20	心轨和翼轨密贴		同序号7	
21	叉跟尖轨与短心轨间隙		同序号7	
22	心轨各控制断面相对翼轨降低值		同序号11	
23	心轨轨底与台板间隙		同序号10	
24	心轨直股工作边直线度		同序号8	
25	心轨轨腰与顶铁间隙		同序号9	
26	叉跟尖轨轨腰与顶铁间隙		同序号9	
27	护轨平直段、缓冲段、开口段轮缘槽宽度		同序号12	
28	查照间隔		同序号6	
29	尖轨、心轨各牵引点处开口值		同序号12	

第五节 无缝线路

高速铁路正线应采用跨区间无缝线路，到发线应采用无缝线路。跨区间无缝线路是在完善了长大桥上无缝线路、高强度胶接绝缘接头、无缝道岔等多项技术以后，把闭塞区间的绝缘接头乃至整区间甚至几个区间（包括道岔、桥梁、隧道等）都焊接（或胶接、冻结）在一起，取消缓冲区的无缝线路，如图 4-52~图 4-54 所示。

图 4-52　无缝线路

图 4-53　曲线地段无缝线路

图 4-54 桥上无缝线路

一、无缝线路基本原理

(一) 无缝线路的类型

无缝线路根据处理钢轨内部温度应力方式的不同，可分为温度应力式和放散温度应力式两种。

无缝线路铺设锁定后，焊接长钢轨因受线路纵向阻力的抵抗，两端自由伸缩受到一定的限制，中间部分完全不能伸缩，因而在钢轨内部将产生很大的温度力，其值随轨温变化而异。

我国高速铁路采用温度应力式无缝线路。

(二) 温度力与温度应力

一根长度为 l 的可自由伸缩的钢轨，当轨温变化 $\Delta t\,°C$ 时，其伸缩量（mm）为：

$$\Delta l = a \cdot L \cdot \Delta t$$

式中：a——钢轨线胀系数，取 $1.18 \times 10^{-5}/°C$；

　　　L——钢轨长度（m）；

　　　Δt——轨温差（钢轨温度变化值）（°C）。

1. 温度力。

当轨温变化时，固定区钢轨内部产生的力（拉力或压力）称为温度力。其计算式为：

$$P_t = \alpha \cdot E \cdot A \cdot \Delta T$$

式中：P_t——温度力（kN）；

　　　α——钢轨线胀系数，取 $1.18 \times 10^{-5}/°C$；

　　　E——钢轨弹性模量，$2.1 \times 10^8\,kN/m^2$；

A——钢轨截面积（cm^2）；

ΔT——轨温差（钢轨温度变化值）（°C）。

例如：60 kg/m 钢轨，A=77.45 cm^2，P_t=19.2ΔT（kN）。

2. 温度应力。

当轨温变化时，整个钢轨断面所承受的应力，称为温度应力，其计算式为：

$$\sigma = \alpha \cdot E \cdot \Delta T = 2.478 \cdot \Delta T \text{（MPa）}$$

由以上公式可知温度应力与钢轨长度、截面面积无关。

（三）锁定轨温设计

无缝线路相邻单元轨节之间锁定轨温之差不应大于 5 °C，同一区间内单元轨节最高与最低锁定轨温之差不应大于 10 °C；左右股钢轨锁定轨温之差不应大于 3 °C。

1. 钢轨温度。

在夏季，由于太阳辐射热的作用，一般轨温比气温高 10～20 °C；在冬季，气温较低，气温与轨温大致相同。一般规定：最高轨温等于当地最高气温加 20 °C，最低轨温等于最低气温。钢轨湿度测量如图 4-55 所示。

图 4-55 钢轨温度测量

2. 锁定轨温。

为降低长轨条内的温度力，需选择一个适宜的锁定轨温，又称零应力状态的轨温。在铺设无缝线路时，将长轨条始终端落槽就位时的平均轨温称为施工锁定轨温。施工锁定轨温不一定等于设计锁定轨温，但应在设计锁定轨温允许变化范围之内。

3. 设计锁定轨温。

设计锁定轨温即长钢轨中和轨温，根据线路的具体条件，通过轨道稳定性和强度计算确定。

(1)有砟轨道：

$$T_e = \frac{T_{\max} + T_{\min}}{2} + \frac{[\Delta T_d] - [\Delta T_u]}{2} + \Delta T_k$$

式中：T_e——设计锁定轨温（℃）；

$[\Delta T_d]$、$[\Delta T_u]$——允许温降和允许温升（℃）；

$T_{\max}$、$T_{\min}$——当地历史最高、最低轨温（℃）；

ΔT_k——设计锁定轨温修正值（℃），一般取 0~5 ℃。

(2)无砟轨道：

$$T_e = \frac{T_{\max} + T_{\min}}{2} \pm \Delta T_k$$

路基有砟无缝线路锁定轨温可适当提高；桥上无缝线路锁定轨温可适当降低；南方地区的无砟轨道，锁定轨温范围不应过低，否则夏季钢轨温升幅度过大，导致钢轨出现碎弯的概率增加。

4. 设计锁定轨温范围。

无缝线路的铺设很难在设计锁定轨温下把整段长轨条锁定，因此，给定一个同时满足稳定性和强度条件的范围，即设计锁定轨温±（3~5 ℃）。

5. 实际锁定轨温。

在运营中长轨条因轮轨相互作用而被碾长，或因维修作业不当，引起长轨条不均匀爬行，都会导致长轨条施工锁定轨温的改变（一般下降 5~8 ℃）。因此，无缝线路在运营中存在一个实际的锁定轨温。

二、无缝线路养护维修要求

(一)无砟轨道

1. 无缝线路地段应根据季节特点、锁定轨温和线路状态，合理安排作业项目。
2. 无缝线路维修作业必须掌握实际锁定轨温，测量作业轨温，根据作业轨温条件进行作业。
3. 无砟轨道无缝线路作业必须遵守下列作业轨温条件：

(1)维修作业轨温条件见表 4-14。

表 4-14 无砟轨道无缝线路作业轨温条件

作业项目	线路平面条件	最多连续松开扣件个数（按实际锁定轨温计算）				
		-10 ℃及以下	-10~0 ℃	0~+10 ℃	+10~+20 ℃	+20 ℃以上
改道、垫板作业	$R \geq 2\,000$ m 或直线	15	40	20	9	禁止
更换扣件或涂油	隔一松一，流水作业					禁止

（2）无缝道岔尖轨及其前方 25 m 范围的维修作业轨温范围应在实际锁定轨温±10 ℃。

（二）有砟轨道

1. 无缝线路地段应根据季节特点、锁定轨温和线路状态，合理安排全年维修计划。
2. 高温季节不应安排影响线路稳定的作业。如必须进行时，应有计划地先放散后作业，并适时重新做好放散和锁定线路工作。
3. 无缝线路维修，宜按单元轨节为单位安排作业。
4. 有砟轨道无缝线路作业必须掌握实际锁定轨温，根据作业轨温条件进行作业，应严格执行"作业前、作业中、作业后测量轨温"制度，并注意做好以下各项工作：
（1）在维修地段按需要备足道砟。
（2）起道前应先拨正线路方向。
（3）起、拨道器不得安放在铝热焊缝处。
（4）扒开的道床应及时回填、夯实。
5. 无缝线路作业必须遵守表 4-15 和表 4-16 所列作业轨温条件。

表 4-15　无缝线路作业轨温条件（有砟轨道）

线路平面	作业轨温范围（按实际锁定轨温计算）		
	连续扒开道床不超过 25 m，起道高度不超过 30 mm，拨道量不超过 10 mm	连续扒开道床不超过 50 m，起道高度不超过 40 mm，拨道量不超过 20 mm	扒道床、起道、拨道与普通线路相同
直线及 $R \geq 2\ 000$ m 曲线	+20 ℃ 实际锁定轨温以下不限制	+15 ℃ −20 ℃	±10 ℃

表 4-16　无缝线路常见作业项目作业轨温条件

序号	作业项目	作业轨温范围（按实际锁定轨温计算）			
		−10 ℃ 及以下	−10~+10 ℃	±10（含）~+20 ℃	+20 ℃ 及以上
1	改道	连续松开扣件不超过 15 个	−10~0 ℃，连续松开扣件不超过 40 个；0(含)~+10 ℃，连续松开扣件不超过 20 个	连续松开扣件不超过 9 个	禁止
2	更换扣件或涂油	隔二松一，流水作业			禁止
3	方正轨枕	隔二方一，方后捣固，恢复道床，逐根进行			禁止
4	更换轨枕	不连续更换			禁止
5	非成段更换钢轨（长度 100 m 及以下）	作业后锁定轨温应在设计范围内，否则适时进行应力放散或应力调整			禁止

续表

序号	作业项目	作业轨温范围（按实际锁定轨温计算）			
		−10 ℃及以下	−10~+10 ℃	±10（含）~+20 ℃	+20 ℃及以上
6	更换道岔限位器、间隔铁、长短心轨联结件	禁止	允许	禁止	禁止
7	不破底清筛道床	逐孔倒筛夯实			禁止
8	不破底处理翻浆冒泥	不超过5孔，逐孔夯实		禁止	禁止

三、无缝线路应力放散与调整

（一）应力放散或调整的条件

无缝线路锁定轨温必须准确、均匀，有下列情况之一者，应进行应力放散或调整：

1. 实际锁定轨温不在设计锁定轨温范围以内。
2. 锁定轨温不明、不准确。
3. 两相邻单元轨条锁定轨温差超过 5 ℃，或左右股轨条实际锁定轨温相差超过 3 ℃，或同一区间单元轨条最高、最低锁定轨温相差超过 10 ℃。
4. 铺设或维修作业方法不当，使轨条产生不正常伸缩。
5. 出现严重不均匀位移。
6. 夏季线路轨向严重不良，碎弯多。
7. 通过位移观测或测试分析，发现温度力分布严重不匀。

（二）应力放散的方法

无缝线路应力放散可采用滚筒配合撞轨法或滚筒结合拉伸配合撞轨法。放散时要求做到：总放散量要够，沿钢轨全长放散要匀，最后锁定轨温要准。同时要求结合放散应力，整治线路爬行。

1. 滚筒配合撞轨。

滚筒配合撞轨放散方法是指在接近设计锁定轨温的条件下，松开扣件和防爬器，长钢轨下每隔 10~15 m 垫入滚筒，配合以适当撞轨，使长钢轨正常伸缩。撞轨器和滚筒如图 4-56 和图 4-57 所示。当达到预定锁定轨温后，立即取下滚筒，重新锁定线路。这种放散法的优点是放散较彻底，均匀性好，可以较准确地确定锁定轨温。

  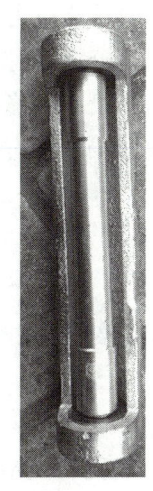

图 4-56　撞轨器　　　　　　　　　　　图 4-57　滚筒

2. 滚筒结合拉伸配合撞轨法。

滚筒结合拉伸配合撞轨法是指在轨温比较低的条件下，在利用滚筒放散的同时，用拉伸器拉伸并配合以适当撞轨，但原锁定轨温不清楚或不准确，必须在滚筒放散的基础上，通过计算后再用拉伸器拉伸（图 4-58）。

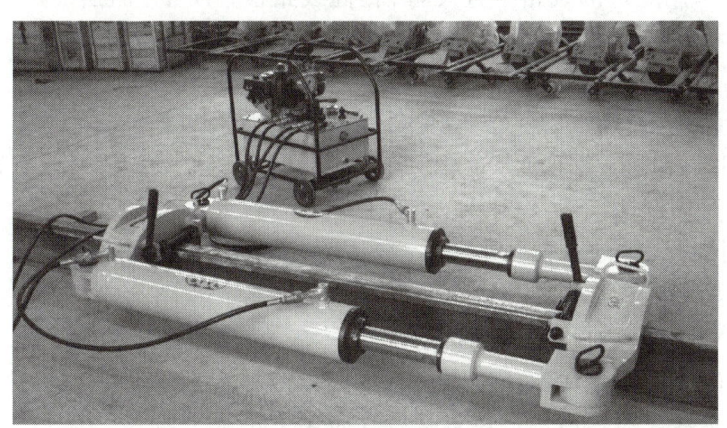

图 4-58　钢轨拉伸器

无缝道岔应在设计锁定轨温范围内铺设和锁定，不宜进行应力放散。

应力放散时，应每隔 50～100 m 设一位移观测点观测钢轨位移量，及时排除影响放散的障碍，锁定轨温应准确。

应力放散后，应按实际锁定轨温及时修改有关技术资料和位移观测标记。

（三）应力调整的方法

无缝线路应力调整（不改变长钢轨长度），可在比较接近实际锁定轨温的条件下，采用轨下垫入滚筒、辅助进行撞轨的方法。

无缝线路应力放散和调整施工前,应制订施工计划及安全措施,组织人力,备齐料具,充分做好施工准备。

无缝线路维修作业后应及时清理现场,紧固扣件弹条到规定扭矩,并组织全面回检,根据线路状态确定开通条件。

第六节 《高速铁路线路修理规则》相关内容

一、线路设备检查内容和周期

(一)一般要求

1. 线路检查应坚持"动态检查为主,动、静态检查相结合,结构检查与几何尺寸检查并重"的原则。

2. 动态检查应以综合检测列车和探伤车检测结果为主要依据,巡检设备、车载式线路检查仪和添乘检查作为动态检查的辅助手段。发现问题时,应结合现场静态复核,全面分析原因,合理确定维修作业方案。对超过临时补修允许偏差管理值的处所应及时处理。

3. 应积极采用先进的线路检查设备,提高线路检查质量,加强线路设备状态分析,指导线路维修作业。

(二)线路动态检查

1. 应采用综合检测列车、综合巡检车、巡检设备、车载式线路检查仪等移动检测设备对线路进行周期性检查。

2. 检查周期。

(1)综合检测列车对线路原则上每半月检查 1 遍。铁路运输企业可结合季节特点和设备状态变化规律等对检查周期进行优化。

(2)采用综合巡检车或巡检设备检查线路设备状态,每半年不少于 1 遍。

(3)采用车载式线路检查仪检查线路,每天不少于 1 遍。

必要时应根据现场实际情况,安排人工添乘检查线路。

(三)线路静态检查

1. 铁路运输企业应对线路设备进行周期性检查,作好详细记录,掌握线路设备状态及变化规律。对检查发现的超过临时补修容许偏差管理值的处所应及时处理。

2. 静态检查周期。

(1)轨道几何尺寸检查,无砟轨道每年不少于 1 遍、有砟轨道每半年不少于 1 遍。

(2)无砟道床及标志标识每年检查不少于 1 遍。

(3)有砟道床、轨枕及标志标识每年检查不少于 1 遍。

（4）扣件系统每半年检查不少于1遍，弹性垫板刚度每年抽检不少于1次（上道后前5年内可不进行抽检）。

（5）道岔每月检查不少于1遍（尖轨相对于基本轨、心轨相对于翼轨降低值和无砟道床每季度检查不少于1遍）。

（6）调节器每月检查不少于1遍（尖轨相对于基本轨降低值和无砟道床每季度检查不少于1遍）。

（7）重点地段应加强检查。

3. 对无缝线路、道岔钢轨纵向位移观测，每半年不少于1次，一般春、秋季各1次，对桥上无缝道岔、调节器等地段钢轨纵向位移每季观测不少于1次，发现伸缩异常应及时处理。

二、扣件作业维修要求

（一）WJ-7型扣件维修作业

1. 零部件损坏应及时更换，更换时应采用相同规格零部件。

2. 对T形螺栓进行定期涂油，防止螺栓锈蚀。预埋套管中缺油或无油时，应在预埋套管中注入或在锚固螺栓螺纹部分涂专用防护油脂。

3. 安装铁垫板时应使轨底坡方向朝向轨道内侧。

4. 紧固T形螺栓和锚固螺栓应采用专用扭矩扳手，确保扭矩达标。

5. 绝缘轨距块与钢轨或铁垫板挡肩间缝隙较大时，应通过更换不同号码绝缘轨距块的方式进行调整。

（二）WJ-8型扣件维修作业

1. 零部件损坏应及时更换，更换时应采用相同规格的零部件。夹板处应采用接头轨距挡板和绝缘轨距块。

2. 预埋套管中缺油或无油时，应在预埋套管中注入或在螺旋道钉螺纹部分涂专用防护油脂。

3. 紧固弹条时应采用专用扭矩扳手，确保扭矩满足要求。

4. 绝缘轨距块与钢轨或铁垫板挡肩间缝隙较大时，应通过更换不同号码绝缘轨距块的方式进行调整。轨距挡板与承轨槽挡肩不密贴时，应更换轨距挡板。

（三）300-1型扣件维修作业

1. 零部件损坏应及时更换，更换时应采用相同规格的零部件。

2. 预埋套管中缺油或无油时，应在预埋套管中注入或在螺旋道钉螺纹部分涂专用防护油脂。

3. 紧固弹条应采用专用扭矩扳手，确保扭矩满足要求。

4. 钢轨与轨距挡板间缝隙较大时，应通过更换不同号码轨距挡板进行调整。轨距挡板与承轨槽挡肩不密贴时，应更换轨距挡板。

（四）SFC 型扣件维修作业

1. 零部件损坏应及时更换，更换时应采用相同规格的零部件。
2. 预埋套管中缺油或无油时，应在预埋套管中注入或在锚固螺栓螺纹部分涂专用防护油脂。
3. 安装铁垫板时，应使轨底坡方向朝向轨道内侧。锯齿垫片应与铸铁底板牙型啮合紧密，两片 M22 贝氏垫片应背靠背安装。紧固锚固螺栓应采用专用扭矩扳手，确保扭矩满足要求。
4. 弹条应采用专用工具安装。
5. 绝缘块与钢轨或铁垫板挡肩间缝隙较大时，应通过更换不同号码绝缘块进行调整。

（五）扣件预埋套管失效修理作业

扣件预埋套管失效时应及时采用相同型号套管进行修复，修复时应满足以下要求：
1. 取出失效套管时，不得伤及套管周围混凝土、钢筋，且油渍或油脂不得污染孔壁。
2. 失效套管取出后，应清除混凝土枕或轨道板孔内残渣，并用高压风吹净。
3. 应在孔内注入或在新套管外壁涂敷适量的锚固胶。
4. 植入的新套管定位应准确。
5. 新套管锚固强度应达到抗拔力要求后方可安装扣件。
6. 采用的修复方案及锚固胶应提前进行试验，确定修复工艺参数。

三、静态几何尺寸容许偏差管理值

（一）线路静态几何尺寸容许偏差管理值

线路静态几何尺寸容许偏差管理值见表 4-17。

表 4-17　轨道静态几何不平顺容许偏差管理值

项　目	200～250 km/h		250（不含）～350 km/h	
	临时补修	限速（不大于 160 km/h）	临时补修	限速（不大于 200 km/h）
轨距/mm	+6 −4	+8 −6	+5 −3	+6 −4
水平/mm	8	10	6	7
高低/mm	8	11	7	8
轨向（直线）/mm	7	9	5	6
三角坑/（mm/3 m）	6	8	5	6

注：① 高低偏差和轨向偏差为 10 m 弦测量的最大矢度值。
　　② 三角坑偏差不含曲线超高顺坡造成的扭曲量，在延长 18 m 的距离范围内无超过表列的三角坑。

(二)道岔静态几何尺寸容许偏差管理值

道岔静态几何尺寸容许偏差管理值见表 4-18。

表 4-18　轨道静态几何不平顺容许偏差管理值

项　目		200~250 km/h		250(不含)~350 km/h	
		临时补修	限速(不大于 160 km/h)	临时补修	限速(不大于 200 km/h)
轨距/mm	岔区	+5 -2	+8 -6	+5 -2	+6 -4
	尖轨尖	+3 -2		+3 -2	
水平/mm		7	10	6	7
高低/mm		7	11	7	8
轨向/mm	直股	6	9	5	6
	支距	4	—	4	—
三角坑/(mm/3 m)		6	8	5	6

注:① 轨距偏差不含构造轨距加宽值。
　　② 高低偏差和轨向偏差为 10 m 弦测量的最大矢度值。
　　③ 支距偏差为实际支距与计算支距之差。

第五章 高速铁路桥隧建筑物

第一节 高速铁路桥梁

一、高速铁路桥梁结构形式

1. 高速铁路桥梁主要以 32 m、24 m 整孔箱梁作为常用跨度主导梁型,如图 5-1 所示;同时还采用了一些其他类型的结构形式,如连续梁、钢混结构梁、钢箱叠拱桥等,如图 5-2 和图 5-3 所示。

图 5-1 箱梁

图 5-2 简支梁桥

第五章 高速铁路桥隧建筑物

图 5-3 连续梁桥

2. 桥梁按长度分类：

特大桥——桥长 500 m 以上（$L > 500$），如图 5-4 所示；
大　桥——桥长 100 m 以上至 500 m（$100 < L \leq 500$）；
中　桥——桥长 20 m 以上至 100 m（$20 < L \leq 100$）；
小　桥——桥长 20 m 及以下（$L \leq 20$）。

图 5-4 南京大胜关长江大桥（京沪高速铁路特大桥）

二、桥梁上部结构

1. 桥梁上部结构形式主要有预制架设整孔箱梁（图 5-5）、移动模架架桥机节段拼装整孔简支梁、移动模架现浇整孔箱梁（图 5-6、图 5-7）、支架法现浇连续刚构梁。

2. 混凝土箱梁桥面构造。高速铁路桥梁无砟桥面结构一般由轨道、作业通道、遮板、防护墙、梁缝伸缩装置、桥面防水层和泄水管等组成；有砟桥面还设有梁缝挡砟板和伸缩缝钢盖板等。

图 5-5　架设整孔箱梁

图 5-6　移动模架现浇整孔箱梁

图 5-7　移动模架现浇整孔箱梁

三、桥梁下部结构

（一）桥梁基础

桥梁基础类型一般采用桩基础。桩基主要采用直径为 1 m、1.5 m、2.0 m 的钻孔桩。下部结构墩台设计要结合桥下流水情况、全桥墩高分布情况，遵循墩型统一、相邻桥墩刚度相近、施工方便的原则。

(二)桥 墩

旱桥选用矩形桥墩(图 5-8),河中桥选用圆端形桥墩(图 5-9)。墩身较低时采用直坡实体墩,墩身较高时采用空心墩。

图 5-8 矩形桥墩

图 5-9 圆端形桥墩

(三)支 座

1. 高速铁路桥梁一般采用盆式橡胶支座、球型钢支座,大跨度梁也可采用铰轴滑板支座;墩台基础工后沉降大的桥梁,采用调高支座。

2. 盆式橡胶支座具有承载能力大、水平位移量大、转动灵活等特点,且具有质量轻、结构紧凑、构造简单、建筑高度低、加工制造方便、节省钢材、降低造价等优点,在高铁桥梁中被广泛使用。盆式橡胶支座主要由上支座板、滑板、橡胶密封圈、中间钢衬板、铜密封圈、橡胶承压板、下支座板等组成,如图5-10、图5-11所示。

图 5-10 盆式橡胶支座

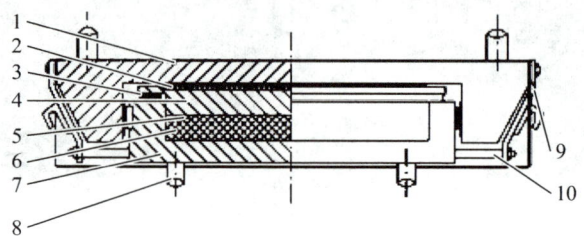

1—上支座板;2—滑板;3—橡胶密封圈;4—中间钢衬板;5—铜密封圈;
6—橡胶承压板;7—下支座板;8—锚栓;9—连接杆;10—连接螺杆。

图 5-11 盆式橡胶支座构造示意图

3. 球型钢支座传力可靠,承载能力比盆式橡胶支座大,容许支座位移大,而且转动灵活,能更好地适应支座大转角的需要。球型钢支座主要由上支座板、下支座板、平面滑板、球冠衬板、球面滑板等组成,如图5-12、图5-13所示。

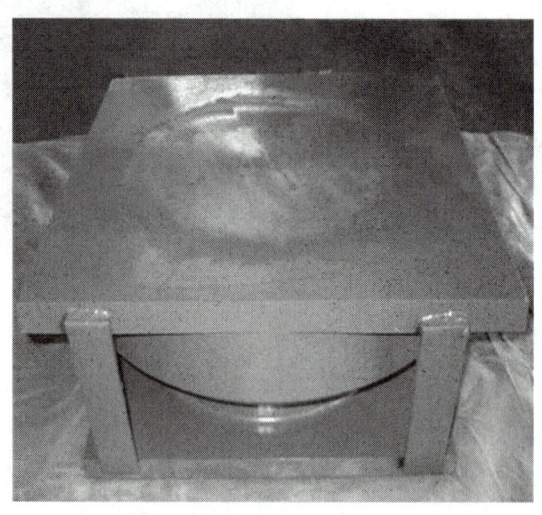

图 5-12 球型钢支座

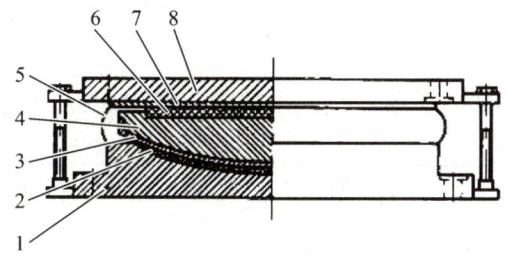

1—下支座板；2—球面滑板；3—球面不锈钢滑板；4—球冠衬板；5—密封装置；
6—平面滑板；7—平面不锈钢滑板；8—上支座板。

图 5-13　球型钢支座构造

4. 支座布置。

高速铁路桥梁主要采用双线整孔箱梁，因其横向宽度大，故桥梁支座分为固定支座、横向活动支座、纵向活动支座和多向活动支座，以解决纵、横向受力变位和温度位移、转动问题。对支座架梁时临时连接件，使用中应解开或拆除。

（四）防落梁挡块

简支梁防落梁挡块有两种形式：一种是由相对独立的一对 H 型钢组成；一种由一对 H 型钢和一将两 H 型钢连成一体的纵向槽钢组成，H 型钢和槽钢采用螺栓连接。连续梁中墩防落梁挡块采用一钢筋混凝土挡块和口型钢组成。

（五）救援疏散通道

高速铁路大量采用高架桥，单座桥梁长度数千米以上已为常见，桥梁救援疏散通道成为高速铁路防灾救援安全保障体系的重要组成部分，如图 5-14 所示。高速铁路救援疏散通道分为顺坡式、折向式、旋转式三种。

图 5-14　救援疏散通道

四、桥梁工程相关说明

1. 根据环保要求，部分段落需设置声屏障（图 5-15），设置的位置要符合原设计要求。

2. 桥梁跨越道路、厂矿、村庄附近时，梁部采用集中排水方式，防止影响道路通行安全。

3. 按标准要求，对净高小于 5.0 m 的立交涵两侧均设置限高防护架。

图 5-15　声屏障

第二节　高速铁路隧道

一、基础概念及等级划分

（一）围岩的概念

在岩石地下工程中，由于受开挖影响而发生应力状态改变的周围岩体，称为围岩。

（二）围岩等级划分

围岩分级是指根据岩体完整程度和岩石强度等指标将无限的岩体序列划分为具有不同稳定程度的有限个类别，即将稳定性相似的一些围岩划归为一类，将全部的围岩划分为若干类。在围岩分类的基础上再依照每一类围岩的稳定程度给出最佳的施工方法和支护结构设计。

围岩分类是选择施工方法的依据，是进行科学管理及正确评价经济效益、确定结构上的荷载（松散荷载）、确定衬砌结构的类型及尺寸、制定劳动定额和材料消耗标准等的基础。

规范将隧道围岩分成 6 级，分别是 Ⅰ、Ⅱ、Ⅲ、Ⅳ、Ⅴ、Ⅵ，数字越小的围岩性质越好。

（三）盲　管

排水盲管（盲沟），是指具有极高的表面渗水能力和内部通水能力，具有极好的抗压能力及适应形变的能力，具有极佳的化学惰性，在岩土工程使用中能保持长久寿命的排水管。排水盲管主要以合成纤维、塑料以及合成橡胶等为原料，经不同的工艺方法制成，其材质憎水、阻力小。

（四）隧道净空

隧道净空是指隧道衬砌的内轮廓线所包围的空间。

1. 满足时速 350 km 的高速铁路双线隧道，净空有效面积为 100 m^2，断面开挖面积有仰拱时约为 160 m^2，无仰拱时约为 130 m^2；满足运行速度 250~300 km/h 的高速铁路双线隧道，要求净空有效面积为 92 m^2，断面开挖面积有仰拱时约为 150 m^2，无仰拱时约为 120 m^2。它们均属超大断面隧道。

2. 时速 350 km 双线隧道衬砌内轮廓采用中心圆，半径为 665 cm，线间距为 5.0 m；隧道双侧设置救援通道宽为 1.5 m，高为 2.2 m，外侧距线路中线 2.3 m；救援通道底面高出内轨顶面 30 cm，设有安全空间，高 2.2 m，宽 80 cm，外侧距线路中线 3 m；设有宽度为 30 cm 的环形工程技术作业空间。350 km/h 客运专线铁路双线隧道建筑内轮廓如图 5-16 所示。

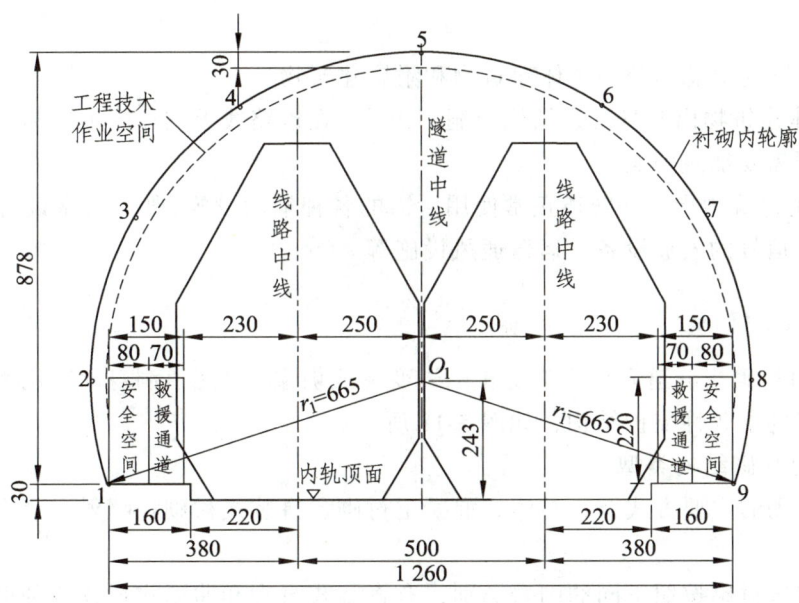

图 5-16　350 km/h 客运专线铁路双线隧道建筑内轮廓（单位：cm）

二、高速铁路隧道分类

高速铁路隧道（图 5-17）按长度分类：
特长隧道——隧长在 10 000 m 以上（$L > 10\,000$）；
长　隧　道——隧长在 3 000 m 以上至 10 000 m（$3\,000 < L \leqslant 10\,000$）；
中长隧道——隧长在 500 m 以上至 3 000 m（$500 < L \leqslant 3\,000$）；
短　隧　道——隧长在 500 m 及以下（$L \leqslant 500$）。

图 5-17　高速铁路隧道

三、高速铁路隧道基本构成

（一）隧道总体

高速铁路隧道总体分为主体建筑物和附属建筑物。

1. 主体建筑物由洞身支护结构及洞门组成，在铁路线上洞口附近容易坍塌或有落石危险时则需要加筑明洞。

2. 附属建筑物指保证隧道正常使用所需的各种辅助设施，如防排水设备、避车洞、电力及通信信号的安放设备、运营通风设施等。

（二）隧道衬砌

1. 隧道衬砌指隧道开挖后为防止围岩变形或坍塌，沿隧道洞身周围用钢筋混凝土等材料修建的永久性支护结构，如图 5-18 所示。

2. 隧道衬砌结构类型。

（1）衬砌的主要方式有：整体式混凝土衬砌、拼装式衬砌、喷射混凝土衬砌和复合式衬砌等。

（2）隧道衬砌按照不同的围岩类别，有直墙式衬砌和曲墙式衬砌两种形式，而曲墙式又分为有仰拱和无仰拱两种。

图 5-18 隧道内部衬砌

（3）根据地质气候情况，隧道进出口的土质地层段设置保温层（防水板+硬质聚氨酯保温板+防水板），保温层设置于隧道拱墙初期支护与二次衬砌之间。

（三）洞　门

1. 洞门作用：减少洞口土石方开挖量；稳定边、仰坡；引离地表水流；装饰洞口。
2. 与我国铁路传统的端墙、翼墙挡土式洞门结构相比，高速铁路大量采用了斜切式和帽檐式等新型洞门结构，体现了生态保护理念和自然美，如图 5-19 所示。

图 5-19 隧道洞门

（四）防排水设施

（1）防排水设施遵循"防、堵、截、排结合，因地制宜，综合治理"的原则，采取切实可靠的措施，以达到"防水可靠、经济合理"的目的。

（2）隧道防水应以衬砌结构自防水为主体（隧道衬砌结构均采用防水混凝土），以施工缝、变形缝防水为重点，辅以注浆防水和防水层加强防水。

（3）隧道结构应满足现行国家标准《地下工程防水技术规范》（GB 50108）规定的防水一级标准，即不允许渗水，结构表面无湿渍。

（4）应对地表水和地下水作妥善处理，洞内外形成一个完整的防排水系统，以保证隧道结构和设备的正常使用和行车安全。

（5）在地下水发育阶段，采取超前周边注浆、开挖后径向注浆等，将大面积淋水或局部股流封堵。

（五）附属结构

1. 设备洞室。

长度大于 500 m 的隧道，应在洞内设置余长电缆腔，并应与专用洞室结合设置。余长电缆腔沿隧道两侧交错布置，每侧间距宜为 500 m。长度为 500～1 000 m 的隧道，可只在其中部设置一处。

2. 救援疏散通道。

（1）隧道内应设置贯通的救援通道。单线隧道单侧设置，双线隧道双侧设置，救援通道距线路中线不应小于 2.3 m。

（2）隧道救援通道的宽度不宜小于 1.5 m，高度不应小于 2.2 m。

（3）隧道救援通道走行面不应低于轨面，走行面应平整、铺设稳固，并与相邻沟槽板顶面平齐。

（4）隧道内紧急救援站长度应在 450～500 m；紧急救援站内站台宽度宜为 2.3 m，疏散横通道间距不宜大于 50 m，横通道内应设有两道密闭防护门，通行宽度不应小于 3.4 m。避难所设置在救援通道的疏散出口通道内。

（5）长大隧道，可以利用施工横通道、平行导坑、斜井等辅助坑道作为救援通道的疏散出口通道。疏散出口通道由初期支护、防水板、二次衬砌、底板、洞门等组成，设置路面、排水设施、通风设施、照明、安全门、疏散指示标识等。疏散出口通道初期支护、底板、沟槽混凝土等级不低于 C20，二衬、水沟盖板混凝土等级不低于 C25，路面混凝土等级不低于 C15。

第三节 《高速铁路桥隧建筑物修理规则》相关内容

一、基本技术要求

（一）荷　载

列车竖向活载采用 ZK 活载。

（二）限　界

桥隧建筑限界应满足《铁路技术管理规程》的规定。建筑限界的基本尺寸及轮廓线如图 5-20 所示。

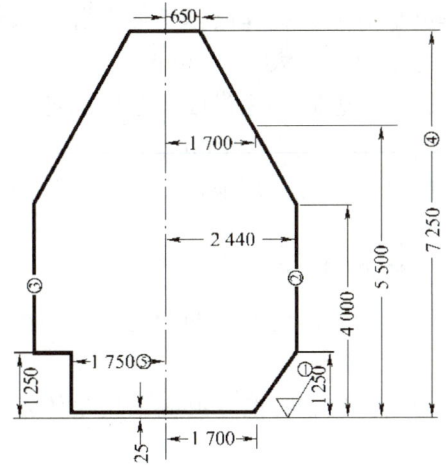

①—轨面;②—区间及站内正线(无站台)建筑限界;③—有站台时建筑限界;
④—轨面以上最大高度;⑤—线路中心线至站台边缘的距离(正线不适用)。

图 5-20 高速铁路桥隧建筑限界(单位:mm)

(三)孔径与净空(表 5-1)

表 5-1 隧道内轨顶面以上最小净空面积

速度/(km/h)	最小净空面积/m²	
	单线	双线
200	52	80
250	58	90
300	70	100
350		

(四)刚 度

桥涵设备应具有足够的刚度、良好的动力性能及耐久性,满足轨道稳定性、平顺性要求,满足高速列车安全运行和旅客乘坐舒适度的要求。

(五)基础沉降

1. 墩台基础的沉降量应按恒载计算。墩台基础工后均匀沉降量和相邻墩台沉降量差应满足限值要求(表 5-2);对超静定结构除满足表 5-2 的限值要求外,还应根据沉降差对结构产生的附加应力的影响确定。

表 5-2 墩台基础工后沉降量限值

沉降类型	桥上轨道类型	工后沉降量限值/mm
墩台基础均匀沉降	有砟轨道	30
	无砟轨道	20
相邻墩台基础沉降量差	有砟轨道	15
	无砟轨道	5

2. 涵洞基础工后沉降量限值应与相邻路基工后沉降量限值相一致。

3. 隧道基础工后沉降量限值不应大于 15 mm。

4. 无砟轨道区段桥台、涵洞边墙、隧道洞口与路基交界处的工后沉降差不应大于 5 mm，工后沉降差造成的折角不应大于 1/1 000。

5. 工后沉降量超过限值时，应有计划地进行整治、加固。

（六）隧道洞口、衬砌结构和防排水

1. 隧道洞口崩塌落石防护宜采用明洞。两隧道洞口距离小于 30 m 时，宜采用明洞形式连接两隧道。

2. 暗挖隧道应采用复合式衬砌，明挖隧道应采用整体式衬砌；衬砌灌注密实，背后无空洞。

3. 道内结构应达到现行国家标准《地下工程防水技术规范》（GB 50108）中规定的一级防水标准。

4. 隧道排水应通畅，洞内排水系统应与洞外排水系统可靠顺接。洞外排水应引排到自然稳定的沟谷中，经路堑、涵洞排放时应无缝顺接，保证过水能力和防止壅水。

5. 隧道洞口地表径流应采用封闭、引排、截流等工程措施；洞口边、仰坡冲沟宜采用排导槽等工程措施。

6. 隧道排水应避免采用机械排水；当无法避免时，隧道应设置完备的机械排水设备和监控设备，并备用水泵、管路、电源等设施，设置单独的排水检修通道。

（七）耐久性

1. 桥隧涵主体结构和构件应具有足够的耐久性。桥隧结构、栏杆、盖板等混凝土构件应达到设计使用年限的要求。

2. 对处于严重腐蚀环境中的混凝土结构，还应有可靠的防腐蚀强化措施。

3. 钢梁、钢拱肋、吊杆、钢栏杆、钢支架、支座钢件等应按规定进行保护涂装，防止锈蚀。

4. 桥隧建筑物应有完善的防、排水系统，并便于清理。

（八）抗震与防灾设施

1. 位于抗震设防烈度 6 度及以上地区的桥梁、隧道和明洞，均需按现行国家标准《铁路工程抗震设计规范》（GB 50111）进行检算。在多遇地震、设计地震、罕遇地震下应分别满足抗震性能Ⅰ、Ⅱ、Ⅲ的设防目标。对抗震能力不足者应采取抗震措施。

2. 抗震设防烈度 6 度及以上地区的桥梁，均应设置防落梁设施。

3. 在铁路线路下通行机动车辆的立交桥涵，其桥涵下净空高度不足 5 m 时，应设置限高防护架。限高防护架的形式按部颁标准执行。

4. 桥长超过 3 km 时，应结合地面道路情况，在桥梁两侧每隔 3 km（单侧 6 km）左右交错设置可上下桥的救援疏散通道。救援疏散通道结构满足抗震设防要求。

5. 长度在 3~10 km 的隧道，结合辅助坑道设置有紧急出口；长度在 10~20 km 的隧道，设置有避难所；长度超过 20 km 的隧道，设置有紧急救援站。

6. 隧道内紧急救援站设置防灾通风和消防设施，避难所和有紧急出口的隧道应设置应急通风设施。

7. 隧道内紧急救援站、避难所设置应急照明、应急通信、疏散引导标识；救援通道、紧急出口、横通道也设置应急照明和疏散引导标识。

二、技术标准

（一）桥　面

1. 桥面由轨道、作业通道、遮板、防护墙、梁缝伸缩装置、桥面防水层和泄水管等组成；有砟桥面还设有梁缝挡砟板和伸缩缝钢盖板等。

2. 线路中心距作业通道栏杆内侧之间的距离宜为 4.1 m，对 250 km/h 区段无砟桥面不应小于 3.45 m，有砟桥面不应小于 3.75 m。通道宽度不应小于 0.8 m。

3. 桥面设防护墙，不设护轮轨，有砟轨道防护墙兼作挡砟墙。

4. 防护墙外侧桥面设置电缆槽。电缆槽盖板顶面平整，铺设稳固。在梁缝处应设纵横向限位装置，防止电缆槽盖板在梁缝处窜动，影响人身安全。

5. 主梁翼缘悬臂板端部应设钢筋混凝土遮板，并作为作业通道栏杆、声屏障的基础。遮板、栏杆等在梁的活动端处均应断开或在梁缝处设伸缩缝，间隙满足伸缩要求。

6. 有砟桥轨下枕底道砟厚度不应小于 35 cm，直线段和曲线内股不应大于 45 cm。

7. 作业通道栏杆高度不应小于 1.0 m。

（二）桥面防排水

1. 桥面应设有良好的防排水设施。根据轨道结构形式，桥面横向排水构造为六面坡三列排水，或四面坡两侧排水，或两面坡中间排水；排水坡度不小于 2%，泄水管处应设有汇水坡，泄水管纵向间距宜在 4.0 m 左右。

2. 框构桥顶面应做成向线路两侧的排水坡，不得将框构桥顶面的水排向路基以内。

3. 跨越铁路、公路、城市道路和居民区的立交桥，当桥下对排水有要求或需要考虑景观时，应设置纵、横向排水管和竖向落水管集中从梁端排水。纵、横向排水管和竖向落水管应连接牢固。

4. 泄水管直径应根据实际排水量要求确定，内径不应小于 15 cm，泄水管出口外露长度要保证排水不污染梁体、支座、墩台检查设施等，最小长度不小于 15 cm。严寒地区泄水管壁厚不宜小于 8 mm。

5. 有砟轨道混凝土桥面防水。

（1）混凝土桥面防水层应设置保护层，保护层纵向每隔 4 m 设置宽 10 mm、深 20 mm 的横向预裂缝，并用聚氨酯防水涂料填实。

（2）防护墙间宜铺设卷材类防水层，防护墙根部加铺卷材附加层，附加层沿防护墙弯起高度为 5 cm，水平向宽度为 15 cm。防水层上设厚度不小于 6 cm 的纤维混凝土保护层，保护层与防护墙接缝应采用聚氨酯防水涂料封边，封边高度不小于 8 cm。

（3）防护墙外侧电缆槽应采用聚氨酯防水涂料防水层，防水层上设厚度为 4~6 cm 的纤维混凝土保护层。保护层与防护墙、电缆槽竖墙接缝应采用聚氨酯防水涂料封边，封边高度不小于 8 cm。

6. 无砟轨道混凝土桥面防水。

（1）轨道底座板直接与混凝土桥面板相连的无砟轨道结构，在轨道底座板范围外的防护墙之间应铺设卷材类防水层，防护墙和底座板根部加铺卷材附加层，附加层沿防护墙弯起高度为 5 cm，水平向宽度为 15 cm。防水层上设厚度不小于 6 cm 的纤维混凝土保护层，保护层与防护墙接缝应采用聚氨酯防水涂料封边，封边高度不小于 8 cm。

（2）轨道底座板与混凝土桥面板之间设有隔离层（滑动层）的无砟轨道结构，可采用底涂、喷涂聚脲防水涂料、脂肪族聚氨酯面层组成的喷涂聚脲防水层。底涂宜采用常温、低温、高温型环氧树脂或聚氨酯材料；聚脲防水涂料涂膜厚度应在 1.6~2.0 mm 之间；脂肪族聚氨酯面层涂膜总厚度不应小于 200 μm。聚脲防水涂料涂膜宜采用深灰色，脂肪族聚氨酯面层宜采用中灰色。喷涂聚脲防水层上不设保护层。

（3）防护墙外侧电缆槽防水层铺设要求与有砟轨道桥面防水相同。

7. 相邻梁间、梁与桥台间桥面梁缝应设置伸缩装置，伸缩量应满足结构伸缩要求。

（1）防水橡胶带应采用氯丁橡胶或三元乙丙橡胶，氯丁橡胶伸缩装置适用月平均温度范围应为 −25~+60 ℃，三元乙丙橡胶伸缩装置适用月平均温度范围应为 −40~+60 ℃。橡胶的物理机械性能应满足《客运专线桥梁伸缩装置暂行技术条件》的规定。自然状态下橡胶最小厚度不应小于 4 mm。

（2）伸缩装置安装平直，防水橡胶带应全部嵌固于异型耐候钢或异型铝合金型材凹槽内，不得积水，且沿梁缝全长设置，防水橡胶带不得有接缝。

8. 电缆槽、排水管内不得积水，不得有影响排水的沙土、垃圾等杂物。

9. 梁体防排水设施有下列问题之一时，应及时处理：

（1）梁端伸缩装置渗漏水，防水橡胶带脱落、开裂、破损。

（2）伸缩装置长度不足或端部泄水。

（3）桥面过水孔堵塞。

（4）排水管系统破损、堵塞。

（5）箱室内积水。

（三）钢结构保护涂装

1. 钢梁、钢-混凝土结合梁、钢箱拱肋、钢管拱肋、拱桥钢吊杆、钢桥面、支座钢件、防落梁装置、作业通道钢栏杆、钢立柱、疏散通道、吊篮、围栏、限高防护架等都应进行保护涂装，防止钢结构锈蚀。

2. 在涂装底漆前，应将钢料表面的污泥、油垢、铁锈、旧漆皮和氧化皮彻底清除干净。清除方法：钢梁、钢-混凝土结合梁、钢箱拱肋、钢管拱、钢桥面、拱桥钢吊杆应采用喷砂、喷丸清理；防落梁装置、作业通道钢栏杆、钢立柱、疏散通道、吊篮、围栏、限高防护架等附属钢结构也可采用手工清理，严禁使用腐蚀性物质清理钢表面。

（四）钢结构

1. 钢结构应满足刚度、强度和稳定性的要求。运营中根据钢结构形式，加强对各部联结节点、杆件、销栓、焊缝的检查养护，使其经常处于良好状态。对承载能力或刚度不足、结构不良的钢梁，应进行加固或改善，确保安全。

2. 钢结构应保持清洁，定期清扫污垢、尘土，冬季应及时清除冰雪。钢梁上的存水处所应设泄水孔，钻孔前须对杆件强度进行检算，箱梁杆件严禁开孔泄水。

3. 钢梁有下列状态之一时，应及时处理：

（1）下承式桁梁的端横梁与纵梁连接处下端裂纹长度≥50 mm。

（2）受拉翼缘焊接盖板端部裂纹长度≥20 mm。

（3）主梁、纵横梁受拉翼缘边裂纹长度≥5 mm，焊缝处裂纹长度≥10 mm。

（4）主桁节点板拼接接头高强螺栓失效率≥8%。

（5）纵梁受压翼缘板件断面削弱≥15%。

（五）支座和防落梁挡块

1. 桥梁一般应采用盆式橡胶支座、球型钢支座，大跨度梁也可采用铰轴滑板支座；墩台基础工后沉降大的桥梁应采用调高支座。

2. 支座位置安装应符合下列规定：

（1）同一座桥上固定支座的设置，应避免梁缝处相邻梁端横向反方向温度位移。

（2）在坡道上，固定支座宜设在较低一端；在车站附近，宜设在靠车站一端。

（3）对斜交梁，支座纵向位移方向应与梁轴线或切线一致。

（4）双线整孔简支箱梁，每孔梁一端应安装一个固定支座（GD）和一个横向活动支座（HX），另一端安装一个纵向活动支座（ZX）和一个多向活动支座（DX）。固定支座和纵向活动支座应在梁的同一侧，横向活动支座与多向活动支座应在梁的另一侧。

（5）双线并置简支箱梁，每孔梁一端应安装两个固定支座和两个横向活动支座，另一端安装两个纵向活动支座和两个多向活动支座。固定支座、纵向活动支座应安装在内侧，横向活动支座和多向活动支座应安装在外侧。

（6）单线简支箱梁（支座中心距<4.0 m）和简支 T 梁，每孔梁一端应安装两个固定支座，另一端应安装两个纵向活动支座。

（7）多片简支 T 梁，中梁一端应安装固定支座，另一端安装纵向活动支座，边梁在中梁固定支座端应全部安装横向活动支座，另一端应全部安装多向活动支座。

（8）双线连续梁，每联梁应在一个墩顶（一般为中间墩）安装固定支座和横向活动支座，其余墩顶安装纵向活动支座和多向活动支座。固定支座和纵向活动支座在梁的同一侧，横向活动支座与多向活动支座在梁的另一侧。

（9）单线连续梁，每联梁应在一个墩顶（一般为中间墩）安装两个固定支座，其余墩顶全部安装纵向活动支座。

（10）在同一座桥梁中，当各桥跨固定支座安装条件相互抵触时，应首先满足线路一侧的支座横向位移约束条件相同的要求，即同桥同侧的要求；其次再按水平力作用有利情况设置。

3. 支座出现下列状态之一时，应及时处理：

（1）聚四氟乙烯板磨耗严重，凸出钢衬板高度不足 0.2 mm。

（2）聚四氟乙烯板滑出，滑出长度超出不锈钢板边缘 10 mm 以上。

（3）位移或转角超限，位移量超过设计值 10 mm，转角超过设计值的 20%。

（4）锚栓缺少或剪断。

（5）橡胶密封圈脱落或外翻。

（6）下支座板与支承垫石间灌浆料、干硬性砂浆开裂。

（7）支承垫石开裂、积水、翻浆。

（8）钢件裂纹深度≥10 mm，主要受力部位焊缝脱焊。

4. 防落梁挡块出现下列状态之一时，应及时处理：

（1）活动支座旁挡块与支承垫石顶死。

（2）活动支座旁挡块与墩台顶面顶死。

（3）墩顶相邻跨挡块连成整体，影响梁体自由伸缩。

（4）挡块与支承垫石之间的空隙大于 40 mm。

（六）混凝土梁及墩台

1. 混凝土梁及墩台应满足强度、刚度、抗渗、耐久性和整体稳定性要求，并经常保持状态良好。

2. 箱梁内净空高度不宜小于 1.6 m，并设置进入孔，进入孔宜设置在两孔梁梁缝处或梁端附近的底板上。

3. 支承垫石、墩帽（或墩身上部不少于 1.5 m 范围）应采用钢筋混凝土；寒冷地区墩台托盘宜采用钢筋混凝土。混凝土强度等级分别不应低于 C40 和 C35；墩身混凝土强度等级不应低于 C35，并应设护面钢筋。桥墩混凝土保护层厚度不应小于 4 cm。桥墩台顶面尺寸应符合架设、检查、养护、维修、支座更换及顶梁的要求，并设不小于 2%的排水坡。

4. 混凝土梁及墩台如发现下列状态，应及时处理：

（1）混凝土保护层中性化深度大于 25 mm。

（2）钢筋混凝土梁裂缝流锈水。

（3）混凝土梁碱-集料反应导致梁体产生裂缝。

（4）混凝土梁及墩台恒载裂缝宽度大于表 5-3 规定的限值。

表 5-3 混凝土梁及墩台恒载裂缝宽度限制

梁别	裂缝部位		最大裂缝限值/mm
预应力混凝土梁	体	下缘竖向及腹板主拉应力方向	不允许
		纵向及斜向	0.2
		横隔板	0.3
钢筋混凝土梁、桥面及框构		主筋附近竖向	0.25
		腹板竖向及斜向	0.3
墩台		顶帽	0.3
	台身	经常受侵蚀性环境水影响	有筋 0.2，无筋 0.3
		常年有水但无侵蚀性	有筋 0.25，无筋 0.35
		干沟或季节性有水河流	0.4
		有冻结作用部分	0.2

（5）预应力混凝土梁徐变上拱造成跨中道砟厚度不足 30 cm。

（6）预应力混凝土梁徐变上拱或基础沉降造成轨道扣件无余量可调整。

（7）相邻跨梁端或梁端与桥台胸墙间顶紧，或相邻跨作业通道栏杆、电缆槽道、遮板等顶紧，影响自由伸缩。

（8）意外事故造成梁体或墩台混凝土局部溃碎或钢筋变形、折断。

（9）寒冷地区，空心墩台内部积水。

（10）防排水设施失效，梁体表面泛白浆。

（七）桥梁救援疏散通道

桥梁救援疏散通道由基础、立柱、梯梁、梯板、平台、栏杆、扶手、安全防护罩（围墙）、安全门、桥上疏散指示标识等组成；分顺坡式、折向式、旋转式三种，优先采用顺坡式、折向式，折向式、旋转式仅适用于无地面维修通道一侧。基础、立柱、梯梁、梯板、休息平台混凝土强度等级不低于 C35。

（八）涵 洞

1. 涵洞宜采用钢筋混凝土框架箱涵。交通涵不应积水。排洪涵应与路基排水沟、外部的自然水系及地方排灌系统顺接，确保排水畅通。

2. 涵洞必须保持状态完好，如发现下列状态之一时，应及时处理：

（1）钢筋混凝土结构裂缝宽度≥0.3 mm。

（2）涵身破损变形、错位、拉开造成漏土或排水不畅，冻害引起线路变形。

（3）涵身、端墙、翼墙基础冲坏、基底局部冲空。

（4）涵洞基底冒水潜流，洞内渗漏水，影响路基稳定。

（5）涵洞严重腐蚀风化、脱落深度≥20 mm，面积≥0.5 m²。

（6）涵洞淤积严重，影响排洪。

（7）涵洞进出口护锥及防护设施冲毁。

（8）倒虹吸拦污栅、溢洪道闸门破损。

（九）框构顶进

1. 无砟轨道区段路基禁止框构顶进。

2. 有砟轨道区段有可能破坏地基加固效果的路基地段、各种过渡段，禁止框构顶进。

3. 框构顶进必须严格审批，采取严格、周密的工程措施和施工安全管理措施，防止框构与路基之间不均匀沉降超限。

（十）隧道衬砌及洞门

1. Ⅰ、Ⅱ级围岩地段应采用曲墙带钢筋混凝土底板的二次衬砌；地下水发育的Ⅱ级围岩和Ⅲ、Ⅳ、Ⅴ、Ⅵ级围岩应采用曲墙带仰拱二次衬砌，且Ⅳ、Ⅴ、Ⅵ级围岩拱墙和仰拱应采用钢筋混凝土。

2. 二次衬砌厚度应符合以下规定：

（1）Ⅰ、Ⅱ级围岩拱墙厚度不应小于35 cm，底板最小厚度不应小于30 cm，仰拱厚度不应小于35 cm（250 km/h）、45 cm（350 km/h）。

（2）Ⅲ级围岩混凝土拱墙厚度不应小于40 cm，仰拱厚度不应小于50 cm。

（3）Ⅳ级围岩混凝土拱墙厚度不应小于45 cm，仰拱厚度不应小于55 cm；对黄土隧道，拱墙厚度不应小于50 cm，仰拱厚度不应小于60 cm。

（4）Ⅴ级围岩混凝土拱墙厚度不应小于50 cm，仰拱厚度不应小于60 cm；对黄土隧道，拱墙厚度不应小于60 cm，仰拱厚度不应小于70 cm。

3. 隧道洞门宜采用斜切式或帽檐式结构，不宜扰动原有坡面。当洞口附近有建筑物或特殊环境要求时，宜设置洞口缓冲结构。

4. 隧道应保持状态完好，如发现下列病害，应查明原因，及时处理：

（1）拱部衬砌压溃、掉块、衬砌严重风化、腐蚀造成衬砌崩塌、剥落。

（2）仰拱或无砟轨道变形损坏，导致基床下沉、轨道板上拱、道床翻浆。

（3）拱部滴水，边墙淌水，基床冒水。严寒地区渗漏水结冰危及行车安全。

（4）衬砌开裂、变形、损坏：衬砌裂缝宽度＞3 mm，且有发展。

（5）衬砌腐蚀疏松深度大于衬砌厚度的1/10，面积在0.1 m²以上。

（6）洞内、外排水设施损坏、失效。

（7）洞口边、仰坡有剥落、坍塌可能。

（十一）隧道防水与排水

1. 隧道内、外应有完善的防排水设施，防排水应符合下列要求：

（1）衬砌表面、施工缝、变形缝、设备安装孔眼不漏、不渗、无湿渍。

（2）排水系统不应出现堵塞、溢流、渗漏、淤积、冻结、冲刷，在有冻害地段的衬砌背后不积水。

（3）瓦斯隧道、机械排水隧道必须设置全包防水。

2. 隧道内有漏水时，应查明水源、漏水位置及漏水量，查阅原防水、排水系统的设计、施工、验收资料，遵循"防、堵、截、排，因地制宜，综合治理"的原则进行整治。

第四节　防灾安全监控系统基本知识

一、系统简介

铁路防灾安全监测系统是保证高速列车行驶安全的重要装备之一。

系统对可能发生的自然灾害风、雨、雪、地震、异物侵入限界进行监测报警和防护，提供经智能分析后的预警、限速、停运等信息，为运行计划调整、下达行车管制、抢险救援、维修提供依据，保证高速列车安全正点、高效舒适。

二、系统构成

高速铁路防灾安全监控系统由现场层设备、基站层设备、监控数据处理设备、应用层设备等构成。

（一）风向风速计

1. 哈大客运专线选用超声波式风速风向计，其抗电力牵引电磁干扰能力强，适应复杂、恶劣的环境。

2. 数据采集传输单元主要为风速计提供电源转换与防雷、信号防雷，以及风速计专用线缆和数字信号屏蔽电缆之间的转接功能。

（二）雨量计

1. 雨量计采用 24 GHz 多普勒雷达（Doppler Radar）测量单个雨落速度的方式来测量降水强度。通过滴落速度与大小的关联，计算降水量与降水强度。不同的滴落速度决定了不同的降水类型。

2. 数据采集传输单元主要为风速计提供电源转换与防雷、信号防雷，以及风速计专用线缆和数字信号屏蔽电缆之间的转接功能。

（三）雪深计

1. SM310雪深度测量仪从探头到被测目标表面的距离智能推算出积雪深度，通过发出红外激光，打到被测平面，测量此传播过程。

2. 现场设备主要由激光雪深计、防雷模块、信号隔离采集模块、现场数据采集传输单元等组成。

（四）异物侵限监测设备

1. 在铁路线路上存在以下3种异物侵入情况：公路跨铁路桥（以下简称公跨铁）、公路与铁路并行（以下简称公铁并行）、隧道口。

2. 监测方式和监测原理相同（双电网），只是防护网的设计不同，要根据现场实际情况设计。

3. 异物监测工作试验操作流程

（1）正常状态。

① 轨旁控制器正常状态为两个电网工作灯绿灯亮，现场恢复灯绿灯不亮。

② 防灾机柜正常状态为电网1、电网2继电器吸起，恢复和试验继电器落下，上行通车和下行通车继电器吸起。继电器组合从左至右分别为电网1、电网2、恢复、试验、上行通车和下行通车。

③ 列控中接入相应异物继电器，上行异物继电器（SYWJ）、下行异物继电器（XYWJ）处于吸起状态。

④ 终端上电网颜色为绿色，状态正常。

（2）单电网告警试验。

在轨旁控制器内转动电网1（电网2）试验开关到试验方向，3 s后电网1（电网2）工作灯灭，防灾机柜继电器组合的电网1（电网2）继电器落下。列控中接入相应异物继电器，上行异物继电器（SYWJ）、下行异物继电器（XYWJ）依然处于吸起状态，终端上对应异物点电网变黄色，并提示单电网告警。将轨旁控制器内的电网1（电网2）试验开关转到正常方向，3 s后全部恢复正常状态。

（3）双电网断线试验。

同时转动两个电网试验开关到试验方向，3 s后电网工作灯绿灯灭，再将电网试验开关转到正常方向。防灾机柜继电器组合中所有继电器均为落下状态。列控中接入相应异物继电器，上行异物继电器（SYWJ）、下行异物继电器（XYWJ）也处于落下状态。终端上相应异物监测点显示红色报警，系统进入异物侵限状态，对应区段显示红光带。

（4）临时通车试验。

上行临时通车：行调在调度终端上点击"上行临时通车按钮"，输入密码、确定后，上行临时通车按钮下方出现"操作成功"4个字表示下发命令操作成功，防灾机柜继电器组合中上行通车继电器吸起,列控中接入的上行异物继电器(SYWJ)由落下变为吸起状态。轨旁控制器中各指示灯保持上步骤中状态不变。

下行临时通车:行调在调度终端上点击"下行临时通车按钮",输入密码、确定后,下行临时通车按钮下方出现"操作成功"4个字表示下发命令操作成功,防灾机柜继电器组合中下行通车继电器吸起,列控中接入的下行异物继电器(XYWJ)由落下变为吸起状态。轨旁控制器中各指示灯保持上步骤中状态不变。

(5)调度恢复。

在调度终端上点击"调度恢复按钮",输入密码、确定后,轨旁控制器中恢复按钮上方的恢复绿灯变亮。按下轨旁控制器中的恢复按钮,恢复灯灭,电网1、电网2绿灯亮,防灾机柜继电器组合中电网1、电网2继电器吸起,恢复和试验继电器落下,上行通车和下行通车继电器吸起,列控中接入相应异物继电器,上行异物继电器(SYWJ)、下行异物继电器(XYWJ)也处于吸起状态。调度终端对应异物点电网由红色变为绿色,并提示操作成功。

(6)试验命令。

在工务终端上点击"试验按钮",输入密码、确定后,轨旁控制器中电网1、电网2工作灯灭,防灾机柜继电器组合中所有继电器均为落下状态。列控中接入相应异物继电器,上行异物继电器(SYWJ)、下行异物继电器(XYWJ)也处于落下状态。终端上相应异物监测点显示红色报警,系统进入异物侵限状态,对应区段显示红光带。

(五)地震监测设备

地震除直接破坏铁路基础设施外,还会导致列车脱轨和倾覆以及冲入受灾地区等。为避免这些灾害的发生,应在高速铁路沿线设置地震监测报警系统,以便尽可能在地震发生时降低列车运行速度或停车。

地震监测功能:

1. 监测地震动加速度,生成报警,实现强震应急处置。

2. 当地震动加速度≥$0.04g$ 时,防灾安全监控系统生成报警信号,并通过防灾监控单元将该报警信号传送至邻近的列控中心触发列控系统使列车自动停车,同时触发牵引变电所牵引供电控制装置使接触网停电。

3. 预留本地P波监测以及接收国家、地方地震台网的P波信息功能;条件具备时,实现P波预警。

三、维护须知

3.1 数据处理中心的巡检
3.2 基站内监控单元的巡检
3.3 现场前端设备的巡检
3.4 终端设备的巡检

四、故障处理

4.1　单电网告警
4.2　双电网告警
4.3　雨量计设备告警
4.4　雨量计限速报警
4.5　风速仪设备告警
4.6　风速仪限速告警
4.7　控制器 RTU 主备单通道故障
4.8　控制器 RTU 主备双通道故障
4.9　UPS 输入电压告警
4.10　UPS 进线空开断开
4.11　服务器、终端断开

第六章 铁路信号

第一节 ZPW-2000A 型无绝缘轨道介绍

一、ZPW-2000A 型无绝缘轨道电路主要组成

ZPW-2000A 型无绝缘轨道电路主要组成如图 6-1 所示。

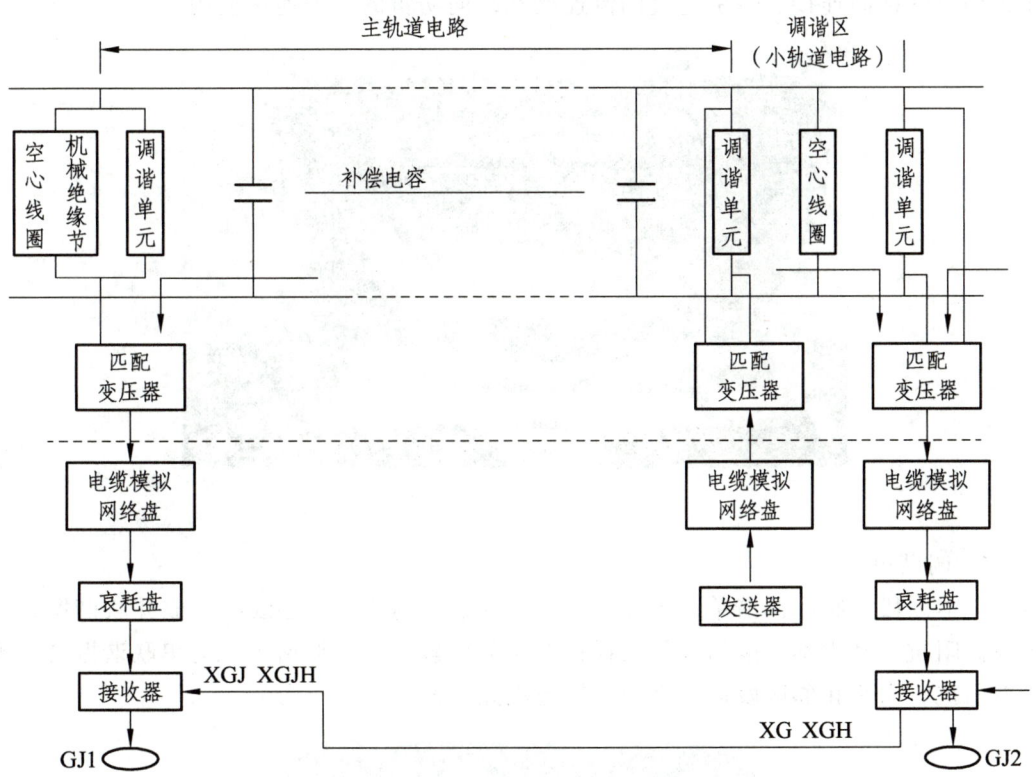

图 6-1　ZPW-2000A 型无绝缘轨道电路

（一）室外设备

1. 匹配变压器。

匹配变压器实现轨道电路与 SPT 传输电缆的匹配连接，安装在轨道旁的基础桩上，$V_1 \sim V_2$ 端子接轨道侧，$E_1 \sim E_2$ 接电缆侧，如图 6-2 所示。

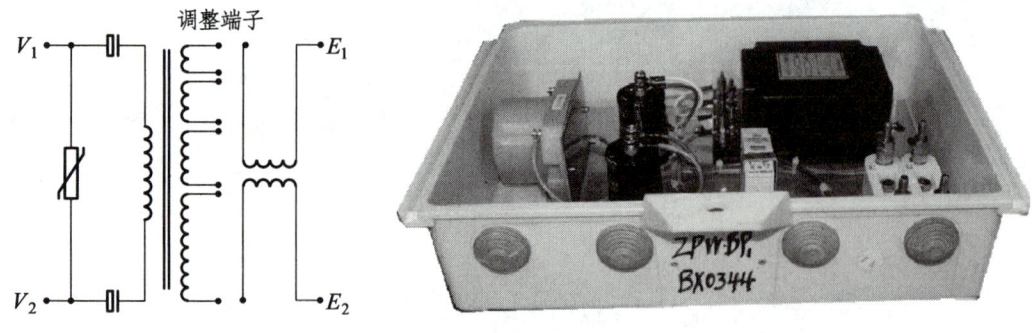

图 6-2 匹配变压器

2. 空心线圈。

扼流空心线圈设置于电气绝缘节中心位置,起平衡牵引电流和稳定调谐区阻抗的作用,由截面积为 50 mm² 的玻璃丝包电磁线绕制而成,如图 6-3 所示。线圈中点可以作为钢轨的横向连接、牵引电流回流连接和纵向防雷的接地连接使用。

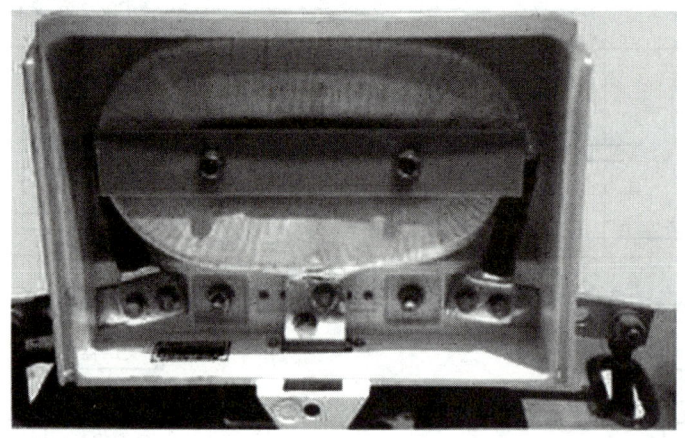

图 6-3 空心线圈

3. 调谐单元。

对本区段,频率调谐单元(图 6-4)与调谐区钢轨、空心线圈构成并联谐振,呈现较高阻抗,减少本区段信号的衰耗;对于邻区段,频率调谐单元为串联谐振,呈现较低阻抗,阻止相邻区段信号进入本轨道电路区段。

图 6-4 调谐单元

4. 补偿电容。

设置补偿电容是为了补偿因轨道电路过长,钢轨电感的感抗所产生的无功功率损耗,改善轨道电路在钢轨上的传输性能。

补偿电容的安装方法是按照等间距设置。其具体方法如下:

Δ 表示等间距长度;轨道电路两端调谐单元与第一个电容距离为 $\Delta/2$,安装允许误差±0.5 m,如图 6-5 所示。

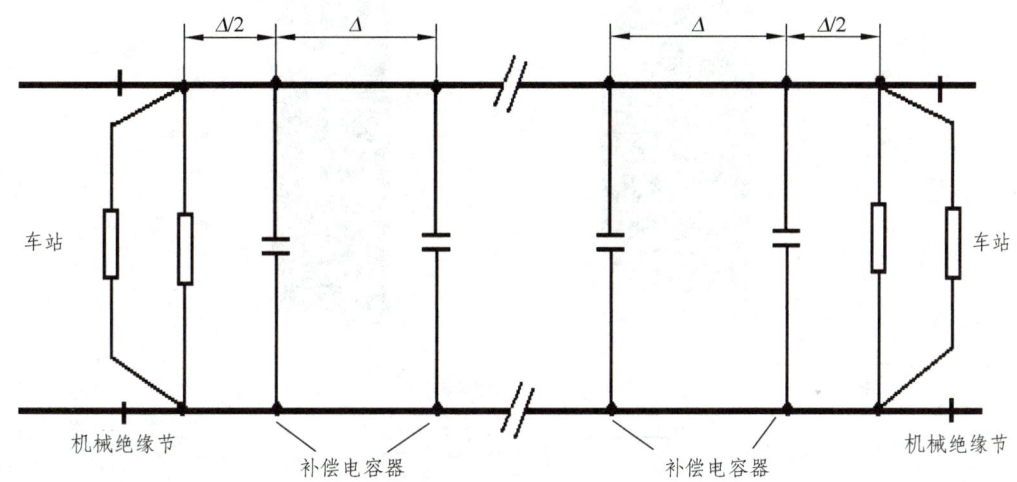

图 6-5 补偿电容安装示意图

计算公式: $\Delta = L / N_C$

其中:$L=$(轨道电路长度)-29 m(电气绝缘节到电气绝缘节)或 $L=L$(轨道电路长度)-14.5 m(气绝缘节到机械绝缘节)。然后优选确定的补偿电容总量 N_C 等分,其步长(等张度)$\Delta = L/N_C$。

补偿电容的配置根据轨道电路频率的不同而不同,其数量按照轨道电路的长度来确定。

补偿电容规格:1 700 Hz:55 μF(1±5%)(轨道电路长度为 250~1 450 m);
　　　　　　　2 000 Hz:50 μF(1±5%)(轨道电路长度为 250~1 400 m);
　　　　　　　2 300 Hz:46 μF(1±5%)(轨道电路长度为 250~1 350 m);
　　　　　　　2 600 Hz:40 μF(1±5%)(轨道电路长度为 250~1 350 m)。

(二)室内设备

1. 发送器(图 6-6)。

(1)用于产生高精度、高稳定的移频信号源,采用双机热备冗余方式。

(2)产生 18 种低频、8 种载频的高精度、高稳定的移频信号。

(3)产生足够功率的移频信号。

(4)调整轨道电路。

（5）对移频信号进行自检测，故障时向监测维护主机发出报警信息。

发送器采用"1+1"的冗余方式，如图6-7所示。发送器输出电平端子联连接见表6-1。

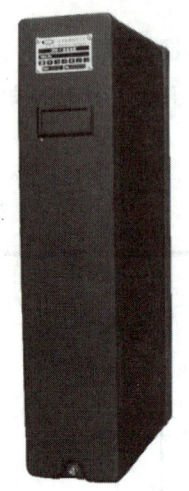

图6-6 发送器

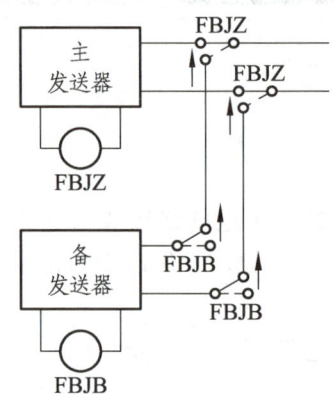

图6-7 "1+1"冗余原理图

表6-1 发送器输出电平端子连接

发送电平	底座端子连接		电压参考值/V	发送电平	底座端子连接		电压参考值/V
1	9—11	12—1	176	6	4—11	12—1	64
2	9—11	12—2	158	7	5—11	12—3	59
3	9—11	12—3	137	8	4—11	12—2	47
4	9—11	12—4	111	9	3—11	12—1	38
5	9—11	12—5	78	10	5—11	12—4	33

2. 接收器。

接收器（图 6-8）用于接收主轨道电路信号并在检查所属调谐区短小轨道电路状态（XGJ、XGJH）条件下，动作本轨道电路的轨道继电器（GJ）；另外，接收器还同时接收邻段所属调谐区小轨道电路信号，向相邻区段提供小轨道电路状态（XG、XGH）条件。

系统采用成对双机并联运用方式，如图 6-9 所示。

图 6-8 接收器

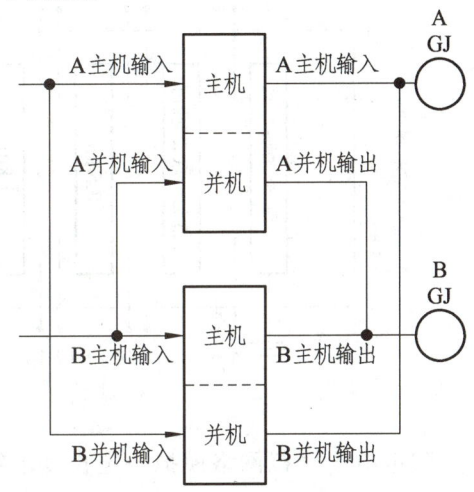

图 6-9 双机并联原理

3. 衰耗器。

衰耗器用于实现主轨道电路、小轨道电路的调整，给出发送接收故障、轨道占用表示及发送/接收用+24 V 电源电压、发送功出电压、接收 GJ/XGJ 测试条件，如图 6-10 所示。

衰耗器可以测量发送电源电压、接收电源电压、发送功出电压、主轨道输入电压、主轨道输出电压、小轨道输出电压、轨道继电器和小轨道继电器电压等。

图 6-10 衰耗器

4. 防雷电缆模拟网络。

防雷电缆模拟网络对通过传输电缆引入室内雷电冲击的防护（横向、纵向）；通过 0.25 km、0.5 km、1 km、2 km、2 km、2×2 km 电缆模拟网络，补偿实际 SPT 数字信号电缆；便于轨道电路调整。其原理如图 6-11 所示。

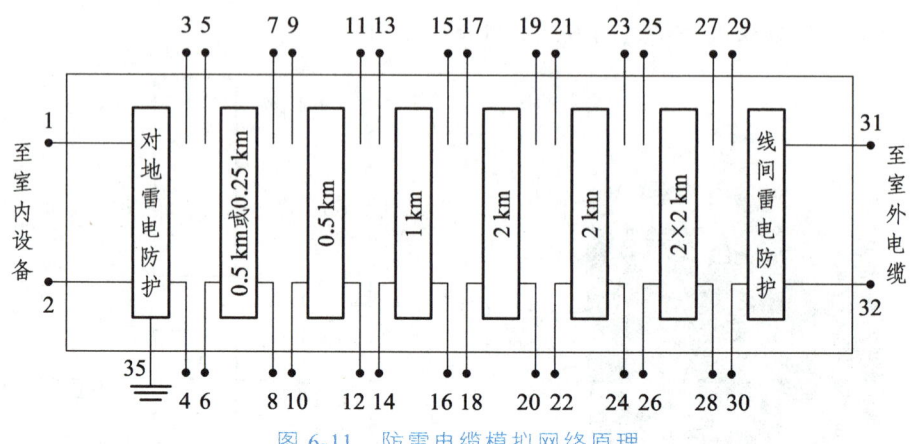

图 6-11　防雷电缆模拟网络原理

防雷电缆模拟网络模拟一定长度电缆传输特性，与真实电缆共同构成一个固定极限长度；由 0.25 km、0.5 km、1 km、2 km、2 km、4 km 共 6 节组成，通过串联连接，可以构成 10 km 以内的间隔为 0.25 km 的 40 种长度，使所有轨道电路不需要根据所在位置和运行方向改变配置，如图 6-12 所示。

二、ZPW-2000A 型无绝缘轨道电路工作原理

图 6-12　防雷电缆模拟网络

ZPW-2000A 型无绝缘轨道电路分为主轨道电路和调谐区小轨道电路两部分，小轨道电路视为列车运行前方主轨道电路的所属"延续段"。主轨道电路的发送器由编码条件控制产生表示不同含义的低频调制的移频信号，该信号经电缆通道（实际电缆和模拟电缆）传给匹配变压器及调谐单元，因为钢轨是无绝缘的，所以该信号既向主轨道传送，也向调谐区小轨道传送，主轨道信号经钢轨送到轨道电路受电端，然后经调谐单元、匹配变压器、电缆通道，将信号传至本区段接收器。调谐区小轨道信号由运行前方相邻轨道电路接收器处理，并将处理结果形成小轨道电路继电器执行条件送至本区段接收器，本区段接收器同时接收到主轨道移频信号及小轨道电路继电器执行条件，判决无误后驱动轨道电路继电器吸起，并由此来判断区段的空闲与占用情况。主轨道和小轨道检查原理如图 6-13 所示。

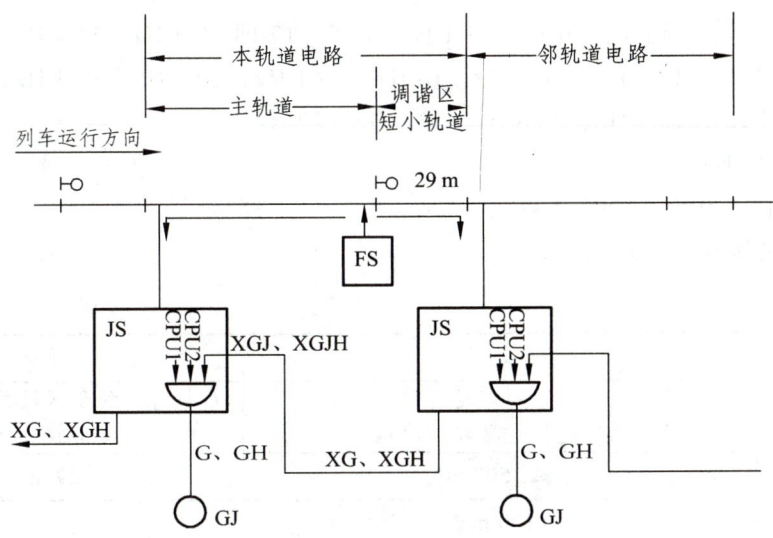

图 6-13　主轨道和小轨道检查原理

1. 调谐区（电气绝缘节）。

电气绝缘节长为 L 调谐区（m），如图 6-14 所示。调谐区长度取决于轨道电路钢轨参数值。不同轨道结构的轨道电路的钢轨参数不同，例如：无砟和有砟的路基地段为 29 m；混凝土桥梁地段一般情况下无砟为 32 m，有砟为 30 m；钢梁桥需要测试确定。

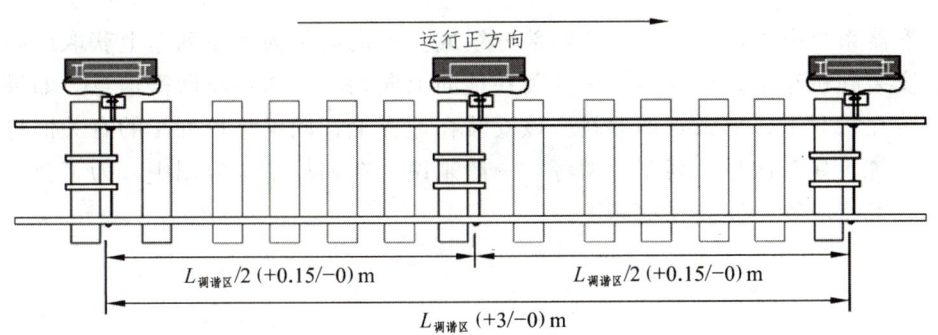

图 6-14　调谐区示意图

2. 载频及低频。

（1）载频频率。

下行：

1700-1　　1 701.4 Hz
1700-2　　1 698.7 Hz
2300-1　　2 301.4 Hz
2600-2　　2 598.7 Hz
　-1：+1.4　　-2：-1.3

上行：

2000-1　　2 001.4 Hz
2000-2　　1 998.7 Hz
2600-1　　2 601.4 Hz
2300-2　　2 298.7 Hz

(2)低频频率。

F18~F1 频率分别为：10.3+n×1.1 Hz，n=0~17 即 10.3 Hz、11.4 Hz、12.5 Hz、13.6 Hz、14.7 Hz、15.8 Hz、16.9 Hz、18 Hz、19.1 Hz、20.2 Hz、21.3 Hz、22.4 Hz、23.5 Hz、24.6 Hz、25.7 Hz、26.8 Hz、27.9 Hz、29 Hz。

频偏：±11 Hz。

输出功率：70W（4 000 负载）。

轨道电路参数配置见表 6-2。

表 6-2　轨道电路参数配置

项目	主轨道	小轨道
设置	发送端位于列车运行前方，列车先经过区段接收端	小轨总是位于区段的前方，其检查条件由相邻区段送回
长度	≤1 500 m	29 m
分路残压	<140 mV	—
入口短路电流	1 700 Hz、2 000 Hz、2 300 Hz 时 ≥500 mA；2 600 Hz 时 ≥450 mA	—
轨道电路分路灵敏度	道砟电阻为 1.0 Ω·km 或 2.0 Ω·km 时，为 0.15 Ω；道砟电阻不小于 3.0 Ω·km 时，为 0.25 Ω	—

第二节　应答器

应答器系统由查询器和应答器两部分组成。查询器是为了在列车上获取地面有关信息，安装在机车上；而应答器则安装在地面上向列车传送行车所需信息。如果将应答器安装在机车上，那么查询器就应该安装在地面上，同样是把列车的有关信息传递给地面系统，如车次号、列车类型等。一般来说，在列控系统应用中，为了获取地面信息，大都将应答器安装在地面上。

一、应答器分类

应答器根据能源供应及信息提供方式可分为无源应答器及有源应答器。

（一）无源应答器

点式无源应答器，或称固定信息应答器，与外界无物理连接，不需要外加电源，平时处于休眠状态。无源应答器自身功耗很低，仅在列车通过并获得车载查询器发送的功率载波能量时被激活，激活后立即发送调制好的数据编码信息。

无源应答器中的信息是经特殊设备固化在应答器存储单元里的，一般安装以后不能改变，用于发送固定信息。在我国的列控系统中，无源应答器用于发送线路速度、坡度、轨道电路参数、信号点类型等信息。

（二）有源应答器

有源应答器，或称可变信息应答器，通过外接电缆获得电源。有源应答器中的信息是可以通过外接电缆由地面控制设备实时改变的，一般设置在进站和出站信号机前方，用于向列车传送实时可变信息，如临时限速、前方进路等。

二、应答器系统组成

应答器系统分为地面设备和车载设备两部分。地面设备包括地面应答器、地面电子单元（LEU）。车载设备包括车载天线、车载解码器和应答器传输模块（BTM）。车载解码器除对应答器报文进行解码还原外，还包含载频发生器与功率放大器，如图6-15所示。

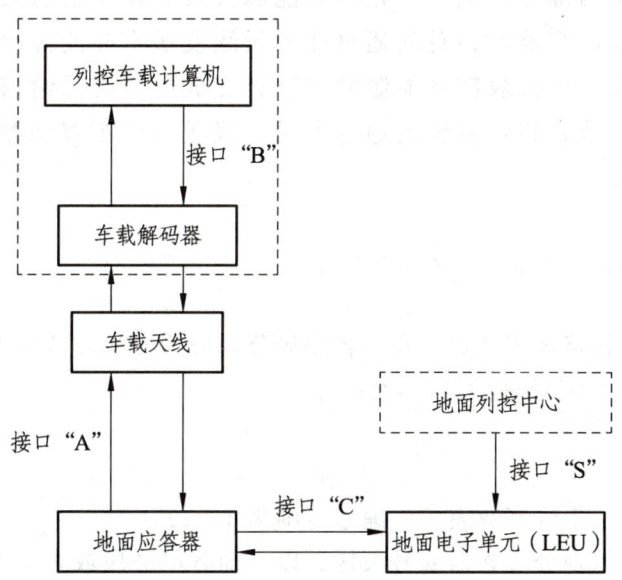

图6-15　应答器组成与数据传输（无源应答器不与接口C连接）

（一）地面应答器

地面应答器包含特定的地面信息。当机车经过地面应答器时，通过无线射频激活应答器，使其发射预置数据，从而使机车获得诸如公里标、限速、坡度等信息，保障列车运行安全。

（二）地面电子单元（LEU）

地面电子单元（LEU）是一种数据采集与处理单元，当有数据变化时，LEU依据变化后的数据形成报文送给地面有源应答器。一个LEU可同时向4个地面有源应答器发送4种不同数据报文。LEU可以实时监测与地面有源应答器间信息通道的状态，并将相关信息回送到车站列控中心（TCC）。当外部控制条件无效或通信故障时，LEU应向有源应答器发送默认报文。

(三)车载天线

车载天线是一个双工的收发天线,既要向地面发送激活地面应答器的功率载波,还要同时接收地面应答器发送的数据报文。车载天线置于机车底部,距轨道约 180~300 mm,其外壳要由硬塑料作保护,防止异物撞击。

三、应答器工作原理

对于无源应答器来说,首先要接收能源,因此,无源应答器的设计比有源应答器复杂,但无源应答器去除电源电路而改用外部供电,即可当作有源应答器使用。无源应答器由两部分组成:一是接收能源天线和发送信息天线;二是信息储存装置。列车接通应答器时,首先通过能源天线发送变频能源给地面应答器,应答器通过能源接收天线接收高频能源并将其转变成电能提供给信息储存装置及发送天线;信息储存装置将信息编码通过发送天线送向机车查询器。这样就完成了一次传送信息任务。

四、我国高速铁路应答器设置原则

根据当前高速铁路运用特点,我国各路局公司应答器编号按如下规则设置:大区编号+分区编号+车站编号+应答器单元编号。

(一)大区编号

大区编号由三位十进制数表示,编号范围为 1~127。

全国铁路按区域划分应答器编号大区,以当前各电务段或客运专线区域为参照,根据各自管辖范围内车站的数量,每个区域可以分配 1~3 个大区编号。大区编号及范围应保持相对固定,不随电务段或客运专线的管辖区域变化而变化。

(二)分区编号

分区编号由一位十进制数表示,编号范围为 1~7。大区编号内以线别和车站分布情况进行分区编号,原则上同一线别的车站应分配在同一分区内,车站数量较多时可分配多个分区,车站数量较少时,多个线别可合并在一个分区内。

(三)车站编号

车站编号由二位十进制数表示,编号范围为 1~60。一个分区的车站数量一般按不超过 50 个进行分配。原则上按分区内车站的下行方向顺序进行车站编号。多个线别合并在一个分区时,线别之间车站编号留出适当余量。既有线分区内增减车站时,不得影响其他车站编号。

(四)应答器的单元编号

应答器单元编号由三位十进制数表示,编号范围为 1~255。对车站管辖范围内(含区间)的全部应答器(组)进行统一编号。以列车正运行方向或用途为参照,按正线贯通、从小到大的原则进行编号,下行编号为奇数,上行编号为偶数。如图 6-16 所示,每个应答器组可由 1~8 个应答器组成,以列车正运行方向为参照,列车首先经过的应答器为①,其他顺次编号。

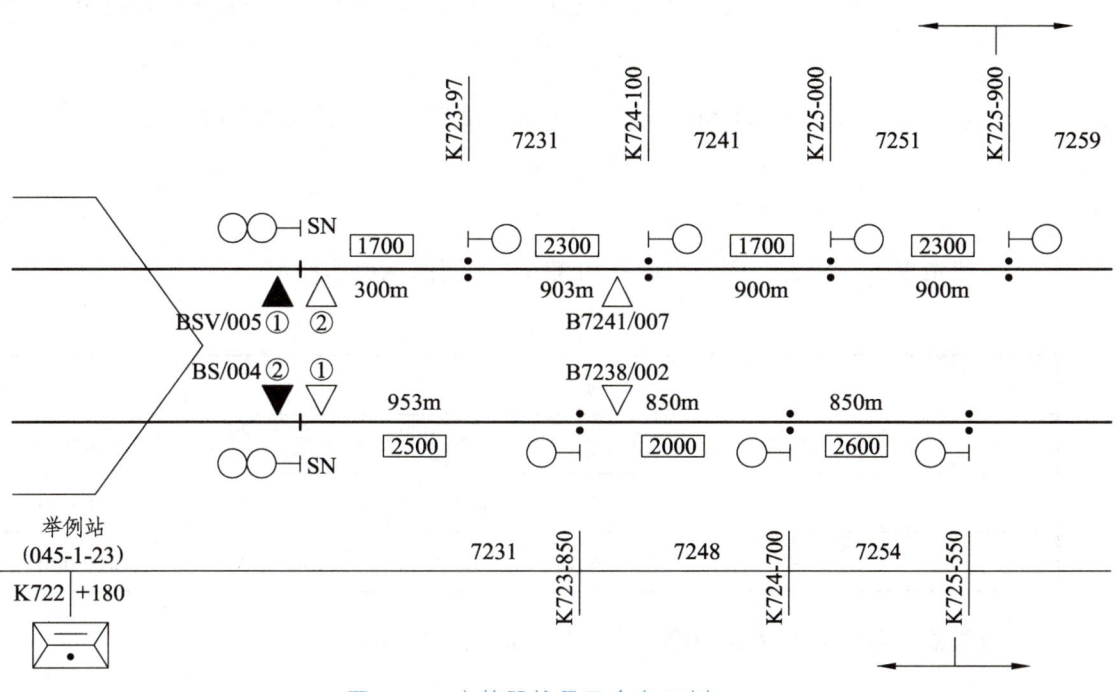

图 6-16 应答器编号及命名示例

应答器位于 045 号大区、1 号分区、23 号车站,在信号平面布置图中表示为 045-1-23,放置于车站名称下方,形式为大区编号-分区编号-车站编号。7238 为通过信号机处的应答器,命名为 B7238,单元编号为 002,图中标识为 B7238/002,最终档案编号为 045-1-23-002(大区编号-分区编号-车站编号-单元编号)。上行进站信号机处的应答器组,命名为 BS,单元编号为 004,图中标识为 BS/004,并用①和②表示两个应答器在组中的位置,最终档案编号分别为 045-1-23-004-1、045-1-23-004-2。

五、应答器的结构

应答器由壳体(黄盒子)、电路板、灌封材料构成,如图 6-17 所示。壳体由玻璃纤维类材料热压而成;电路板厚度为 3.2 mm,安装在壳体内,它包含了用于发送和接收的电磁感应耦合线圈。

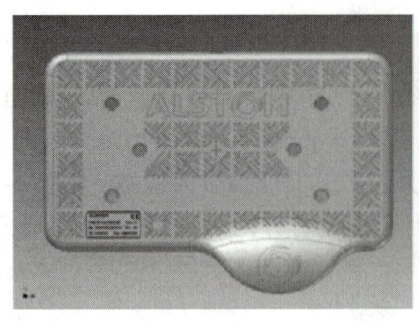
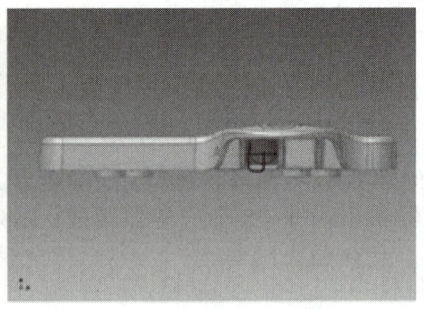

图 6-17　应答器

应答器外部尺寸长 480 mm、宽 350 mm、高 70 mm，质量约 7 kg。

六、应答器的安装

一般情况下，应答器周围应确保如表 6-3 所列的无金属距离。

表 6-3　应答器周围无金属距离

序号	名　　称	参数
1	从应答器中心至轨道横向无金属距离（Y 轴方向）	410 mm
2	从应答器中心沿着钢轨中心的无金属距离（X 轴方向）	315 mm
3	应答器下面的无金属距离，从应答器的 X 基准标记测量	210 mm

应答器一般安装在线路中部，安装指标应满足表 6-4 的要求。

表 6-4　应答器安装允许的角度偏移量

序号	名　　称	参数
1	以 X 轴旋转（倾斜）	±2°
2	以 Y 轴旋转（俯仰）	±5°
3	以 Z 轴旋转（偏转）	±10°
4	高度（应答器 X 基准标记与钢轨顶部距离）	93～150 mm
5	横向安装误差（在 Y 轴方向）	±15 mm

（一）有砟轨道应答器安装

在安装前首先要确认应答器标签上标明的公里标位置，根据设计部门的工程图纸的安装位置进行核对，确认无误后方可安装。安装时应答器距轨面的高度应以应答器侧面的电气中心十字标记为准，距两钢轨的中心以应答器上表面的电气中心十字标记为准，如图 6-18 所示。

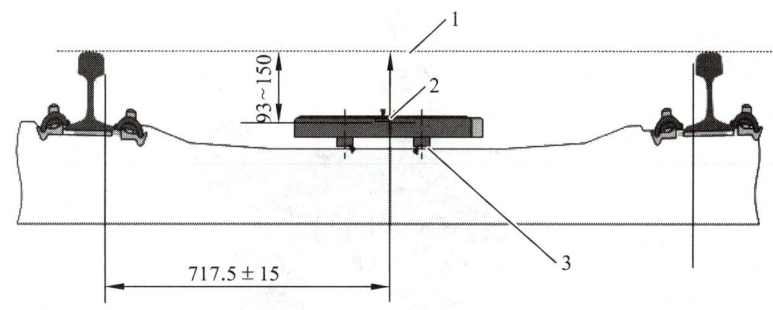

1—钢轨顶面；2—X轴基准标记点；3—应答器垫。

图 6-18 应答器安装（单位：mm）

安装步骤：

（1）确认应答器的安装方向如图 6-19 所示，应答器尾缆连接处背对列车正向运行方向。

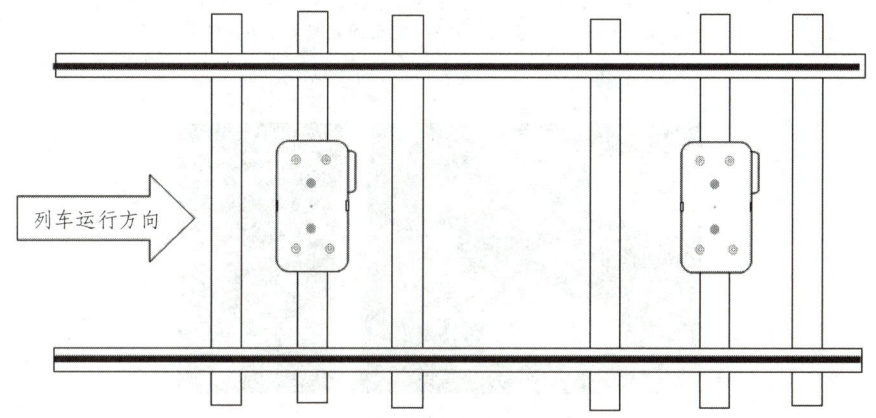

图 6-19 应答器安装方向

（2）清除应答器安装轨枕两侧道砟。

（3）将下横梁自轨枕下穿过。

（4）应答器与安装装置组装（此项工序宜在基地集中完成）。将垫块放置于安装支架上，4 个安装孔对齐，将应答器放置在垫块上，上面加装压板、防转垫片、止动垫圈，放置垫块及垫圈后用专用工具将内六角螺钉基本拧紧。应答器安装支架分解如图 6-20 所示。

（5）将组装完成的安装装置与底梁连接。

（6）调整应答器位置，使其倾斜、俯仰、偏转角度、距轨顶高度、横向安装误差均符合要求，紧固各部螺栓。

（7）应答器尾缆连接：将应答器尾缆带有插头的一端使用专用工具与应答器上的插座连接牢固。尾缆的另一头穿过钢轨底部，穿进轨旁的分线盒，按设计图纸配线。

（8）尾缆固定：使用卡具将尾缆固定在轨枕上，如图 6-21 所示。（注意：为防止位移，尾缆安装时预留适当长度。）

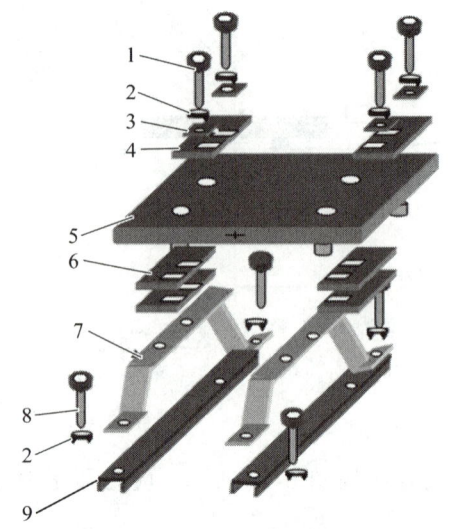

1—应答器固定螺栓；2—止动垫圈；3—防转垫片；4—压板；5—应答器；
6—垫板；7—安装支架；8—支架固定螺栓；9—横梁。

图 6-20　应答器安装支架分解

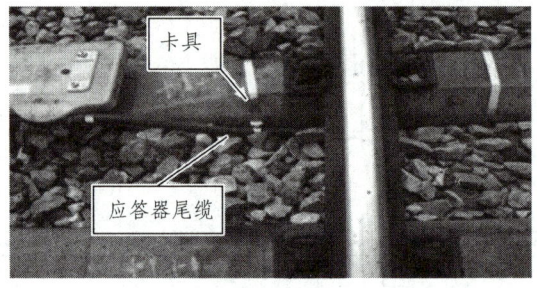

图 6-21　应答器尾缆固定

（9）回填道砟。

（10）清理现场。

应答器安装完成后效果如图 6-22 所示。

图 6-22　应答器安装完成效果

（二）无砟轨道应答器安装

目前我国无砟轨道有三种：博格板式、双块式、板式。在无砟道床上应答器横向安装在两钢轨中心的无砟轨道上面。无砟轨道安装要求同有砟轨道的要求一致。

（1）确定应答器安装位置及安装方向。当应答器安装于侧线时，应答器尾缆连接处背对列车正向运行方向。当应答器安装于正线时，应答器尾缆连接处面向线路外侧，如图6-23所示。

（2）使用钻孔模板标出安装孔位置，必须使用4根锚栓固定应答器。

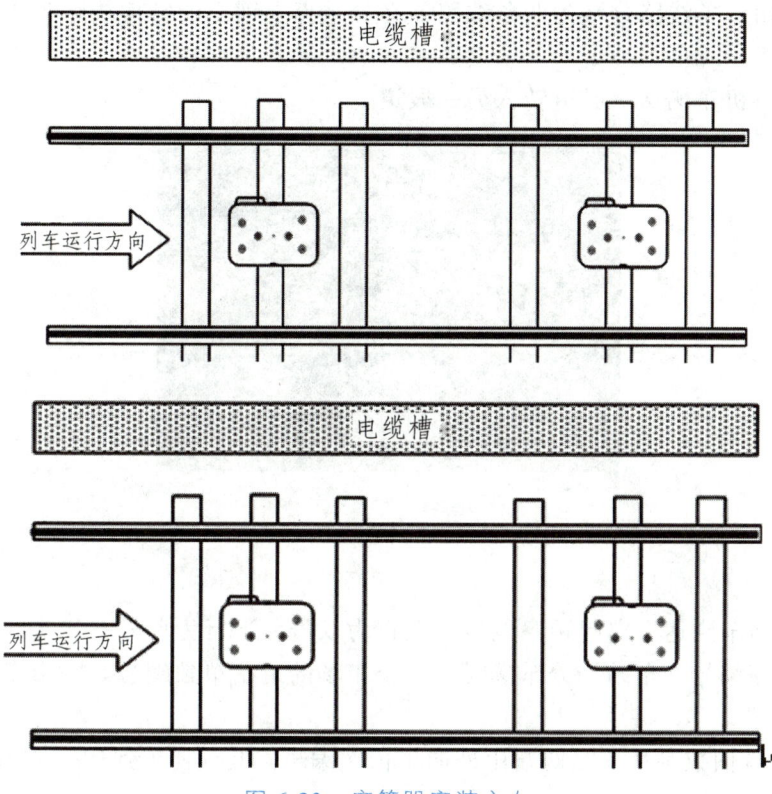

图6-23　应答器安装方向

（3）使用钢筋探测仪探测安装孔位置板内钢筋分布情况。如有钢筋则需重新调整安装孔位置。

（4）钻孔植栓。待安装孔位置确认后，利用模板钻孔。

（5）安装应答器。应答器安装高度可通过调节底部衬垫数量实现，使其 X 基准标记至钢轨顶面的距离 h 为 93~150 mm；按要求调整应答器位置，紧固螺栓。止动片、垫片、弹簧垫等组装齐全。应答器须用4个固定螺栓安装。

（6）有源应答器尾缆固定（小锚栓、卡具安装步骤）。尾缆使用化学锚栓和专用卡具固定；应答器尾缆终端盒采用HZ-6电缆盒；应答器尾缆长度应符合现场实际需要；应答器尾缆套防护管防护，并且在防护管两头内注入发泡胶，可将尾缆固定，防止尾缆在防护管内震动。

（7）清理施工现场，人员下道。

第三节　道岔基础知识

一、道岔基础

（一）道岔定义和作用

定义：由一条线路分歧为两条线路，在分歧点上铺设的转辙线路叫作道岔，如图6-24所示。

作用：供机车辆从一股道转入另一股道。

图6-24　道岔

（二）道岔编号

道岔从列车到达方向起顺序编号，上行为双号，下行为单号；尽头线上，向线路终点方向顺序编号。车站划分车场时，每个车场的道岔单独编号。一个车站道岔不准有相同的编号。

1. 用阿拉伯数字从车站两端由外向里依次编号。上行列车到达一端用双数，下行列车到达一端用单数。

2. 站内道岔，通常以车站站台中心线作为划分单数号与双数号的分界线，如图6-25、图6-26所示。

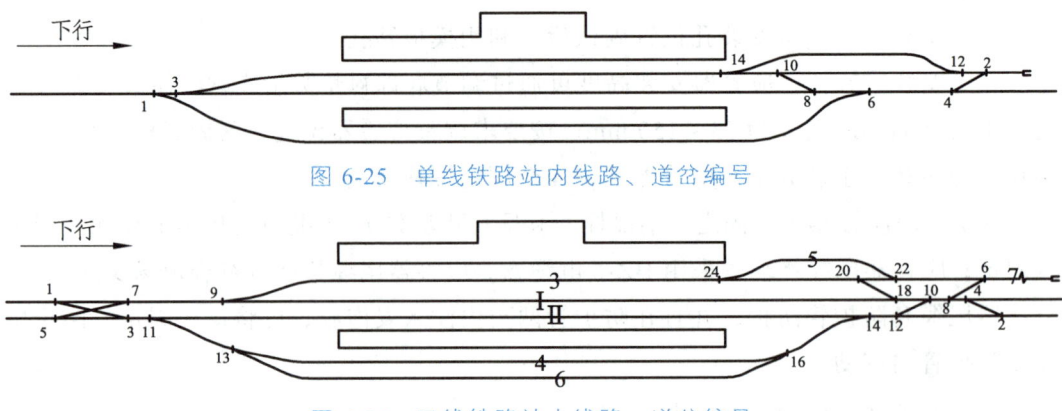

图6-25　单线铁路站内线路、道岔编号

图6-26　双线铁路站内线路、道岔编号

3. 每一道岔均应编为单独的号码，对于渡线、交分道岔等处的联动道岔，应编为连续的单数或双数（如图 6-26 中的 1、3、5、7 号道岔）。

4. 当车站有几个车场时，每一车场的道岔必须单独编号，此时道岔号码应使用 3 位数字，百位数字表示车场号码，个位和十位数字表示道岔号码。应当避免在同一车站内有相同的道岔号码。

（三）道岔的定位规定

1. 单线车站正线进站道岔，为由车站两端向不同线路开通的位置。
2. 双线车站正线进站道岔，为各该正线开通的位置。
3. 区间内正线道岔及站内正线上其他道岔（引向安全线、避难线的除外），为正线开通的位置。
4. 引向安全线、避难线的道岔，为安全线、避难线开通的位置。
5. 其他由车站负责管理的道岔，由车站规定。

道岔的定位，应在《车站行车工作细则》（简称《站细》）内记明。

集中操纵的道岔（引向安全线、避难线的除外），可不保持定位。

站内的道岔及股道，应由工务部门会同电务部门、车站共同统一顺序编号。

（四）转辙机的作用

1. 用于转换道岔的位置，根据需要转换至定位或反位。
2. 道岔转换到所需的位置并密贴后，实现锁闭，防止外力转换道岔。
3. 正确反映道岔的实际位置，道岔尖轨密贴于基本轨后，给出相应的表示。
4. 道岔被挤或因故处于"四开"位置（图 6-27）时，及时给出报警和表示。

图 6-27 "四开"位置

（五）转辙机的基本要求

1. 足够的拉力，以带动尖轨作直线往返运动；当尖轨受阻不能运动到底时，应随时通过操纵使尖轨恢复原位。
2. 作为锁闭装置，当尖轨与基本轨不密贴时，不应进行锁闭，一旦锁闭，应保证道岔不因列车通过的振动而错误解锁。
3. 作为监督装置，应正确反映道岔的状态。
4. 道岔被挤后，在未修复之前不应再使道岔转换。

二、转辙机的分类

转辙机用于完成道岔的转换和锁闭,是关系行车安全的最关键设备。

(一)内锁闭方式的 ZD6 系列(图 6-28)

ZD6 型电动转辙机采用内锁闭方式,主要用于非提速区段以及提速区段的侧线上,目前主要有 ZD6-A、ZD6-D、ZD6-E、ZD6-F、ZD6-G、ZD6-H、ZD6-J、ZD6-K 几种型号。ZD6-A 型是 ZD6 系列转辙机的基本型,其他型号 ZD6 型转辙机都是以 ZD6-A 型为基础改进、完善而发展起来的。

图 6-28 ZD6 型转辙机

(二)外锁闭方式道岔

1. S700K 型转辙机如图 6-29、图 6-30 所示。

图 6-29 S700K 型转辙机(1)

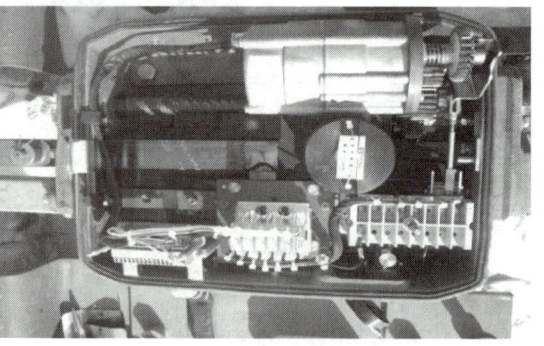

图 6-30 S700K 型转辙机(2)

S700K 型转辙机是由于提速的需要,从德国西门子公司引进的设备和技术,经消化吸收和改进后，迅速在全路主要干线推广应用。经数年的实践表现，该型转辙机结构先进、工艺精良，不但解决了长期存在的电机断线、故障电流变化、接点接触不良、移位接触器跳起和挤切削折断的惯性故障外，甚至可以实现"少维护，无维护"，符合中国铁路运营的特点和发展方向。

2. ZYJ7 型转辙机如图 6-31 所示。

图 6-31　ZYJ7 型转辙机

电动液压转辙机是我国 20 世纪 80 年代出现的新型道岔转换设备。研制始于 1968 年，与德国同时；70 年代先后研制出Ⅰ、Ⅱ、Ⅲ型 3 代样机，分别在北京、平遥、太原站安装试验。

ZYJ7 型电动液压转辙机由 ZYJ7 型电液转辙机（亦称主机，用于第一牵引点）和 SH6 转换锁闭器（亦称副机，用于第二、第三等牵引点，见图 6-32）组成，主机与副机共用一套动力系统，两者之间靠油管连接传输动力。

图 6-32　SH6 转换锁闭器

3. ZDJ9 型转辙机如图 6-33、图 6-34 所示。

ZDJ9 系列电动转辙机借鉴了国内外同类产品成熟的先进结构，具有结构简单、转换锁闭可靠、维护工作量少、耐腐蚀、长寿命等特点，性能指标满足客运专线、干线（提速线）及其他线路站（场）道岔转换需要。

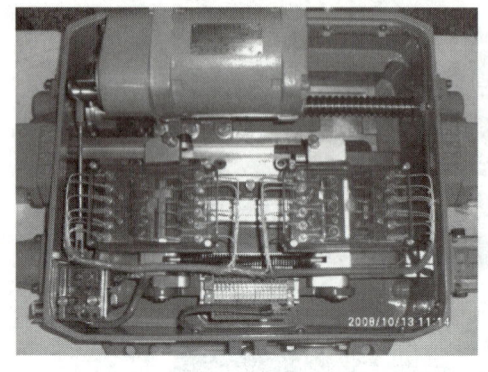
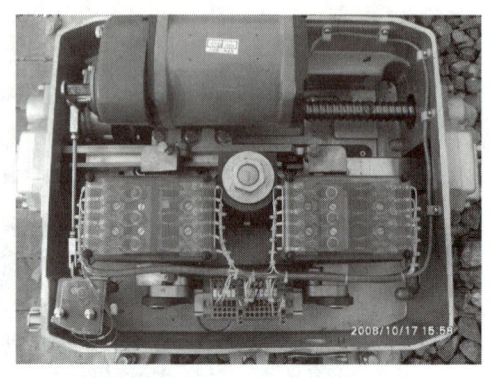

图 6-33　ZDJ9 型转辙机（不可挤）　　　　图 6-34　ZDJ9 型转辙机（可挤）

4. 密贴检查器如图 6-35、图 6-36 所示。

图 6-35　密贴检查器（外部）　　　　图 6-36　密贴检查器（内部）

三、提速道岔曲线及缺口

（一）提速道岔曲线

1. 正常提速道岔曲线由 3 条曲线组成，绿色为 A 相，蓝色为 B 相，红色为 C 相，也可以单相显示，分别显示一条黑线或红、绿线等（图 6-37）。

2. DBQ 特性不良曲线如图 6-38 所示。

3. 提速道岔继电器接点接触不良曲线如图 6-39 所示。

第六章 铁路信号

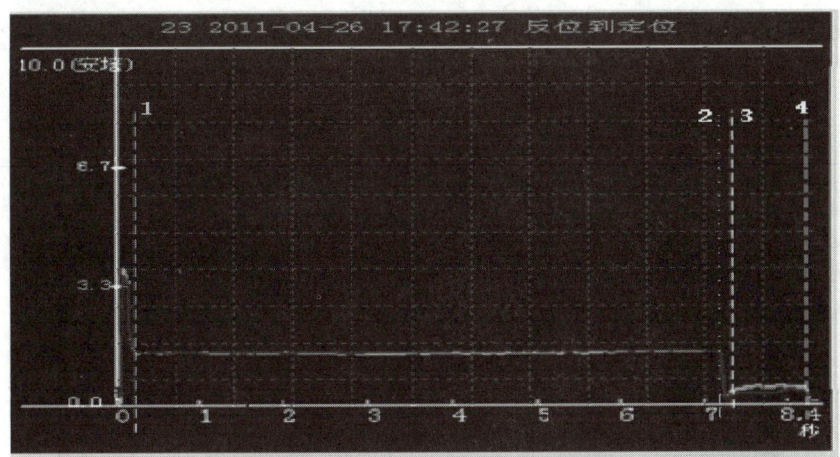

图 6-37 正常提速道岔曲线

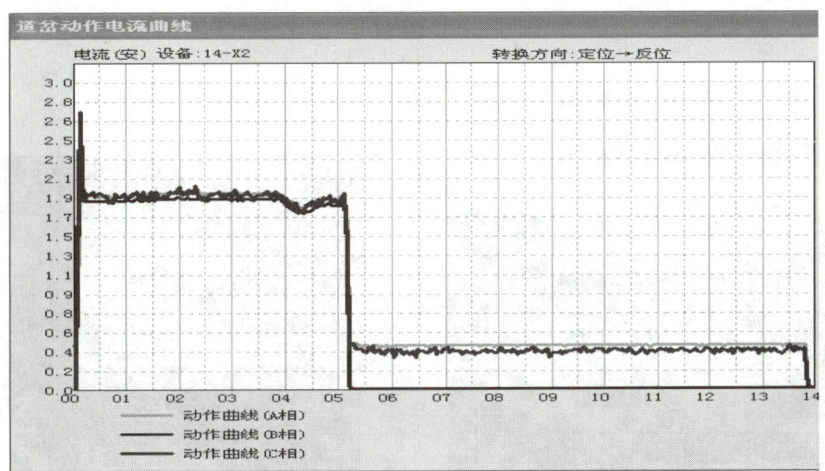

图 6-38 DBQ 特性不良曲线

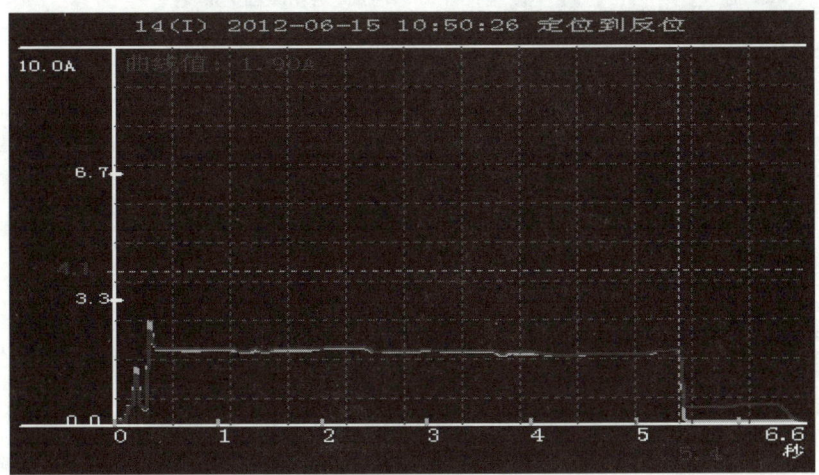

图 6-39 继电器接点接触不良曲线

4. 液压转辙机电机或油泵故障时曲线如图6-40所示。

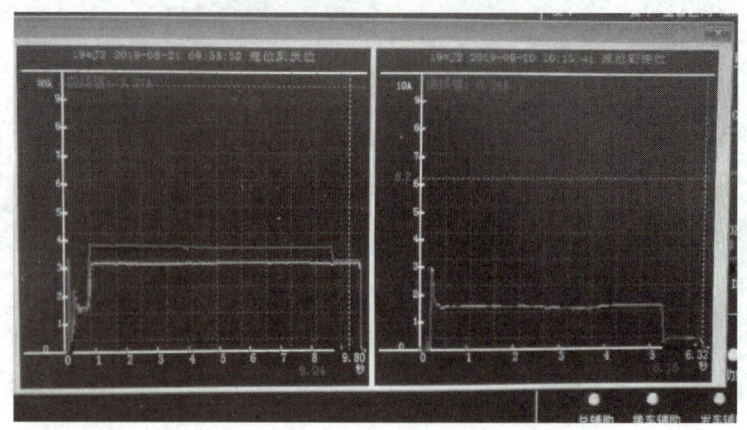

图6-40　液压转辙机电机或油泵故障曲线

（二）道岔表示缺口

1. ZYJ7、ZDJ9机内表示缺口如图6-41、图6-42所示。

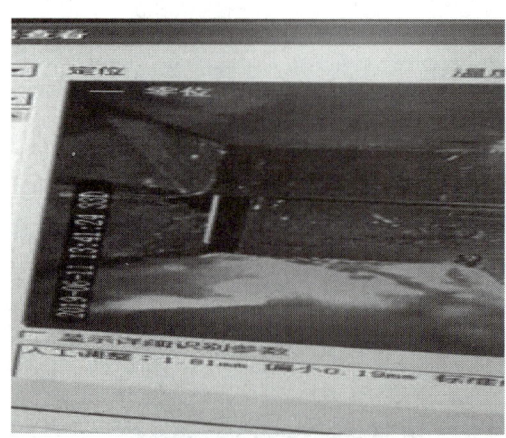

图6-41　机内表示缺口（1）　　　　图6-42　机内表示缺口（2）

2. ZYJ7、ZDJ9机外缺口监督窗如图6-43所示。

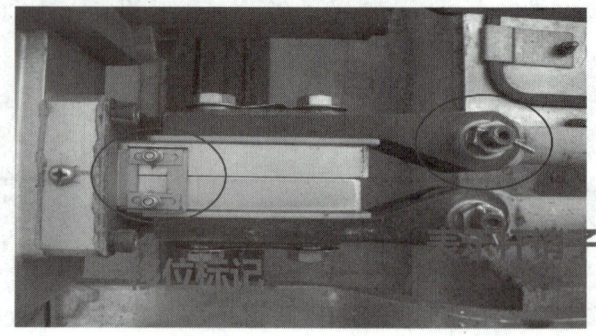

图6-43　机外缺口监督窗

3. S700K 机外表示缺口如图 6-44 所示。

图 6-44　S700K 机外缺口监督窗

四、转辙机的配套使用

客专线道岔一般都采取双机或多机配套使用方式。两台以上的称为多机牵引。

(一) ZYJ7 配套方式

1. ZYJ7+SH6 尖轨如图 6-45 所示。

图 6-45　ZYJ7+SH6 尖轨

2. 尖轨 ZYJ7+SH6+SH6，心轨 ZYJ7+SH6，如图 6-46 所示。

图 6-46　ZYJ7+SH6 心轨

（二）S700K 或 ZDJ9 配套方式

1. 18 号道岔，共 5 点牵引，尖 3 机、心 2 机，如图 6-47 所示。

图 6-47　18 号道岔尖轨

2. 42 号道岔，共 9 点牵引，尖 6 机、心 3 机，如图 6-48 所示。

图 6-48　42 号道岔尖轨

3. 62 号道岔，共 12 点牵引，尖 8 机、心 4 机，如图 6-49、图 6-50 所示。

图 6-49　62 号道岔尖轨

图 6-50　62 号道岔心轨

五、外锁闭装置

（一）钩式外锁闭装置简介

外锁闭装置分为燕尾式和钩式两种，其中燕尾式外锁闭装置已经逐步被钩式外锁闭装置所取代，所以本节主要介绍钩式外锁闭装置。

钩式外锁闭装置的锁闭方式为垂直锁闭。锁闭力通过锁闭铁、锁闭框直接传给基本轨（翼轨）。每一牵引点都有对应的钩式外锁闭装置。

（二）分动尖轨用钩式外锁闭装置

1. 分动尖轨用钩式外锁闭装置的结构。

分动钩式外锁闭装置由锁钩、锁闭杆、锁闭框、锁闭铁、尖轨连接铁、销轴等组成，如图6-51所示。

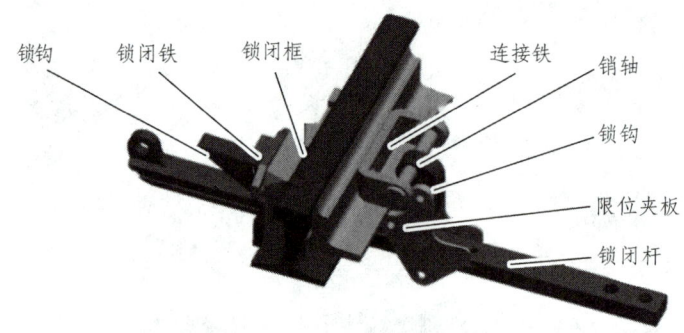

图6-51　尖轨用钩式外锁闭装置

锁闭铁固定在基本轨的外侧，锁闭框固定在锁闭铁的下方。锁钩通过销轴及尖轨连接铁与道岔尖轨固定，锁钩与锁闭杆上下排列被限制在锁闭框内，锁闭杆侧面带有导向槽，锁闭杆上对应每一尖轨的下面有一块向上凸起的锁闭块，两尖轨连接的锁钩各有一个与锁闭杆向上凸起的锁闭块对应的向上凹陷的缺口，锁钩的尾端还有一带斜面向上的凸起部分和向下带小斜面的凸起部分，即锁钩的尾端类似于燕尾形。

2. 分动尖轨钩式外锁闭装置的动作过程（图6-52）。

（1）密贴侧的锁钩被锁闭杆凸起的锁闭块顶起，使锁钩尾端的斜面与锁闭铁的斜面贴紧，尖轨被牢牢地锁住。

（2）斥离侧由于锁钩下落进入锁闭框内，使锁钩底侧的缺口与锁闭杆向上凸起的锁闭块交错重合，这样斥离侧的尖轨也不能移动，即锁闭了该尖轨。

（3）道岔转换时，电动转辙机转动→动作杆移动→锁闭杆沿导槽移动→斥离侧锁闭杆凸起的锁闭块推动锁钩移动→斥离侧的尖轨先开始动作（密贴侧尖轨下面的锁闭杆先是空动，使锁闭杆上凸起的锁闭块向锁闭框内移动，而后锁钩尾端整体下落到钢轨下方，锁钩底侧的缺口与锁闭杆向上凸起的锁闭块交错重合，这时原来密贴的尖轨才真正解锁）。

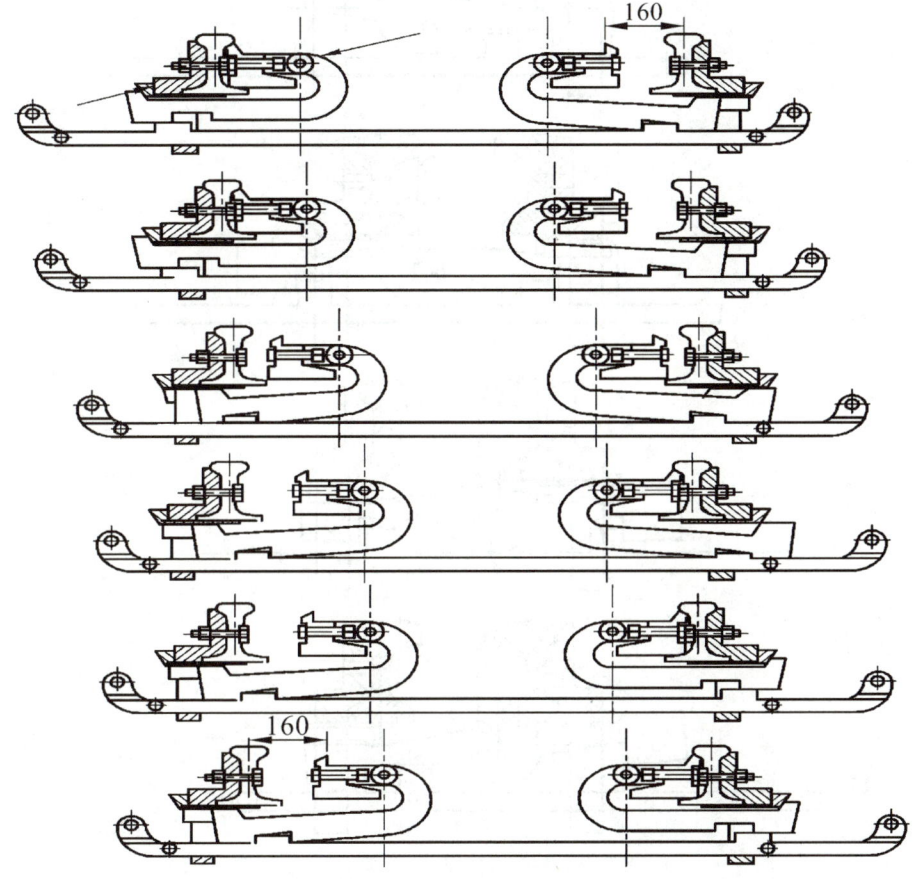

图 6-52　钩式外锁闭装置动作过程示意图

锁闭杆凸起的锁闭块带动锁钩移动→带动该尖轨与另一侧的尖轨同时转换。

原斥离的尖轨密贴以后，锁闭杆移动，其向上凸起的锁闭块推动锁钩的尾端上升，使锁钩尾端的斜面与锁闭铁的斜面贴紧，该尖轨锁闭。斥离的尖轨一侧锁闭杆进入锁闭框内靠锁闭杆凸起的锁闭块卡住锁钩，使斥离的尖轨也受锁闭。

（三）可动心轨用钩式外锁闭装置

1. 可动心轨用第一、第二牵引点钩式外锁闭装置的结构。

如图 6-53 所示，可动外锁闭装置由锁闭杆、钩锁、锁闭框、锁闭铁组成，但锁闭杆的尺寸、锁钩的外形与尖轨所用的完全不同。锁闭框安装在翼轨补强板上，直接与翼轨相连，心轨的凸缘插在锁钩的楔形槽内，心轨在槽内可前后伸缩，通过锁闭杆的横向运动牵引心轨转换并锁闭。

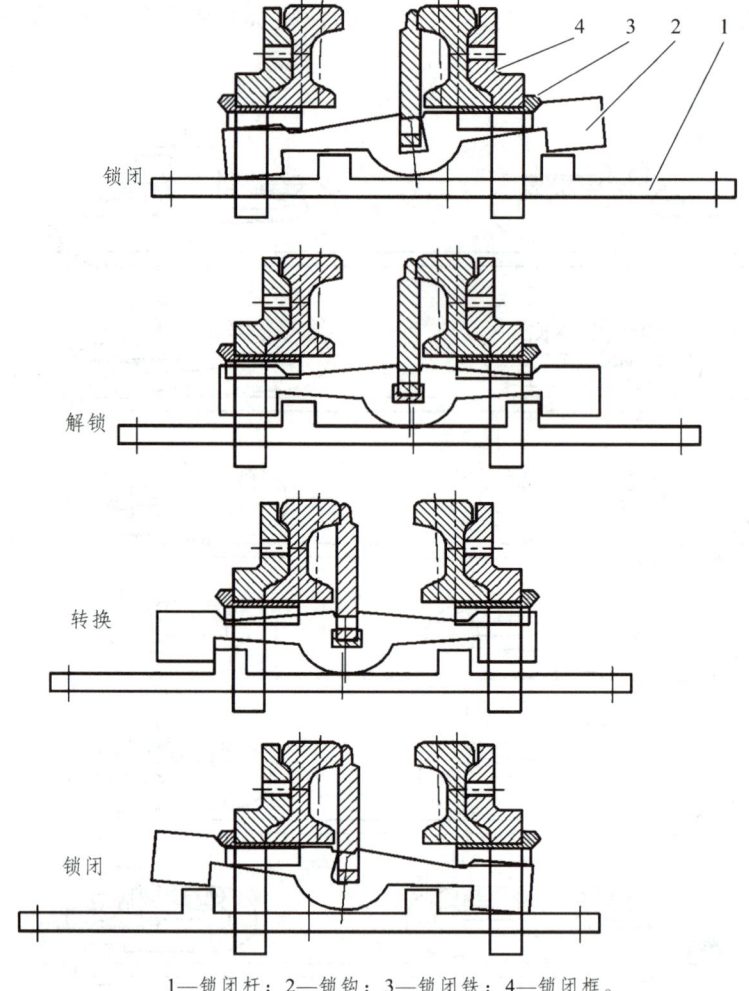

1—锁闭杆；2—锁钩；3—锁闭铁；4—锁闭框。

图 6-53 可动心轨第一、二牵引点钩式外锁闭装置及动作示意图

2. 可动心轨用第一、二牵引点钩式外锁闭装置的动作过程。

可动心轨用第一、第二牵引点钩式外锁闭装置的动作过程分为解锁、转换、锁闭3个阶段，如图 6-54 所示，图中可动心轨原密贴于右侧翼轨。锁闭杆向左移动，锁钩转动解锁。锁闭杆向左继续移动，锁闭杆带动锁钩，进而带动心轨转换至左侧翼轨。心轨与翼轨密贴后，锁闭杆继续移动，直到锁钩转动锁闭。

30 号及以上道岔可动心轨的第一、第二牵引点及 18 号道岔可动心轨的两个牵引点的锁钩并未与钢轨相连，锁钩与锁闭杆一起被限制在锁闭框内。当道岔转换时，锁闭杆通过锁闭块带动锁钩移动，锁钩向上的缺口带动心轨移动，其锁闭解锁与尖轨类似。30 号及以上道岔的第三牵引点采用两个锁钩，结构和动作与岔尖基本相同，如图 6-54 所示。

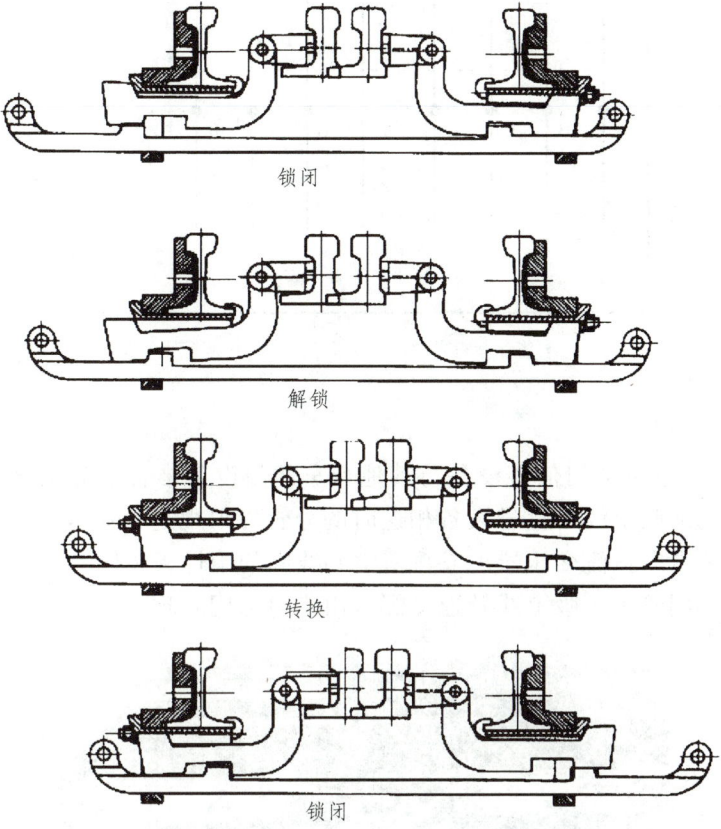

图 6-54　可动心轨第三牵引点钩式外锁闭装置及动作示意图

第四节　结合部管理理论知识

一、原则与结合点

（一）结合原则

统一界定设备的分界点，区分各自的设备，各部门负责本部门设备的完好性，并进行日常维修使用；发生各部门结合问题需协调整治标准、方法、方案。

（二）电力与电务结合点

例如，2017年3月17日印发的《沈阳铁路局电务部门信号设备与其他行车部门设备结合部分工分界及配合的规定》（沈铁电〔2017〕120号）规定：电力、电务部门维护分工，其分界点为信号机械室、道口房内信号电源开关箱或开关板电源接线端子外引入线100 mm处，100 mm内至信号设备（含接线端子）由电务部门管理，100 mm以外由电力部门管理，如图6-55所示。

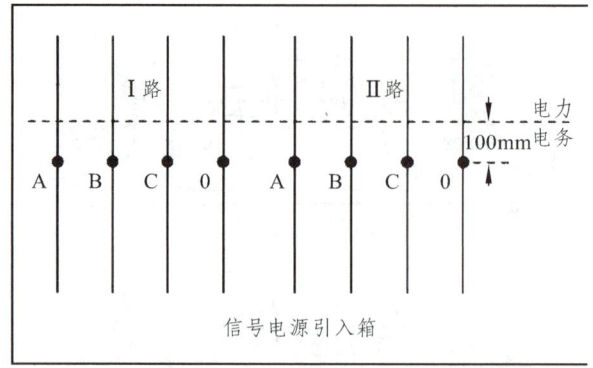

图 6-55　电力、电务部门维护分工

(三) 接触网与电务结合点

《沈阳铁路局电务部门信号设备与其他行车部门设备结合部分工分界及配合的规定》对供电部门的吸上线与信号设备相连时的分管界限规定为：电气化铁路的吸上线与扼流变压器（含空扼流变压器）或轨道空心线圈的中性板（图 6-56）相连时，中性连接板由电务部门管理；吸上线及连接螺丝由供电部门管理。

图 6-56　轨道电路扼流变压器中性连接板

(四) 工务与电务结合点

1. 道岔结合点。

按铁路局集团公司关于印发《铁路局集团公司工电联合整治道岔、钢轨绝缘实施细则》的通知，有关道岔工电结合部设备管理分工为：

（1）道岔钢轨、辙叉、轨枕、滑床板、防跳限位装置、顶铁、挡砟板、岔枕上用于安装道岔安装装置的螺栓孔等由工务负责维修管理，岔枕等工务设备上用于安装电务设备的螺栓孔由电务负责检查。

（2）道岔转辙机、密贴检查器、动作杆、表示杆、安装装置、外锁装置及安装电务转辙机托板的螺栓等由电务负责维修管理。

（3）道岔辊轮安装、固定由工务负责，辊轮调整由电务负责。辊轮及其部件缺失、脱落或破损时，由工务准备材料并安装恢复，电务负责调整。

2. 钢轨绝缘结合点。

钢轨绝缘等工电结合部设备管理分工为：胶接绝缘接头由工务负责维护，其保证电气特性的绝缘部分由电务负责测试，测试发现绝缘部分存在问题时由工务负责维修。工务、电务发现绝缘接头不良时通知对方配合作业。

二、电务与供电结合作业

（一）配合接触网挂接地线

1. 高速线路挂接地线不需电务配合。
2. 高速铁路内 25 Hz 轨道电路区段（存车线、动车所）需按普速铁路要求进行配合：

（1）接挂位置：挂接钢轨或挂在扼流变、空心线圈中心连接板上。

（2）接挂要求：如挂接在钢轨上，需按要求将轨底打磨，如图 6-57 所示，用标准短路线短路钢轨，电务确认轨道电路有效短路后，方可挂接地线，如图 6-58、图 6-59 所示。

图 6-57 封连轨底的除锈

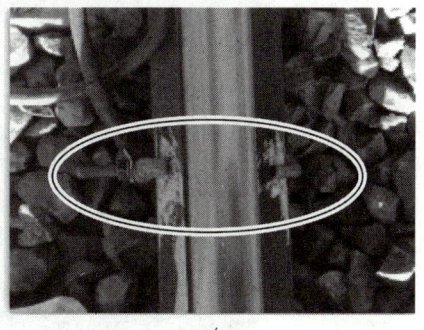

图 6-58 封连轨底的除锈图

图 6-59 供电人员接挂地线

（二）配合电力部门维修

1. 按要求进行电源屏Ⅰ/Ⅱ路转换。
2. 正常供电前需在电源引入箱（图 6-60）进行三相电源相序测试。

（1）相序测试方法：用万用表交流 500 V 挡，分别测试Ⅰ路 A 相与Ⅱ路 A 相间电压、Ⅰ路 B 相与Ⅱ路 B 相间电压、Ⅰ路 C 相与Ⅱ路 C 相间电压。

（2）相序测试标准：各相线间电压≤30 V。

图 6-60 电源防雷箱

三、电务与工务结合作业

（一）更换胶结绝缘接头标准作业（图 6-61）

1. 工务负责制订计划、安装，电务负责测试。
2. 做好胶结绝缘的线下、线上测试。

图 6-61　工务更换胶结绝缘作业

（二）抬道捣固标准作业（图 6-62）

1. 转辙部位作业将道岔尖轨放置在"四开"位置，防止杆件、检查柱受力造成损坏。
2. 作业后电务需对道岔各牵引点尖轨密贴、表示进行检查调整。

图 6-62　抬道捣固

（三）改轨距（改道）标准作业（图 6-63）

1. 将道岔尖轨放置在"四开"位置或将道岔尖轨扳动至不改一侧，防止杆件、检查柱受力造成损坏。
2. 作业后电务需对道岔各牵引点开程、锁闭量进行重新测量、调整。
3. 作业后电务需对道岔各牵引点尖轨密贴、表示进行检查调整。

图 6-63 拨道、改道

(四)拨道标准作业(图 6-63)

1. 转辙部位作业将道岔尖轨放置在"四开"位置,防止杆件、检查柱受力造成损坏。
2. 作业后电务需对道岔各牵引点尖轨密贴、表示进行检查调整。
3. 作业后需对建筑接近限界进行检查测量。

(五)钢轨打磨标准作业(图 6-64)

1. 作业后对钢轨绝缘处铁屑进行清扫检查。
2. 转辙部位打磨作业后需对道岔各牵引点尖轨密贴、表示进行检查调整。

图 6-64 钢轨打磨

(六)更换钢轨(含辙叉)标准作业

1. 作业前与工务共同确认"两横一纵"连接位置,并检查连接状态良好。
2. 作业时确认连接钢轨的各连接线、引接线塞钉打实、紧固,接触良好后方可拆除"两横一纵"线。
3. 涉及补偿电容、等阻线、接续线处所要提前钻好塞钉孔。

（七）更换尖轨、基本轨标准作业

1. 更换基本轨需使用"两横一纵"线（图 6-65）。
2. 作业时需将道岔放置在"四开"位置，防止拨动钢轨时受力损伤各杆及机内设备。
3. 更换基本轨需拆装融雪条装置。
4. 作业后对道岔开程、锁闭量、密贴、表示进行检查调整。

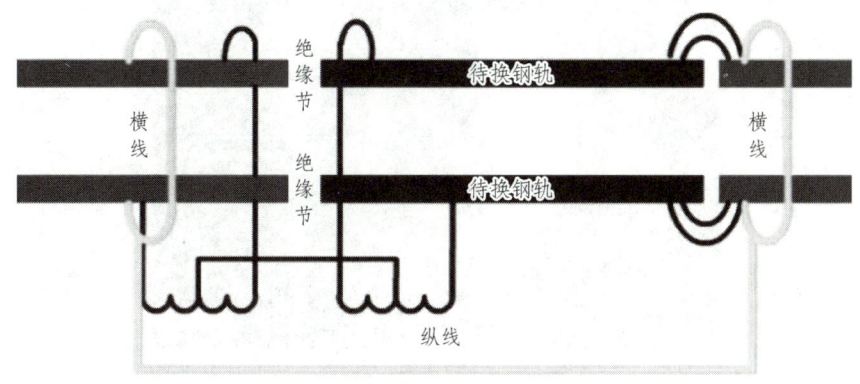

图 6-65 "两横一纵"线

（八）工电联合整治道岔

1. 框架尺寸。

框架尺寸检查：

（1）测量两基本轨作用边间距，测试起始点要在钢轨顶面下 16 mm 范围内，有肥边的以突出边缘为准，目光垂直于测试数据显示窗。

（2）有视频缺口监测系统，通过表示杆旷动检查。

（3）没有视频缺口监测系统，通过观察基本轨横向磨痕来检查，变化不得超过 0.5 mm。

框架尺寸整治：

（1）框架尺寸不达标或动态变化超标，通过整治轨撑间隙、调整块间隙、调整片间隙解决。

（2）轨撑与钢轨离缝≤2 mm、调整块离缝≤1 mm；调整片应采取两侧弯曲防脱落措施。

2. 轨距检查。

（1）岔前测量两钢轨工作边之间最小间距。

（2）转辙部位测量斥离侧基本轨与密贴尖轨工作边最小间距，测试起始点要在钢轨顶面下 16 mm 范围内，有肥边的以突出边缘为准，目光垂直于测试数据显示窗。变化不得超过 1 mm。

（3）轨距的调整按照调整框架尺寸方式进行调整。

道岔尺寸检查如图 6-66 所示。

图 6-66　道岔尺寸检查

3．顶铁间隙检查。

（1）用塞尺检查顶铁与轨腰间隙，检查时要贯穿顶铁作用面，0 mm<与尖轨或心轨轨腰间隙<1 mm。

（2）顶铁间隙要在道岔自然密贴基础上进行调整，间隙大的加片，间隙小的撤片，如图 6-67 所示。

图 6-67　道岔顶铁检查、调整

4．密贴。

密贴检查：

（1）在尖轨（心轨）与基本轨（翼轨）宏观密贴的情况下，用塞尺检查尖轨与基本轨间隙。

（2）尖轨与基本轨密贴段需全面检查，塞尺塞入深度必须大于 16 mm。

（3）尖轨第一牵引点前与基本轨、心轨第一牵引点前与翼轨的间隙<0.5 mm，其余部位间隙<1 mm，如图 6-68 所示。

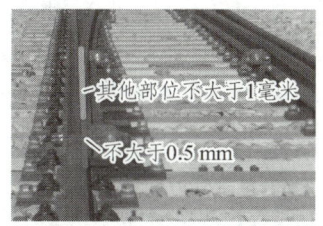

图 6-68　道岔密贴检查标准

密贴整治：

（1）工务部门可通过调整框架尺寸、顶铁间隙，更换竖切不良尖轨方式解决。

（2）电务部门要在道岔调整至自然密贴情况下调整，外锁闭道岔通过加减锁闭铁调整片方式调整，如图 6-69 所示。

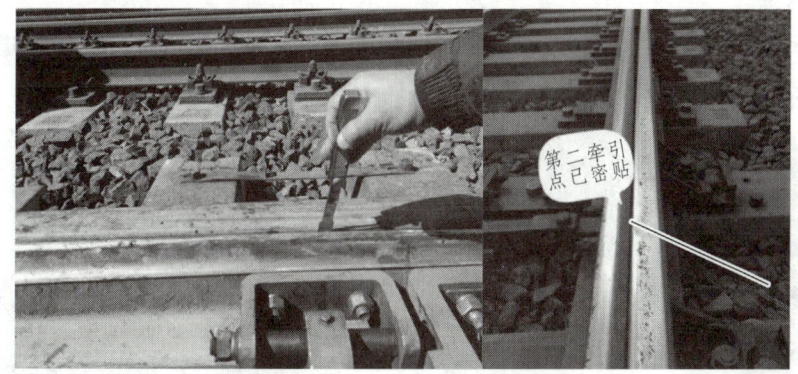

图 6-69　道岔密贴检查、调整

5. 表示检查。

表示杆销孔间隙<0.5 mm，转辙机内外标记一致，移位标记居中，表示杆缺口旷动量≤0.5 mm，可以利用道岔缺口视频检查，如图 6-70 所示。

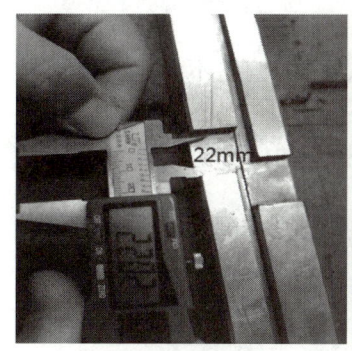

图 6-70　道岔表示检查

6. 开程。

开程检查（图 6-71）：

（1）尖轨第一牵引点的开程测量方法：人站在道心，使用直钢尺水平放置于牵引点处,一头支顶于基本轨(低于轨面 16 mm 处),此时斥离尖轨内侧边缘上直钢尺上的读数即为开程。

(2)尖轨第二牵引点及以后牵引点开程的测量方法:人站在斥离尖轨的基本轨外侧,使用直钢尺水平放置于基本轨上一头支顶于斥离尖轨(低于尖轨轨面 16 mm 处),此时基本轨内侧边缘上直钢尺上的读数即为开程。

(3)测量时必须使用直钢尺,尺子必须放置在锁闭杆(道岔连接杆)中心,同一组道岔最好是同一人测试。特别要注意的是牵引点在尖轨刨切点后的开程测量值为斥离侧减密贴侧的读数。

(4)尖轨、心轨各牵引点动程不超标,尖轨各牵引点处开口值符合标准,两侧偏差不大于 3 mm;心轨第一牵引点处偏差不大于 2 mm,同时也可以通过检查两根表示杆端部齐度的方式来检查,偏差量≤8 mm。

开程整治:

外锁闭道岔通过加装连接铁调整片的方式进行调整,多个牵引点外锁道岔调整时,各点开程要统一进行调整。

图 6-71 道岔开程测量

7. 锁闭量。

锁闭量检查:

使用直钢尺测量锁钩底部与锁闭杆凸台接触面的长度,两侧偏差不大于 3 mm。

锁闭量整治:

锁闭量不标准可以通过校正两侧开程和加减锁闭铁调整片的方式进行调整。开程、锁闭量、动程关系如图 6-72 所示。

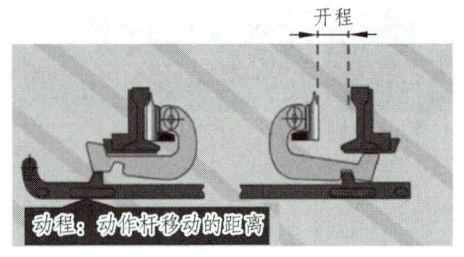 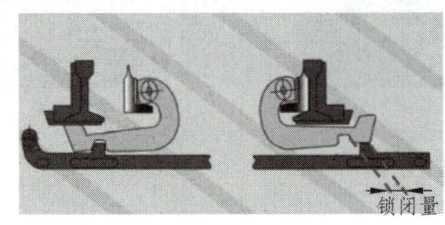

图 6-72 开程、锁闭量、动程关系

8. 爬行。

（1）尖轨尖端打爬行检查标记，两尖轨尖端相错量≤20 mm。

（2）爬行量大于 20 mm 时，易导致杆类磨卡、别劲，造成道岔卡阻。

（3）爬行量大于 20 mm 时，易导致道岔表示缺口变化，卡口，无表示。

（4）通过串轨、更换短轨整治爬行。

道岔尖轨爬行检查标记如图 6-73 所示。

图 6-73　道岔尖轨爬行检查标记

9. 辊轮。

辊轮检查（图 6-74、图 6-75）：

（1）密贴状态下，1 mm≤尖轨轨底与辊轮间隙<2 mm。

（2）斥离状态下，1 mm≤尖轨轨底与滑床板间隙<3 mm，转换过程中辊轮与尖轨轨底接触。

（3）双辊轮里侧辊轮应高出滑床板表面 2～3 mm，外侧辊轮应高出 3～4 mm。

辊轮整治：

（1）辊轮的调试应在尖轨密贴状态下进行，此时要求尖轨轨底与滑床台接触。

（2）拆下防护罩的弯角、防护罩，松动辊轮支架上的定位螺钉，可使辊轮系统沿滑床垫板方向移动，调整辊轮位置。

（3）通过扳手转动辊轮轴，可调节辊轮最高点与滑床板表面的高差。

图 6-74　辊轮检查（1）

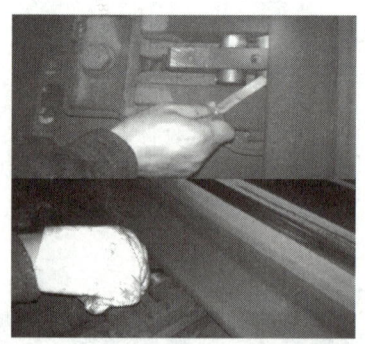

图 6-75　辊轮检查（2）

10. 肥（飞）边。

肥边检查（图 6-76）：

尖轨、基本轨、心轨、翼轨肥边≤1 mm。

肥边整治：

通过打磨的方式解决，打磨后电务需要对道岔密贴和表示进行重新调整。

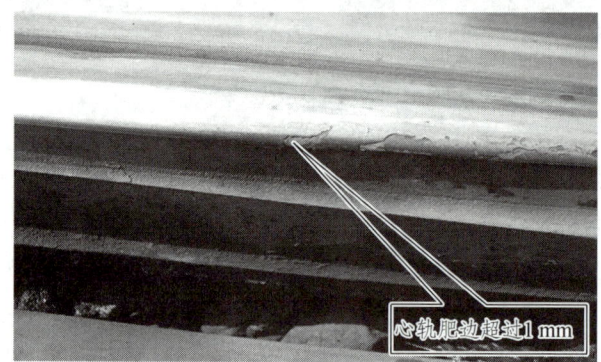

图 6-76　道岔尖轨、基本轨肥（飞）边检查

11. 轨枕空间隙。

轨枕空间隙检查：

（1）两相邻轨枕间扣件螺栓中心距离为轨枕空间隙，牵引点处偏差≤10 mm，其他处偏差≤20 mm，如图 6-77 所示。

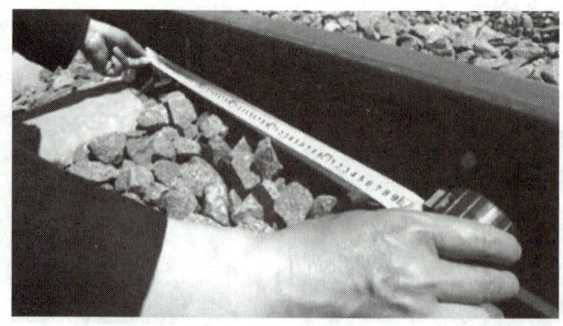

图 6-77　轨枕空间隙测量

(2)轨枕不方正易导致杆类卡阻、别劲,造成道岔卡阻故障。

轨枕空间隙整治(图6-78):

(1)按照图册进行测量整治,通过串动、方正轨枕的办法,调整轨枕空间隙。

(2)电务转辙机角钢和托板不得影响工务串动轨枕,连杆两侧轨枕采取固定措施。

图6-78 轨枕整治

第五节 《铁路技术管理规程(高速铁路部分)》电务部分相关内容

一、总 则

铁路是国民经济大动脉、国家重要基础设施和大众化交通工具,是综合交通运输体系骨干、重要的民生工程和资源节约型、环境友好型运输方式,在我国经济社会发展中的地位至关重要。

铁路运输具有高度集中的特点,各工作环节须紧密联系、协同配合。为加强中国铁路总公司(简称铁路总公司[①])铁路技术管理,确保国家铁路安全正点、方便快捷、高速高效,根据有关法律、法规、规章和技术标准等制定《铁路技术管理规程》。其适用于国家铁路。

《铁路技术管理规程》包括高速铁路和普速铁路两部分,本部分为高速铁路部分,适用于200 km/h及以上的铁路和200 km/h及以下仅运行动车组列车的铁路。

《铁路技术管理规程》是国家铁路技术管理的基本规章,各部门、各单位制定的技术管理文件等,都必须符合《铁路技术管理规程》的规定。在铁路总公司明令修改以前,任何部门、任何单位、任何人员都不得违反《铁路技术管理规程》的规定。

国家铁路工作人员必须严格遵守和执行《铁路技术管理规程》的规定,在自己的职责范围内,以对国家和人民负责的态度,保证安全生产。各单位对遵守《铁路技术管理规程》成绩突出者,应予表扬或按有关规定给予奖励;对违反者,应视其违反程度和造成事故的性质、情节及后果,给予教育、处分。

---

① 现为中国国家铁路集团有限公司。

二、技术设备

该部分规定了国家铁路的基本建设、产品制造、验收交接、技术性能、使用管理及保养维修方面的基本要求和标准。

（一）一般要求

第 60 条 对设有加锁加封的信号设备，应加锁加封，必要时可设置计数器，使用人员应负责其完整。对加封设备启封使用或对设有计数器的设备每计数一次时，使用人员均须在《行车设备检查登记簿》内登记，写明启封或计数原因。加封设备启封使用后，应及时通知信号部门加封。

使用计算机技术控制的信号设备实现加锁加封功能时，应使用密码方式操作。

（二）联　锁

第 78 条 站内正线及到发线上的道岔，均须与有关信号机联锁。区间内正线上的道岔，须与有关信号机或闭塞设备联锁。各种联锁设备应满足下列条件：

1. 当进路上的有关道岔开通位置不对或敌对信号机未关闭时，防护该进路的信号机不能开放；信号机开放后，该进路上的有关道岔不能扳动，其敌对信号机不能开放。

2. 装有转辙机（转换锁闭器）的道岔，当第一连接杆处（分动外锁闭道岔为锁闭杆处）的尖轨与基本轨间、心轨与翼轨间有 4 mm 及以上水平间隙时，不能锁闭或开放信号机。

第 79 条 集中联锁设备应保证：当进路建立后，该进路上的道岔不能转换；当道岔区段有车占用时，该区段的道岔不能转换；列车进路向占用线路上开通时，有关信号机不能开放（引导信号除外）；能监督是否挤岔，并于挤岔的同时，使防护该进路的信号机自动关闭，被挤道岔未恢复前，有关信号机不能开放。

集中联锁设备，在控制台（或操纵、表示分列式的表示盘及监视器）上应能监督线路与道岔区段是否占用、进路开通及锁闭，复示有关信号机的显示。

第 82 条 根据需要在车站列车进路上的道岔及其联动道岔可设置道岔融雪装置。道岔融雪装置不得影响道岔和轨道电路的正常工作。

道岔融雪装置应具备手动和自动控制功能。

（三）闭　塞

第 83 条 双线区段自动闭塞设备应具备正方向自动闭塞、反方向自动站间闭塞的功能。

（四）调度集中系统

第 85 条 铁路运输指挥应采用调度集中系统 CTC。

(五) 列车运行控制系统

第 92 条 CTCS-3 级列控系统基于 GSM-R 无线通信实现车地信息双向传输,无线闭塞中心生成行车许可,轨道电路实现列车占用检查,应答器实现列车定位,并具备 CTCS-2 级功能。

CTCS-2 级列控系统基于轨道电路和点式应答器传输行车许可信息,采用目标距离连续速度控制模式监控列车运行。

运行速度 250 km/h 及以下时,完全监控模式下 CTCS-2/CTCS-3 级列控车载设备应按高于线路允许速度 2 km/h 报警、5 km/h 常用制动、10 km/h 紧急制动设置模式曲线。运行速度 250 km/h 以上时,完全监控模式下 CTCS-3 级列控车载设备(含 CTCS-2 级后备功能)应按高于线路允许速度 2 km/h 报警、5 km/h 常用制动、15 km/h 紧急制动设置模式曲线。

第 93 条 列车运行控制系统装备等级根据线路允许速度选用。250 km/h 以下铁路采用 CTCS-2 级列控系统,250 km/h 铁路宜采用 CTCS-3 级列控系统,300 km/h 及以上铁路采用 CTCS-3 级列控系统。

(六) 信号集中监测系统

第 110 条 信号集中监测系统包括站机、采集设备、服务器、各级终端及数据传输设备,应全程联网,实现远程诊断和故障报警功能。

信号集中监测系统监测范围应包括计算机联锁设备、列控地面设备(无源应答器除外)、调度集中设备、电源屏等信号系统设备,同时还应具备与防灾、环境监测等系统的接口。

三、行车组织

该部分规定了与行车相关的各部门、各单位、各工种在从事铁路运输生产时,必须遵循的基本原则、责任范围、工作方法、作业程序和相互关系。

第 205 条 调度集中分散自律控制模式分为中心操作方式、车站调车操作方式和车站操作方式。

1. 在中心操作方式下,调度终端具有信号设备的全部控制权,列车调度员对列车及调车进路均有操作权,车站对列车及调车进路均无操作权。

2. 在车站调车操作方式下,列车调度员对列车进路有操作权,对调车进路无操作权。而车站对调车进路有操作权,对列车进路无操作权。

3. 在车站操作方式下,车务终端具有信号设备的全部控制权,车站对列车及调车进路均有操作权,列车调度员对列车及调车进路均无操作权。

车站调度集中基本操作方式由铁路局统一公布。

车站控制是指调度集中区段车站在车站操作方式或非常站控模式下,由车站值班员负责办理列车及调车进路的状态。

第 206 条 遇下列情况可转为非常站控模式：

1. 调度集中设备故障。
2. 行车设备施工、维修需要时。
3. 发生危及行车安全的情况需要时。

第 207 条 高速铁路车站分为集控站、非集控站。按调度集中基本操作方式，由列车调度员直接办理接发列车作业的车站（线路所）为集控站，其他车站（线路所）为非集控站。

第 225 条 道岔编号，从列车到达方向起顺序编号，上行为双号，下行为单号；尽头线上，向线路终点方向顺序编号。车站划分车场时，每个车场的道岔单独编号。一个车站的道岔不得有相同的编号。

第 226 条 股道编号，单线区段内的车站，从靠近站舍的线路起，向远离站舍方向顺序编号；双线区段内的车站，从正线起顺序编号，上行一侧为双号，下行一侧为单号；尽头式车站，向终点方向由左侧开始顺序编号，如站舍位于线路一侧时，从靠近站舍的线路起，向远离站舍方向顺序编号。一个车站（分车场时一个车场）的股道不准有相同的编号。

四、信号显示

该部分规定了信号的显示方式和执行要求

第 461 条 铁路信号分为视觉信号和听觉信号。

视觉信号的基本颜色：

红色——停车；

黄色——注意或减低速度；

绿色——按规定速度运行。

听觉信号：号角、口笛等发出的音响和机车、动车组、自轮运转特种设备等的鸣笛声。

第六节 《高速铁路信号维护规则》相关内容

一、业务管理部分

（一）总 则

第 1 条 为满足铁路运输安全生产的需要，加强和规范高速铁路信号设备的维护管理、专业技术管理，提高高速铁路信号设备维护质量，确保高速铁路信号设备的正常运用，特制定本规则。

第 2 条 高速铁路信号设备是指挥列车运行，保证行车安全，提高运输效率，改善行车组织方式，实现行车指挥现代化的关键设施。电务部门必须贯彻国家有关政策、行业标准，坚持以运输生产为中心，做好维护管理工作，保证高速铁路信号设备处于良好运用状态。

第 3 条 高速铁路信号维护工作是铁路运输安全生产的重要组成部分，直接涉及运输安全，高速铁路信号维护工作必须严格执行国家铁路有关法规及中国铁路总公司（简称铁路总公司）相关规定，牢固树立安全生产法制观念，认真执行标准化作业，保证行车安全、设备安全及人身安全。

（二）管　理

第 24 条 高速铁路信号设备维护工作实行铁路局，电务段分级管理。电务段实行段、车间、工区三级管理。

（三）维　修

第 86 条 高速铁路信号维修是对高速铁路信号设备进行的日常养护和集中检修，通过维修，保持设备性能，预防设备故障，使设备处于良好的运用状态。

第 98 条 信号工区是负责现场高速铁路信号设备维修工作的基本生产组织，承担管内高速铁路信号设备的日常养护、集中检修工作，实行昼夜值班制度，及时处理故障。

（四）测试与分析

第 182 条 测试和分析是高速铁路信号设备维修工作的重要内容之一，通过测试，掌握和分析设备运用状态，指导维护工作，预防设备故障，保证设备正常使用。

第 186 条 Ⅰ级测试由工区负责。

第 218 条 电气特性分析制度：

信号工区每月对Ⅰ级测试和分析数据进行一次分析，分析结果报车间。

（五）检查与考核

第 388 条 考核采取日常检查和综合考核相结合的方式。日常检查包括设备质量检查、检测车动态检测、安全专项检查等。综合考核应按考核办法规定的内容和指标定期进行，日常检查的情况应纳入综合考核。

二、技术标准部分

（一）总　则

1.0.1《高速铁路信号维护规则　技术标准部分》是高速铁路信号设备维护的基本

要求,是高速铁路信号设备维护应满足的技术标准,是维护及评定高速铁路信号设备质量的依据。

1.0.2 高速铁路信号设备维护除应符合本标准要求外,还应符合现行有关标准的规定。

1.0.4 运用中的信号设备,除必须达到本标准所规定的各单项标准外,还应满足总则中有关的要求。

1.0.8 各种基础和支持物无影响强度的裂纹,安设稳固,其倾斜限度不超过 10 mm,高柱信号机机柱的倾斜限度不超过 36 mm,各种室外设备的周围应硬面化,保持平整、不积水、不影响道床排水。

1.0.11 熔断器安装符合标准,安装牢固、接触良好,起到分级防护作用。容量须符合设计规定。无具体规定的情况下,其容量应为最大负荷电流的 1.5~2 倍。

(二)色灯信号机及标志

2.2.2 同一机柱上的色灯信号机构,其安装位置应保证各灯显示方向一致;两个同色灯光的颜色应一致。

2.5.1 预告标,设在进站信号机及防护分歧道岔的线路所通过信号机外方 900 m、1 000 m、1 100 m 处。但在上述信号机外方设有同方向通过信号机的区段,均不设预告标。

(三)道岔转换与锁闭装置

3.1.1 联锁道岔转换与锁闭设备应保证道岔的正常转换、可靠锁闭和正确表示。

3.1.5 道岔转换设备的各种杆件及导管等螺纹部分的内、外调整余量应不小于 10 mm。表示杆的销孔旷量应不大于 0.5 mm;其余部位的销孔旷量应不大于 1 mm。

3.1.6 密贴调整杆动作时,其空动距离应在 5 mm 以上。

3.1.7 穿越轨底的各种物件,距轨底的净距离应大于 10 mm。

(四)轨道电路

4.1.7 轨道电路钢轨绝缘的设置应符合下列要求:

1. 在道岔区段,设于警冲标内方与警冲标相关的用于分割轨道区段的钢轨绝缘,除双动道岔渡线上的绝缘外,在无动车组运行的线路上,其安装位置距警冲标不得小于 3.5 m,如图 6-79 所示;在有动车组运行的线路上,其安装位置距警冲标不得小于 5 m。当不得已必须装于警冲标内方且距警冲标的距离小于上述数值,以及与警冲标并置或设于警冲标外方时,应按侵入限界考虑。

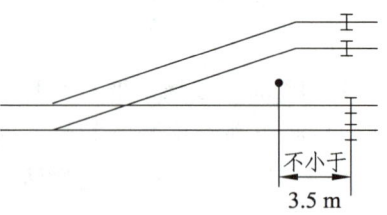

图 6-79 道岔区段钢轨绝缘示意图

2. 轨道电路的两钢轨绝缘应设在同一坐标处,当不能设在同一坐标时,其错开的距离(死区段)应不大于 2.5 m,如图 6-80 所示。

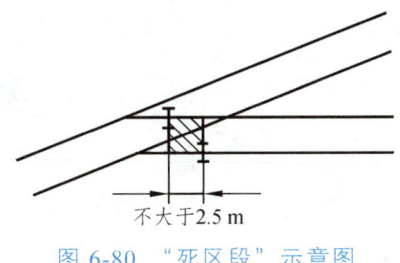

图 6-80 "死区段"示意图

4. 设于信号机处的钢轨绝缘，应与信号机坐标相同，当不可能设在同一坐标处时，应符合下列要求：

（1）进站、接车进路信号机和自动闭塞区间并置的通过信号机处，钢轨绝缘可设在信号机前方 1 m 或后方 1 m 的范围内。

（2）出站（包括出站兼调车）信号机或发车进路信号机、自动闭塞区间单置的通过信号机处，既有钢轨绝缘可设在既有信号机前方 1 m 或后方 6.5 m 的范围内，如图 6-81 所示，但新设钢轨绝缘或信号机时，钢轨绝缘距信号机的距离不宜大于 1 m。

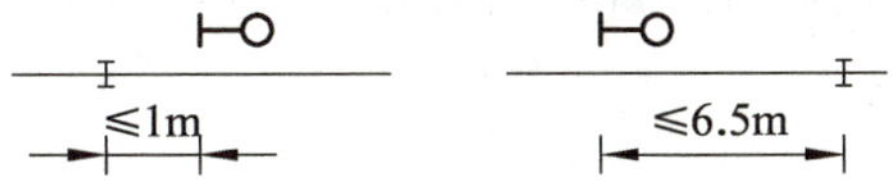

图 6-81 信号机处的钢轨绝缘

4.1.8 轨道电路内的各种绝缘装置，均须保持绝缘良好。邻接轨道电路间钢轨绝缘破损时，轨道接收设备不应受邻接轨道电路电流影响而误动或有符合设计要求的防护措施，电码化轨道区段应采取串码防护措施。

4.1.10 装有钢轨绝缘处的轨缝应保持在 6～10 mm，两钢轨头部应在同一平面，高低相差不大于 2 mm；在钢轨绝缘处的轨枕应保持坚固，道床捣固良好。

（五）联 锁

5.1.1 联锁设备必须工作可靠并符合故障-安全原则。

5.1.4 当外线任何一处发生断线或混线时，不能导致进路错误解锁、道岔错误转换以及信号机错误开放。

5.1.10 当道岔区段有车占用时，该区段内的道岔不能转换。

5.1.12 联锁道岔受进路锁闭、区段锁闭、单独锁闭及人工锁闭，在任何一种锁闭状态下，道岔不得启动（人工锁闭系指利用操纵设备切断道岔控制电路或用转辙机的安全接点切断启动电路）。

5.1.16 道岔的表示电路应符合下列要求：

1. 道岔表示应与道岔的实际位置相一致，并应检查自动开闭器两排接点组的规定位置。
2. 联锁道岔只有当各组道岔均在规定的位置时，方能构成规定的位置表示。
3. 单动、联动或多点牵引道岔须检查各牵引点的道岔转换设备均在规定的位置。

第七章 接触网

第一节 客运专线概况和标准

一、客运专线简介

1. 以哈大客运专线为例，如图 7-1 所示。哈大客运专线南起滨海城市大连，经辽宁省营口、鞍山、辽阳、沈阳、铁岭，吉林省四平、长春、松原，终至黑龙江省省会哈尔滨，线路纵贯东北三省，途经 3 个省会城市和 7 个地级市及其所辖区县。线路全长约 921 km，其中辽宁境内约 553 km，吉林境内约 269.7 km，黑龙江境内约 70.4 km。

图 7-1 哈大客运专线示意图

2. 正线路基长度为 231.245 km，占线路长度的 25.58%；全线中桥以上桥梁共 162 座 662765 折合双延米，桥梁长度占线路长度的 73.32%；全线共有隧道 8 座 9929 延长米，占线路全长的 1.1%。

3. 全线共设车站 22 个——大连（既有）、新大连、普兰店西、瓦房店西、鲅鱼圈东、盖州西、营口东、海城西、鞍山西、辽阳、沈阳、沈阳北、铁岭西、开原西、昌图西、四平东、公主岭南、长春西、长春（既有）、新德惠、新扶余、新双城，并预留新沈阳、新灯塔设站条件，另外，长春联络线设线路所两处。

二、客运专线技术标准

1. 铁路等级：客运专线。
2. 正线数目：双线。
3. 设计区段旅客列车速度：350 km/h。
4. 最小曲线半径：7 000 m。
5. 最大曲线外轨超高：175 mm。
6. 正线线间距：5 m。
7. 限制坡度：一般地段 20‰，困难地段 25‰。
8. 到发线有效长度：650 m。
9. 牵引种类：电力；列车运行方式：自动控制；行车指挥方式：综合调度集中。
10. 供电方式：K0 至 DK21+000（新大连变电所的分相分界）、DK369+210 至 DK431+500 范围内采用直供加回流的供电方式，回流线非绝缘悬挂；其余范围采用 AT 供电方式。

第二节　客运专线主要技术指标

一、导线高度

新建客运专线区段的区间及站场在悬挂点处工作支接触线距轨面的高度一致，均为 5 300 mm，接触线最低点高度不宜小于 5 150 mm。

二、结构高度

客运专线正线的接触网结构高度一般为 1 600 mm，双线隧道内接触网结构高度一般为 1 600 mm，困难时可采用 1 400 mm。在净空受限的跨线建筑物处最小结构高度一般不小于 1 100 mm。结构高度变化时应提前调整，逐步变化，坡度变化不宜大于 4‰。

三、跨距长度及拉出值

客运专线正线标准跨距为 50 m，最大为 60 m；相邻跨距之差一般不大于 10 m；桥支柱及隧道内跨距根据具体情况一般为 48 m，隧道内附加导线跨距为 24 m 左右。正线直线区段拉出值为±250 mm，曲线区段根据曲线半径及受电弓类型等因素经风偏计算确定，最大拉出值不大于 400 mm。

四、接触悬挂类型、锚段长度、补偿方式及中心锚结

1. 正线接触网采用全补偿弹性链形悬挂，如图 7-2 所示，联络线、正线间渡线、站线、动车段线路采用全补偿简单链形悬挂。

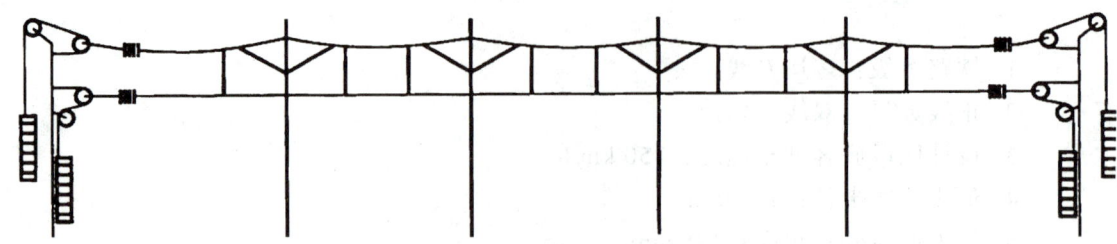

图 7-2 全补偿弹性链形悬挂示意图

客专正线：JTMH120+CTMH150；补偿张力：21 kN+30 kN。

客专站线：JTMH95+CTS120；补偿张力：15 kN+15 kN。

2. 高速区间直线区段的接触网锚段长度不大于 2×700 m，站线锚段不与正线交叉时长度为 2×800 m。正线间的渡线一般单独设置为一个锚段。附加线锚段长度一般不大于 2 000 m。

3. 接触网下锚采用全补偿方式，接触线、承力索分别补偿下锚，在锚段长度小于规定最大锚段长度一半的情况下，一端为补偿下锚，另一端为硬锚。高速区段正线和站线接触网下锚采用棘轮下锚，传动效率≥97%；传动比均为 1∶3。

4. 区间正线一般采用两跨式防窜防断中锚，如图 7-3 所示。

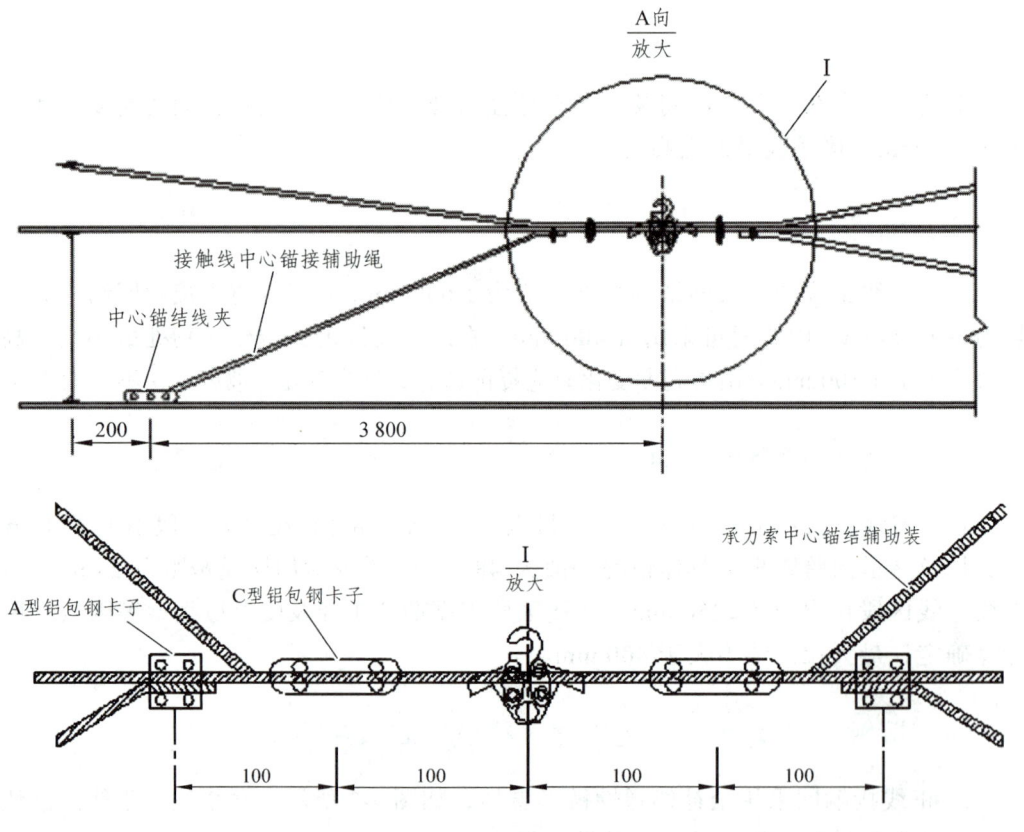

图 7-3 JY-8-02 两跨式中心锚结（单位：mm）

5. 与高速正线相关的道岔采用简单无交叉布置方式。

6. 采用水平腕臂与斜腕臂组成的平腕臂三角形铝合金腕臂结构（图 7-4），承力索座固定承力索。定位装置采用具有限位功能的铝合金定位装置。

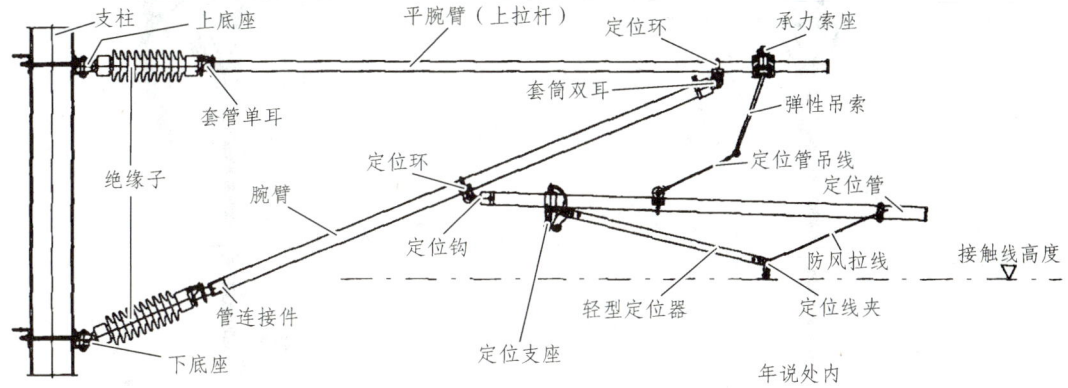

图 7-4　水平腕臂结构示意图

第三节　客运专线接触网各部的组成

客运专线接触网由支柱、绝缘子、腕臂支持、定位装置、吊弦、中心锚结、电连接、弹性吊索、终端锚固、下锚补偿等几个部分的零部件组成。

1. 支柱，如图 7-4 所示。

2. 绝缘子，如图 7-4 所示。

3. 腕臂支持结构，如图 7-5 所示。

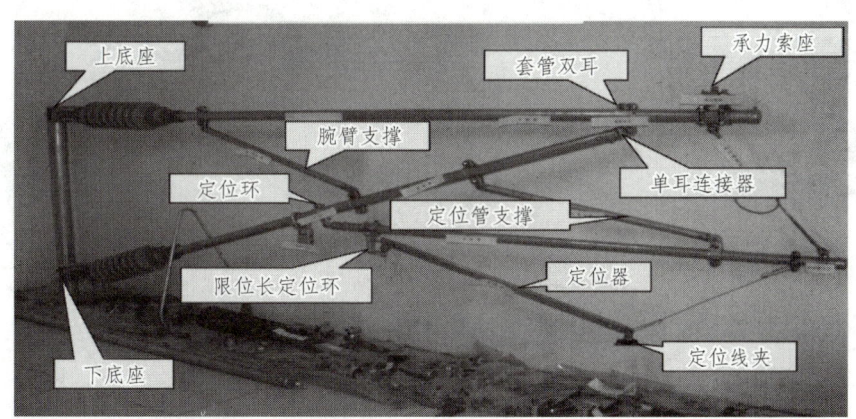

图 7-5　腕臂支持结构

4. 定位装置，如图 7-5 所示。

5. 吊弦装置，分为普通吊弦和载流吊弦，如图 7-6 所示，图 7-7 所示为载流吊弦实物。

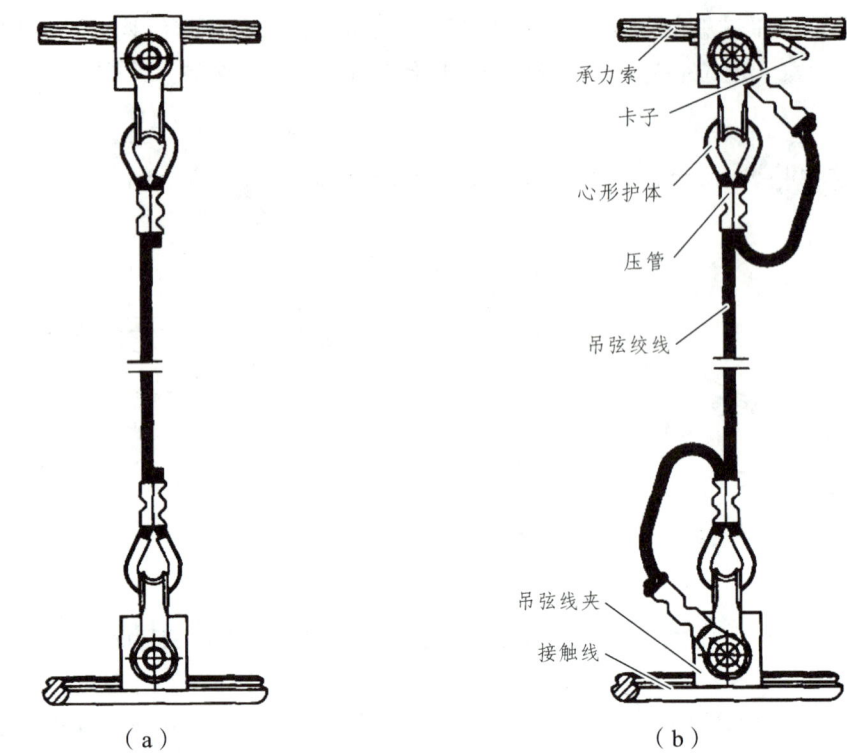

图 7-6 普通吊弦和载流吊弦

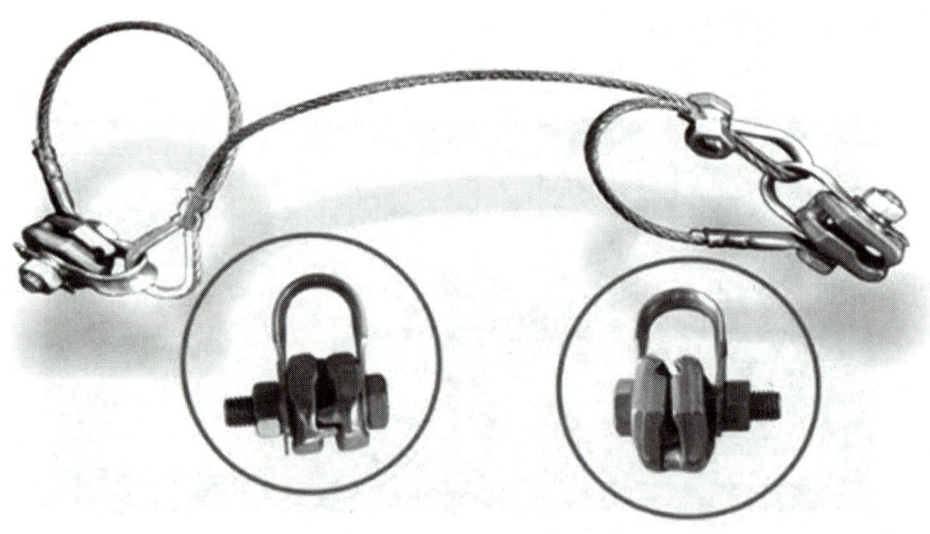

图 7-7 载流吊弦实物

6. 中心锚节装置，如图 7-8 所示为哈大线接触网中采用的两跨式全补偿链形悬挂中心锚结。

7. 电连接装置，如图 7-9 所示为接触网工正在安装接触网电连接装置。

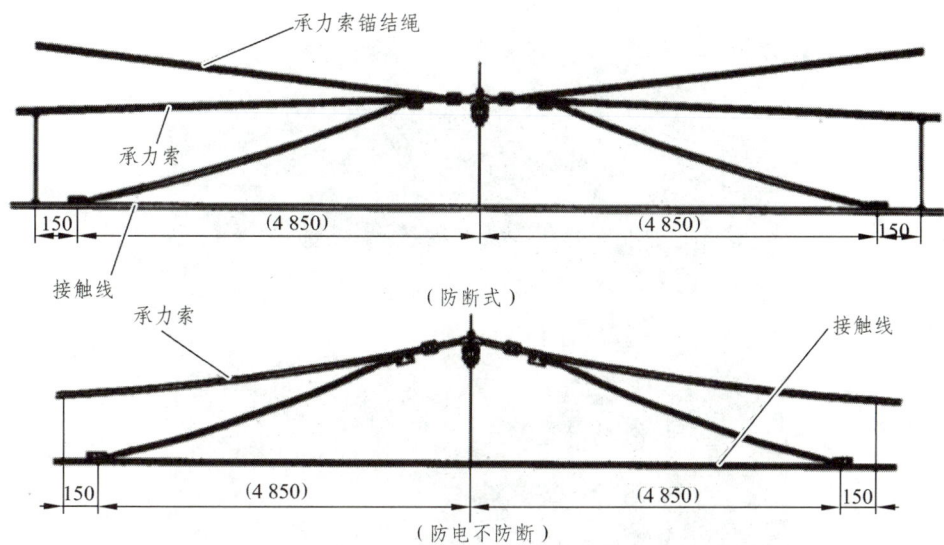

图 7-8 中心锚节装置（单位：mm）

图 7-9 电连接装置

8. 弹性吊索装置如图 7-10 所示。

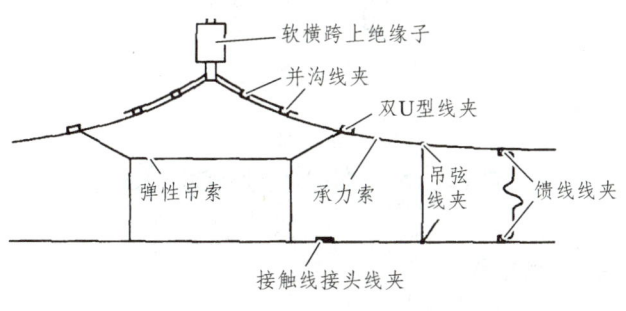

图 7-10 弹性吊索装置

9. 终端锚固装置，如图 7-11 所示为承力索终端锚固线夹。

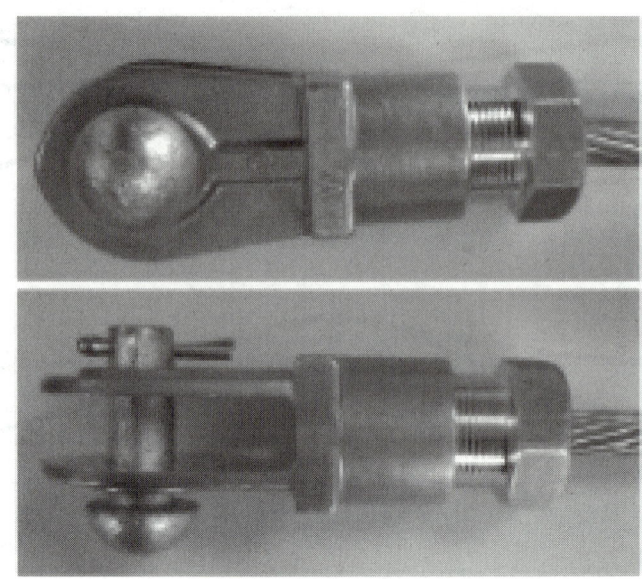

图 7-11　承力索终端锚固线夹

10. 补偿装置，如图 7-12 所示为带铰接杆的组合张力补偿装置。

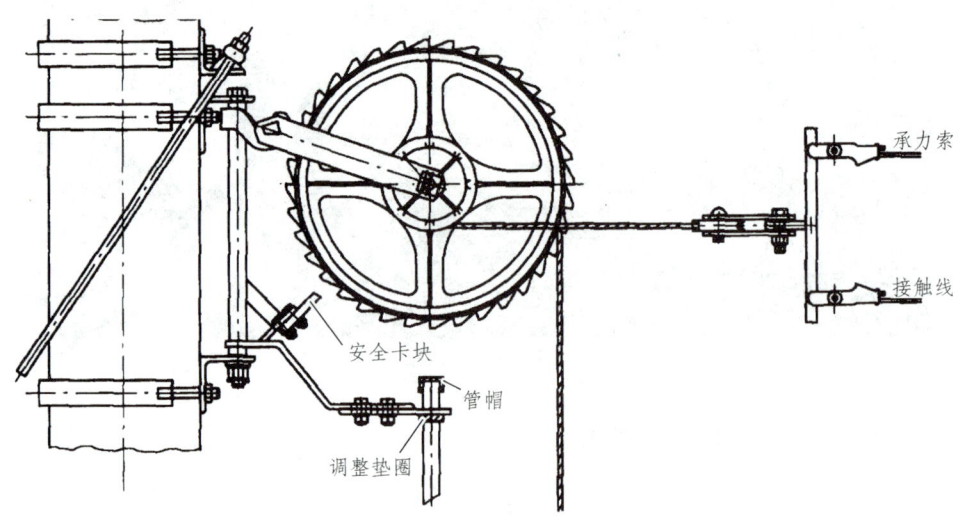

图 7-12　带铰接杆的组合张力补偿装置

第四节　供电分段介绍

一、牵引供电系统组成

牵引供电系统组成如图 7-13 所示。

第七章 接触网

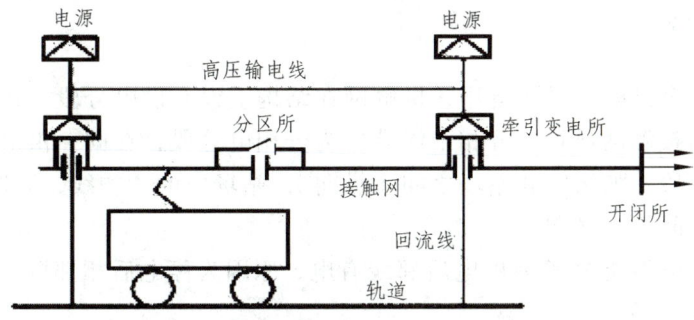

图 7-13　电气化铁道牵引供电系统组成

1. 牵引变电所：将电力系统的 220 kV 降低为 27.5 kV 以单相电馈送给接触网，供电力机车使用。

2. 分区所：设于两个变电所之间，可使相邻的接触网供电区段实现并联或单独工作。

3. 供电臂：由变电所到分区所形成的供电分区。

4. 隔离开关：用于隔离电源、连通或切断电路的器件。（一般设置在分区所内，图 7-13 中电气符号为 ⎯⎯ 。）

5. 分段绝缘器：把接触网分段成单独供电区段的绝缘装置，如图 7-14 所示为棱式分段绝缘器。

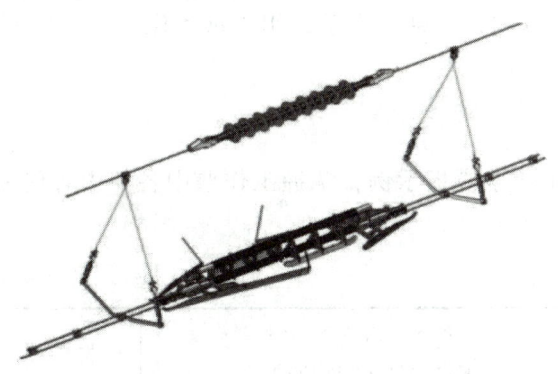

图 7-14　棱式分段绝缘器

6. AT 所：AT 供电方式下存放 AT 变压器的处所，AT 所位置一般如图 7-15 所示。

7. 断路器：开断回路的装置，安放于所内，可以带负荷操作。

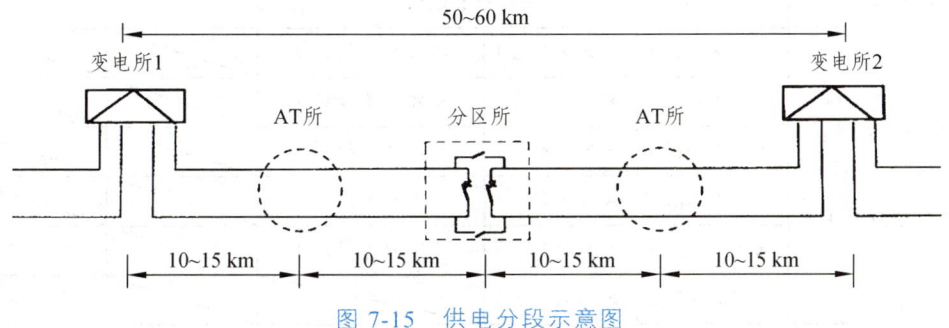

图 7-15　供电分段示意图

二、供电分段

为了保证安全供电和灵活运用，接触网在结构上设有供电分段。在牵引变电所和分区所所在地的接触网设置的分相绝缘装置为分相电分段；在同一供电臂内设置的电分段为同相电分段，如区间和站场之间（纵向），站场内的货物线、装卸线、段管线、枢纽内场与场之间等（横向）。

部分供电分段不能 V 停或停电后邻线有电，原因为停电后相邻区段带电，存在风险，如长春站存车场。

第五节　工作票认知与驻站联络员一次作业流程

一、工作票的基本规定

1. 工作票是进行接触网作业的书面依据，填写时要字迹清楚、正确，须填写内容不得涂改和用铅笔书写。
2. 事故抢修和遇有危及人身或设备安全的紧急情况，作业时可以不签发工作票。
3. 工作票分为三种：接触网第一种工作票，用于停电作业；接触网第二种工作票，用于间接带电作业；接触网第三种工作票，用于远离作业。

二、第一种工作票内容逐项认知

认知图 7-16 所示工作票模板示例，掌握工作票中各项内容代表的含义。

接触网第一种工作票

___×××___接触网工区　　　　　　　　　　第××-××号

作业地点	××~××区间××#~××#（K11+111-K22+222）		发票人	××		
作业内容	接触网关键设备维修		发票时间	2012年11月11日		
工作票有效期	自1111年11月11日11时11分至2222年22月22日22时22分止					
工作领导人	姓名：×××　　安全等级：（≥4）					
作业组成员姓名及安全等级（安全等级写在括号内）	×××（四）	×××（三）	×××（规司）			
	×××（四）	×××（三）	×××（规司）			
	×××（四）	×××（三）	×××（规司）			
	×××（四）	×××（三）	×××（规司）			
	×××（三）	×××（三）	×××（汽司）			
	×××（三）	×××（三）				共计18人

需停电的设备	××牵引变电所×号馈线（××方向）×号馈线（××方向）接触网供电臂停电。
装设接地线的位置	×××至×××区间×××#、×××#（网、回）各1组，共计4组地线。验电时采用声响验电法验电。
作业区防护措施	① ×××站运转室设驻站联络员兼行车防护1名（×××）。×××站运转室、××站运转室各设驻站防护员一名。 ② ×××站登记运统-46封锁×××至××区间。 ③ 作业区段两端800 m各设行车防护员1名。
其他安全措施	① 全体成员按规定配备齐全劳保用品，认真听读工作票、明确各自分工、作业地点、安全措施，备齐合格的工具、材料，有疑问及时提出，坚持安全作业。 ② 驻站联络员、邻站防护员与作业组、电调时刻保持联系，并按要求标画停电揭示牌，防止电力机车进入停电区域。 ③ 监护人、接地线人员做好验电器的自检及有电设备上的试验，确认接地位置、按程序操作，地线不得触及人体，各部连接良好。 ④ 高空作业人员作业时扎好安全带，严禁低挂高用，严防高空坠物。 ⑤ 作业平台升降、转向时严禁人员上下，如需上下平台需征得平台操作人同意。 ⑥ 作业结束，地线全部拆除，确认人员、机具全部撤至安全地带，确保接触网设备良好。方可通知消除停电、封锁命令。
变更作业组成员记录	
工作票结束时间	年　　　月　　　日　　　时　　　分
工作领导人	发票人

图7-16　工作票模板

三、驻站联络员一次作业流程

（一）岗位要求

1. 驻站联络员必须由培训过的在职人员担任，佩戴驻站联络员标志、上岗证，携带无线电、笔、记录纸。

2. 驻站联络员在作业前必须参加工区的安全预想会，掌握现场防护员所处的位置、作业内容、作业区段等情况，与现场防护员和施工负责人统一无线电频道，试验无线电性能良好。

3. 到达行车室时间规定：必须在现场作业人员出发前办理登记手续。

4. 防护期间应随时掌握列车和调车作业动态，及时准确地通过车站时间等信息通知到现场防护员。通知现场负责人及时停止作业、下道避车。

5. 防护期间随时与车站值班员联系，确认控制台信号，严格执行"三确认"制度：

确认现场防护员姓名、确认现场防护员听清、确认现场作业人员及机具下道。必须做到"五勤":勤看控制台(或显示屏)显示,勤与值班员联系,看不清、听不清要勤问,勤向现场防护员传达列车运行情况,勤与现场防护员复诵、核对通话内容。

6. 驻站联络员要坚持岗位,不得脱岗、离岗、串岗。

7. 驻站联络员要随时与现场防护员保持联系,如联系中断时,应立即采取站场广播、手机等方式通知现场防护员通知施工负责人停止作业、下道。空闲时期每 3 min 与现场防护员进行一次联络,现场不应答视为联络中断。

8. 驻站联络员要实时掌握现场作业动态,现场多个作业点作业时,需记录现场防护员移动作业地点、时间等的反馈信息。

9. 驻站联络员工作期间不得与车站值班员、兄弟单位防护员交谈与工作无关的事情,更不能嬉戏、打闹,手机只作为工作联系备用方式,禁止接打与工作无关电话,更不能收发短信。

10. 离开行车室时间规定:确认现场作业人员已离开线路或到达工区后,办理销记手续,方可离开行车室。

(二)一次施工作业流程

1. 参加准备会。
2. 出工前准备。
3. 登记及核对计划。
4. 接收及传递命令(停电)。
5. 作业防护。
6. 销令。
7. 接收及传递命令(送电)。
8. 确认线路正常。
9. 其他事项。

知识链接:《高速铁路技术规则》中供电部分

1. 为保持牵引供电设备良好的技术状态,保证牵引供电系统安全运行,应设供电段等供电维修机构。供电维修机构管辖范围应根据线路及供电设备条件确定。牵引供电设备包括变电设备[变电所、开闭所、分区所、自耦变压器(AT)所]、接触网和运动系统。必须在天窗内进行作业。

2. 牵引供电设备应保证不间断行车的可靠供电。牵引供电能力应与线路的运输能力相适应,满足规定的列车重量、列车密度和运行速度的要求。接触网标称电压值为 25 kV,最高工作电压为 27.5 kV,短时(5 min)最高工作电压为 29 kV,最低工作电压为 20 kV。

3. 供电调度系统应具备对牵引供电、电力设备进行远程实时监控的条件,并纳入调度系统集中统一管理。

4. 接触网的分段、分相设置应考虑检修停电方便和缩小故障停电范围,并充分考虑电力牵引的列车、动车组正常运行和调车作业的需要。分相的位置应避免设在进出站和变坡点区段。双线电气化区段应具备反方向行车条件。负荷开关和电动隔离开关应纳入远动控制。枢纽及较大车站应设开闭所。接触网不得引接非牵引负荷。

5. 牵引供电设备检修、试验和抢修应配备牵引供电安全检测监测系统,变电检测、试验设备,接触网检修、检测设备,接触网抢修车列,绝缘子冲洗设备等设备、设施。

6. 接触网一般采用链型悬挂方式。

7. 接触线距钢轨顶面的高度不超过 6 500 mm;接触线悬挂点高度不宜小于 5 300 mm,接触线最低点高度不小于 5 150 mm,站场和区间接触网的高度应一致。在电气化铁路竣工时,由施工单位在接触网支柱内缘或隧道边墙标出线路的轨面标准线,开通前供电、工务单位要共同复查确认,有砟轨道每年复测一次,复测结果与原轨面标准线误差不得大于±30 mm。特殊情况需调整轨面标准线时,由供电、工务部门共同确认,并经铁路局批准。

8. 接触网带电部分至固定接地物的距离,不小于 300 mm,至机车车辆或装载货物的距离,不小于 350 mm。跨越电气化铁路的各种建(构)筑物与带电部分最小距离,不小于 500 mm。当海拔超过 1 000 m 时,上述数值应按规定相应增加。大风、严寒地区应预留风力、覆冰对绝缘距离影响的安全余量。在接触网支柱及距接触网带电部分 5 000 mm 范围内的金属结构物须接地。天桥及跨线桥跨越接触网的地方,应按规定设置安全栅网。有大型养路机械作业的路基地段,接触网支柱内侧距线路中心距离不小于 3 100 mm。35 kV 及以下的电线路(包括通信线路、广播电视线路等)不得跨越接触网,应由地下穿过铁路。接触网支柱不应附挂通信、有线电视等非供电线路设施,特殊情况需附挂时,应经铁路总公司批准。

9. 为保证人身安全,除专业人员执行有关规定外,其他人员(包括所携带的物件)与牵引供电设备带电部分的距离,不得小于 2 000 mm。在设有接触网的线路上,严禁攀登车顶及在车辆装载的货物之上作业;如确需作业时,须在指定的线路上,将接触网停电接地并采取安全防护措施后,方准进行。双线电气化铁路实行 V 形天窗作业时,为确保人身安全,应在设备、机具、照明、作业组织等方面采取相应措施。

第三部分 高速铁路工电供专业实作

第八章　工务工具仪器使用

第一节　电子轨距尺的使用

一、轨距尺功能介绍

DGJC 系列铁路数显轨距尺，专门用于轨道线路、道岔几何状态检测，它运用了目前世界上最先进的传感技术和优化的数据处理算法，能对铁路线路、道岔的超高和轨距进行精确测量，能运用计算机综合数据处理技术，对线路质量进行科学有效管理。

（一）轨距尺功能与特点

1. 测量标准轨距线路轨道的超高和轨距，测量各类道岔的轨距和超高、查照间隔、护背距离。

2. 测量准确度：

0 级，测量允许速度不大于 350 km/h 的线路；

1 级，测量允许速度不大于 250 km/h 的线路。

3. OLED 汉字显示，菜单提示，清晰直观。

4. 辅助功能：具备轨距最小值辅助判断功能、线路维修时目标值设定功能。

5. 标定、校准过程自动快捷，操作简单。

（二）专用锂电池充电器

ATC-2 型（5 V/1 A），可为单台轨距尺充电，充电时间约 5 h。

（三）主要技术指标

1. 轨距测量范围：1 410 ~ 1 470 mm。

2. 超高测量范围：－185 ~ +185 mm。

3. 测量准确度等级：DGJC-C 型为 0 级，DGJC-A 型为 1 级。

4. 工作温度：－30 ~ +55 ℃。

5. 尺体：长度为 1 600 mm，质量约 3.0 kg。

6. 电源：大容量内置锂电池，可连续工作 6 个工作日。

二、轨距尺的操作

（一）操作界面（图 8-1）

图 8-1 轨距尺操作界面

注：（1）显示屏中，数字"99%"代表剩余存储空间。

（2）提手尺的提手左侧有一个便捷存储键，功能与存储键相同。

（3）充电、USB 接口在固定侧头端，使用时打开灰色硅胶盖。

（二）开关机操作（图 8-2）

1. 开机或关机，请按住【电源】键 2 s，此后将有"滴"的一声短音提示。

2. 轨距尺开机首先显示安通商标、软件版本等信息，2 s 之后进入测量显示状态，显示当前状态的轨距和超高值，如图 8-3 所示。

图 8-2 开机或关机

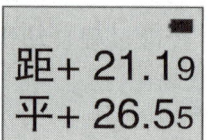

图 8-3 测量显示

（三）左右股切换操作

1. 若基准股在活动测头端，选择左股；若基准股在固定测头端，则选择右股。

2. 开机时每按一次【左/右】键，如图 8-4 所示，自动在左或右股之间切换，此时显示超高值的符号也随之改变并有声音提示。

图 8-4 左右股切换操作

（四）查照间隔测量/护背距离测量

1. 轨距尺在测量显示状态下，按【查/护】键一次或下键三次可进入道岔查照/护背间隔（距离）测量状态，同时查照测量值与护背测量值在同屏上下同时显示，如图 8-5 所示。

2. 按【查/护】键或【▼】键在标准轨距、偏差、查护、最小值间切换。

（五）目标值提示

在线路维修时，若轨距和超高值需要调整，可以输入调整的目标值。具体操作如下，在测量显示状态下，同时按【设定】键和【加尺】键 1 s 以上，进入目标值设定状态，如图 8-6 所示。

 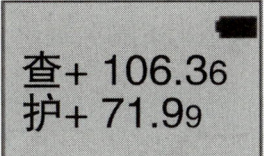 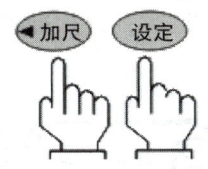 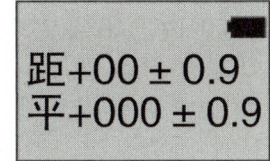

图 8-5　查照间隔测量/护背距离测量　　　　图 8-6　目标值设定状态

第二节　常用作业工具的使用方法及安全注意事项

一、液压起道器

（一）液压起道器概述

GQD-118 型轨枕板液压起道器用于铁路线路轨枕板地段养护维修作业，适用于 60 kg/m 以上钢轨（包括 60 kg/m 钢轨），如图 8-7 所示。在垫板作业和垫砂作业时，均可使本机起道，但垫砂作业时要和吹砂机配合作用。[手工垫砂时不宜使用本机，应使用 GQD（X）A 型轨枕板（下垫）液压起道器，它的起道高度可达到 220 mm。]

本机在完成垫砂作业时是用抬起钢轨来带动轨枕板上升，所以特别适用在铁路隧道内使用。

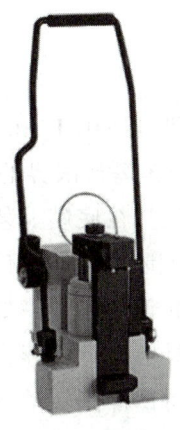

（二）主要技术参数

1. 最大起道力：118 kN（12 t）。
2. 起道钩最大升程：85 mm。

图 8-7　GQD-118 型液压起道器

3. 手柄往复一次平均升程：6.5 mm。

4. 手柄最大操作力矩：430 N·m。

5. 液压油型号：15 号机械油。

6. 质量（不包括手柄）：20.5 kg。

7. 外形尺寸（长×宽×高）：520 mm×190 mm×220 mm。

（三）使用方法（图 8-8）

垫板作业时，将本机具放在两块轨枕之间空隙处（即作业点），起道钩伸入轨底，并靠紧轨侧，将垫块放在起道钩和轨头之间。拧松靠近作业点的每边 2~3 块轨枕板的压紧螺母。作业时，首先按顺时针方向拧紧机具上的回油阀，然后将手柄插入摇把孔内，摇动手柄，起道钩上升将钢轨抬高，进行垫板作业。（注意：限位销应在限位板框出的范围内。）作业完毕后逆时针拧松回油阀，起道钩下降。

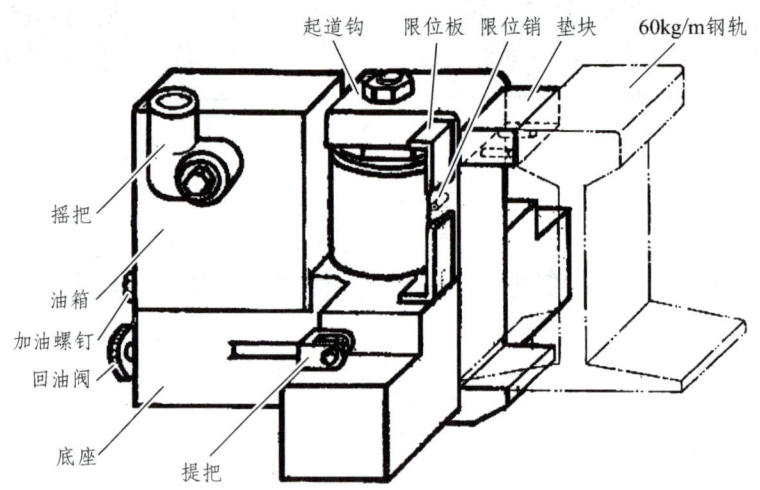

图 8-8 GQD-118 型液压起道器使用方法

（四）使用注意事项

1. 本机具适用于 60 kg/m 以上钢轨（包括 60 kg/m 钢轨），放在钢轨外侧，适用于不侵入列车运行限界的情况，所以除封线作业外，禁止在钢轨内侧使用。

2. 本机具在底座上装有限位板，在起道钩上装有限位销。起道时限位销应在限位板允许的范围内活动，不得超高，否则将损坏机具。

3. 在起道过程中，如遇机车驶来，应立即旋松回油阀，将起道器下道。

4. 机具应注意保养，使用时勿乱摔，以免损坏机件。

5. 保持回油阀转动灵活，起道时回油阀一般用手拧紧即可，不可用力敲击。

6. 机内溢流阀的卸荷压力，出厂前已校验好，拆卸时切勿任意调整，如发生变动，应在压力机下重新校验。

（五）常见故障及排除方法

1. 空泵现象：首先检查油箱内是否缺油，多数原因是液压系统中混有空气，排除空气的方法是先将油缸内的活塞杆升高，然后松开加油螺钉，将活塞杆复位至最低点即可将空气排除，空泵现象也即消失。

2. 撅动手柄时活塞杆不上升或上升很慢：一种可能是回油阀杆没拧紧，应按顺时针方向拧紧回油阀杆；另一种可能是吸油阀孔口处有污物，使该处钢球密封不良，撅动手柄多次可消除吸油阀孔口污物。若此法不能清除，拆下柱塞泵检查。

3. 在起道作业中当停止撅动手柄时，活塞杆下降：这是因为止回阀孔口处有污物，造成该处钢球密封失效，不能起"止回"的作用。解决的方法同上。

4. 如果撅动手柄时，不能产生高压，经检查无其他故障时，则可能是柱塞泵内的O形密封圈（21 mm×3.1 mm）或尼龙挡圈（21 mm×16 mm×1.5 mm）长期使用后磨损或损坏。这时可拔出柱塞，更换泵壳内的O形密封圈或尼龙挡圈。

二、KON-RBL 钢筋探测仪（图 8-9）

（一）技术指标

1. 钢筋直径适用范围：ϕ6 ~ ϕ50 mm。
2. 保护层厚度测量范围：0 ~ 100 mm。
3. 测定准确度：0 ~ 39 mm，误差±1 mm。

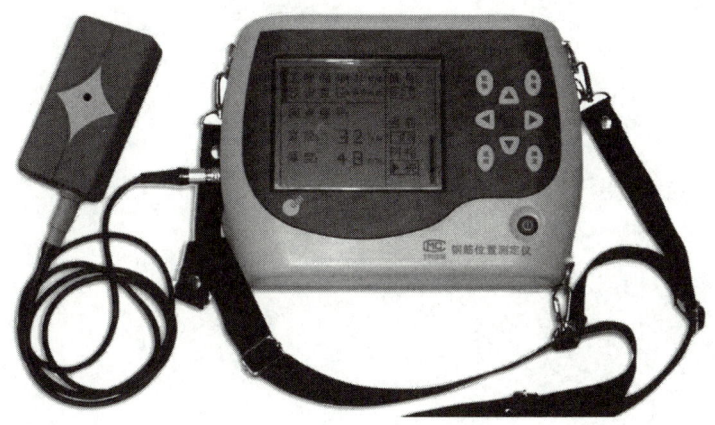

图 8-9　KON-RBL 钢筋探测仪

（二）工作环境

1. 环境温度：－10 ~ 40 ℃。
2. 相对湿度：<90%RH。
3. 电磁干扰无强交变电磁场。
4. 不能长时间阳光直射。

（三）操作方法

1. 钢筋保护层厚度检验的结构部位，应由监理（建设）、施工等各方根据结构构件的重要性共同选定。

2. 开机画面显示统计测量画图，输入数据编号及被测钢筋的设计直径。

3. 选择一个起始点，将探头放置在被检测体表面，沿钢筋走向的垂直方向均匀速移动探头，速度应小于 40 mm/s。

4. 当探头到达被测钢筋正上方时，仪器发出鸣声，同时观察画面"当前值"，出现最小值时即是钢筋的准确位置，此时按"存储"键将检测结果存入当前设置的数据编号中。

5. 重复 4 检测。对梁类构件，应对全部纵向受力钢筋保护层厚度进行检验；对板类构件，应抽取不少于 6 根钢筋保护层厚度进行检验。

6. 做好原始记录及仪器设备使用记录。

（四）注意事项

1. 每检测一次构件重新输入数据编号时，系统自动重新校正探头，此时应把探头拿到空中或远离金属等导磁介质。

2. 测量表面要尽量平整，以提高测量精度。

3. 测量过程尽量保持匀速移动探头，速度不应大于 40 mm/s。

4. 如果连续时间较长，应每隔 10 min 左右将探头拿到空气中远离钢筋，按"确定"键复位一次。

第九章 线路、桥隧作业

第一节 无砟轨道线路高低调整作业（CRTS I 型）

一、作业条件

1. 天窗条件：必须在天窗内作业。
2. 气候条件：作业轨温不得超过无缝线路作业轨温条件。

二、作业准备

1. 人员准备：作业人员不得少于 5 人。
2. 机具、工具准备：液压起道器（图 9-1）、扭力矩扳手（图 9-2）、丁字扳手（图 9-3）、电动扳手、电子轨距尺、弦线（图 9-4）、弦绳、石笔等。

图 9-1　液压起道器

图 9-2　扭力矩扳手

图 9-3　丁字扳手

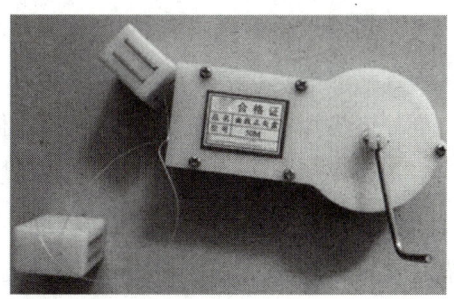

图 9-4　弦线

三、作业流程

（一）作业程序

1. 作业准备。

（1）对不良处所反复动态添乘，确定病害准确里程。

（2）对不良处所使用轨道测量仪测量，道岔还要进行工电联合检查。

（3）结合动态检查数据和静态检查数据，制订整治方案，按照调整值的大小，经逐级审批后方可实施。

（4）使用轨温计测量轨温。

2. 标注与确认工作量。

（1）现场标注。用电子轨距尺，测出现场方案中需要调整区段的每根轨枕未动道前的轨距、水平，写在轨底上。

高低写在轨顶上："+"为调高，"-"为调低。高低方案的调整，要求用 10 m 弦线对高低进行检测，要求弦线绷紧，一根枕一量，读数要求准确并将数据标注在外侧钢轨轨底上，以便核对确认。

（2）复查确认。要求作业负责人对调整方案进行现场实际核对、确认，核对调整量与现场实际状态一致或趋势相同方可动道；如不相符，需要负责人对方案或现场数据进行分析，找出问题所在；不能找出原因的，需请示上级部门或重新安排测量，严禁作业负责人擅自动道。

（3）现场计算。调整水平、高低作业前，必须根据未动道前的水平、高低与记录在钢轨面上的调整量进行计算，把调整后的理论水平计算出来，看是否符合标准（每 2 根轨枕间水平差不得大于 0.3 mm，6.25 m 之内水平三角坑不得大于 1 mm，严禁出现正负水平交替情况）。

3. 上道作业。

（1）钢轨松开扣件不连续超过 6 个。

（2）起道：根据调整量值、作业方便情况，适量起道。起道时注意放平起道机，位置适宜，起道机严禁放在焊缝处起道。

（3）垫垫片：更换轨下垫板和轨下微调垫板作业时必须同步清扫承轨台上的污染物，再根据调查工作量结合调准之前现场的垫片情况，在调高量不大于 6 mm 情况下，适时加减垫片。将微调垫片垫在铁垫板与橡胶垫板之间，不能直接垫在钢轨轨底，每头垫片数量不超过 2 块（0.5 mm 除外，但不能超过 1 块）；调高量超过 6 mm 时，使用调高垫板实施调准，要求垫在铁垫板下；做好 0.5 mm 级别调整过渡，避免垫片地段前后递减不顺。

（4）抽垫片：轨道高程调低采用抽换绝缘缓冲垫板形式实现，先将 6 mm 标准绝缘缓冲垫板换成 2 mm 规格，再根据调低量与轨下调高垫板组合使用。

（5）拧紧扣件：垫片（抽）垫好后立即拧紧扣件，要求复测水平、轨距符合标准，检查扣件密贴、落槽到位，扣件扭力矩达到 100~140 N·m。

（6）对抽换出来的垫片进行分类整理，循环使用。

（二）验收

由作业负责人组织对作业后的线岔进行回检，不符合要求的及时整改，确保作业后的线路达标。复检的数据，将原标注数据擦除后，写在轨底上。

四、质量控制要点

轨道几何状态允许误差符合：

1. 轨距调整标准范围是 0~+1 mm，轨距递减率不大于 0.3‰。

2. 10 m 范围内高低最大矢度值不得大于 1 mm，30 m 范围内高低最大矢度值不得大于 2 mm；10 m 范围内水平相差不得大于 0.5 mm；6.25 m 范围内扭曲不得大于 1 mm。

3. 曲线保持圆顺，不得出现正矢"+""-"相间。缓和曲线和圆曲线实测正矢与计算正矢差不大于 0.5 mm（20 m 弦），圆曲线正矢连续差不大于 1 mm（20 m 弦），圆曲线最大最小正矢差不大于 2 mm（20 m 弦）。

4. 联结零件钢轨扣件齐全，组合正确，作用良好，缺少时应及时补充。使用扭矩扳手检测 T 形螺栓扭矩时，W1 型弹条为 100~140 N·m，X2 型弹条为 70~90 N·m。锚固螺栓扭矩为 300~350 N·m。

5. 各垫板的厚度、层数符合技术标准规定。

6. 作业人员作业完毕，按照料具登记表进行核对，确认无遗漏，所有作业人员撤离出网外，由作业负责人申请销记。

五、安全控制要点

1. 按照分工机具与人一体化原则，确保定人机绑定负责制，并对照料具登记表进行签认。

2. 作业负责人或指定专人作业区段进行检查，确认无料具遗漏方可撤离。

3. 下道后，由作业负责人或指定专人，核对料具登记表，并进行再确认。

4. 无缝线路作业必须遵守作业轨温条件。

5. 当机具发生漏油时，应立即停止作业并及时将洒漏的油脂进行处理，对遗洒在钢轨轨面上的油脂必须擦除。

6. 钢轨顶面严禁涂抹油脂，如有黏着必须擦拭干净。

第二节　无砟轨道线路改道作业（CRTS I 型）

一、作业条件

1. 天窗条件：必须在天窗内作业。
2. 气候条件：作业轨温不得超过无缝线路作业轨温条件。

二、作业准备

1. 人员准备：作业人员不得少于 5 人。
2. 机具、工具准备：电子轨距尺（图 9-5）、扭力矩扳手、丁字扳手、电动扳手（图 9-6）、弦绳、撬棍、改道器、小撬棍、弦线、石笔、照明灯具等。

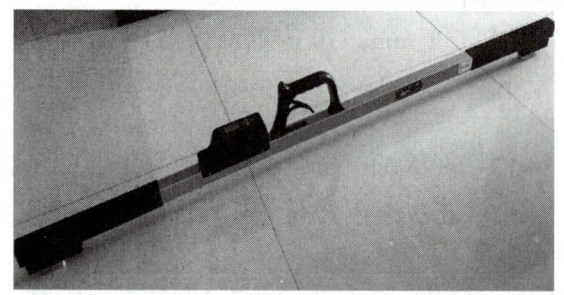

图 9-5　电子轨距尺

图 9-6　电动扳手

三、作业流程

（一）核对数据

1. 对不良处所动态反复添乘，确定病害准确里程。
2. 对不良处所使用轨道测量仪测量（道岔还要进行工电联合检查，检查包括框架尺寸、支距尺寸、动程、开程是否符合规定，尖轨与基本轨是否密贴，各部联结螺栓是否松动、失效）。
3. 结合动态数据和静态检查数据，制订整治方案，按照调整值的大小，经逐级审批后方可实施。
4. 测量轨温，超温不准作业。

（二）基准股的选定

在曲线地段以上股为基准股，直线地段选择与前方曲线上股或道岔内直股同侧钢轨为基准股。

（三）调准基准股

1. 现场标注。顺里程增大方向，用电子轨距尺测出现场方案中需要调准区段的每根轨枕未动道前的轨距、水平（写在轨底上）。根据轨道测量仪检测资料作出的作业方案，在基准股轨底上标注调整量，用箭头注明调整方向，"+"向右，"-"向左。要求用 30 m 弦线对方向进行检测，要求弦线绷紧，一根枕一量，读数要求准确并将数据标注在钢轨上，以便核对确认。

2. 复查确认。要求作业负责人对调整方案进行现场实际核对、确认，核对调准量与现场实际状态一致或趋势相同方可动道；如不相符，需要负责人对方案或现场数据进行分析，找出问题所在；不能找出原因的，需请示上级部门或重新安排测量，严禁作业负责人擅自动道。

3. 现场计算。调整平面作业前，必须根据未动道前的轨距与记录在钢轨面上的调整量进行计算，把调整后的理论轨距计算出来，看是否符合标准（轨距标准范围是 0~-1 mm，相邻轨枕间轨向递变率≤0.3 mm）。

4. 工作量确定。根据作业方案中的调准量，对作业区段划撬，复查确认。

5. 松扣件：钢轨松开扣件不连续超过 9 个（应符合作业轨温条件）。

6. 清除板上脏污，更换失效胶垫。

7. 上扣件，拧紧扣件，确保扭力矩达标。

（四）调整对面股轨距

1. 用轨距尺重新测量轨距，确定对面股轨距的调整量，同时与测量方案进行校核。
2. 采用调整标准股的方法调整，调整轨距，上紧扣件，并使扣件扭力矩达到作业要求。
3. 调整好轨距递减率和其他不密扣件。
4. 复拧锚固螺栓（扭力矩为 300~350 N·m）。

（五）作业回检

作业后，对作业区段进行检查，要求每根枕一量。调整后轨距与理论值误差标准 ≤0.2 mm，如超出标准或不达标，应重新作业直至符合标准。

四、质量控制要点

1. 轨道几何状态应符合：
（1）轨距调整标准范围是 0~+1 mm，轨距递减率不大于 0.3‰。
（2）10 m 范围内方向不大于 0.5 mm，且 20 m 范围内不得有反弯。
（3）曲线保持圆顺，不得出现正矢"+""-"交替。缓和曲线和圆曲线实测正矢与计算正矢差不大于 0.5 mm（20 m 弦），圆曲线正矢连续差不大于 1 mm（20 m 弦），圆曲线最大最小正矢差不大于 2 mm（20 m 弦）。

2. 扣件"三不密"状态不超过 0.5 mm。

3. 扣件、胶垫位置正确，无歪斜、无串出。

4. 扣件应经常保持零件齐全，位置正确，作用良好，缺少时应及时补充。安装应符合扣件组装标准，弹条扣件扭矩达标。使用扭矩扳手检测 T 形螺栓扭矩时，W1 型弹条为 100~140 N·m，X2 型弹条为 70~90 N·m。锚固螺栓扭矩为 300~350 N·m。

5. 由于改道引起的其他作业项目必须达到整修标准。

五、安全控制要点

1. 按照机具与人一体化原则，确保定人机绑定负责制，并对照料具登记表进行签认。

2. 由作业负责人或指定专人作业区段进行检查，确认无料具遗漏方可撤离。

3. 下道后，由作业负责人或指定专人，核对料具登记表，并进行再确认。

4. 无缝线路作业必须遵守作业轨温条件。

5. 当机具发生漏油时，应立即停止作业并及时将洒漏的油脂进行处理，对遗洒在钢轨轨面上的油脂必须擦除。

6. 钢轨顶面严禁涂抹油脂，如有黏着必须擦拭干净。

第三节　道岔巡视检查作业指导书

一、作业条件

天窗条件：必须在天窗内进行作业。

二、作业准备

1. 人员准备：作业人员不得少于 3 人。

2. 料具准备：扭力矩扳手、单口扳手、活口扳手、钢板尺、塞尺（图 9-7）、钳子、石笔、短路铜线（图 9-8）、照明灯具、开口销等。

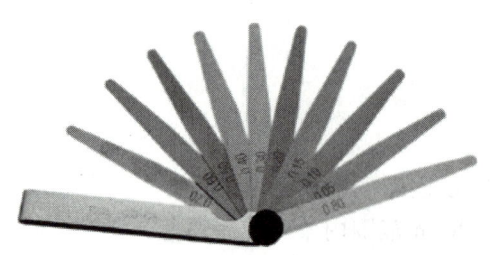

图 9-7　塞尺

图 9-8　磁吸式短路铜线

三、作业流程

（一）道岔结构检查

1. 检查道岔直股。

两名检查人员每人一股对道岔直股进行检查。检查内容包括：尖轨、心轨部分是否存在异物；防跳轮、辊轮螺栓、开口销、尖轨、心轨顶铁螺栓及开口销、限位器及螺栓、长短心轨横向联结螺栓、翼轨间隔铁、支距扣板及连接螺栓、心轨间隔铁、支距扣板及联结螺栓、轨撑螺栓、护轨螺栓，尖轨、心轨、翼轨、母材及焊缝伤损处所钢轨件状态是否良好；绝缘状态（岔前、后）、夹板处螺栓绝缘状态是否良好。

2. 检查道岔曲股。

两名检查人员在检查直股后对道岔曲股进行检查，检查内容同上。

注意：重点对连接长短心轨前两位横螺栓、单/双边扣板竖螺栓、辊轮状态、防跳器状态进行检查。

（二）道岔结构检查走行线路（图9-9）

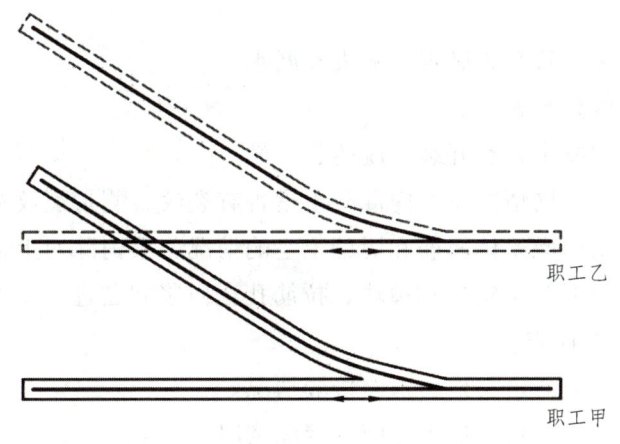

图9-9 道岔结构检查走行线路

四、质量控制要点

对检查的线路、道岔进行抽查，不符合要求的及时整改，确保检查质量达标。

第四节　桥隧作业

一、混凝土箱梁和疏散通道检查

（一）高速铁路桥梁的主要结构形式

双线简支箱梁、预应力混凝土连续箱梁、钢混结合梁、钢箱叠拱。

(二)桥梁主体结构检查

1. 墩台检查。

(1)检查墩台是否存在下沉、倾斜、滑动。(测量)

(2)检查墩台混凝土是否有裂缝、麻面孔洞,是否存在露筋问题。

(3)空心墩台检查墩、台是否积水,是否冻胀裂损,是否存在裂缝,内外裂缝是否贯通。

(4)检查桥台护锥砌体灰缝是否缺损、开裂、下沉变形,土体陷穴、盲沟排水情况等。

(5)检查墩帽托盘有无冻裂现象。

(6)检查墩身排水管是否有脱落、松动、损坏现象。

(7)检查墩身围栏、吊篮是否锈蚀、开焊、断裂,步行板是否损坏、开裂等。

(8)检查行洪桥有无水标尺,水标尺是否稳固、标示是否清晰。

(9)对有冲刷的桥墩周围局部冲刷的深度及基底掏空程度进行检查。

(10)冬季和春融时期检查墩台水位变化部位冻害和腐蚀情况。

2. 箱梁内检查。

(1)检查梁内排水管是否破损、缺失和漏水。

(2)检查箱梁内是否积水。

(3)检查封锚混凝土是否开裂、脱落、空鼓。

(4)检查吊装孔封堵情况及梁内混凝土是否有裂纹、测量裂纹宽度。

(5)检查连续梁的墩梁体露筋和混凝土空响情况。梁内除对上述项点检查外,还需对锯齿形上下封锚混凝土空响和掉块、拉筋孔泛白浆问题进行检查等。

3. 桥梁救援通道检查。

(1)检查救援疏散通道与地面道路接驳情况。

(2)检查平台顶面与桥面遮板之间的缝隙情况。

(3)检查栏杆、安全防护罩是否锈蚀、损坏。

(4)检查围墙墙体是否有裂缝、变形,排水管是否堵塞。

(5)检查栏杆、边框钢管与梯板连接是否牢固。

(6)检查门锁、插销是否损坏、缺失。

二、支座及防落挡块检查

1. 检查支座上下锚栓是否缺少、松动、弯曲、断裂,检查螺纹是否锈蚀。

2. 检查顶板和梁底、底板和支撑垫石间是否有缝隙,是否存在三条腿现象;检查支撑垫石是否平整,是否开裂压碎;检查支座各部位是否完好。

3. 检查支座钢件是否锈蚀、裂纹、脱焊等。

4. 检查聚四氟乙烯板是否脱出、磨损，检查凸出中间钢衬板高度、外露摩擦面状态。

5. 检查支座是否位移、转角是否超限。

6. 检查支座防尘罩是否损坏、丢失。

7. 检查临时连接是否拆除或割断。

8. 检查防落梁挡块与支撑垫石之间空隙。

9. 检查活动支座旁防落梁挡块与支撑垫石、墩台顶面是否顶死，若发现存在顶死现象，应记录位置，制订计划对该挡块进行处理。（注：活动支座还应记录支座形式。）

10. 检查挡块及螺栓是否松动、损坏、丢失、锈蚀等。

三、桥面检查

桥面设备检查要在天窗内进行，进出网必须按标准执行"双报告、三方控"。

1. 检查桥面防水层是否有破损、开裂和起鼓现象，发现有防水层起鼓破损处所，立即用扫帚和铁锹将起鼓防水层清理干净。

2. 检查桥面是否存在积水现象。

3. 检查泄水孔是否堵塞、漏水、管盖是否丢失等。

4. 检查梁端止水带是否脱落、破损、堵塞、漏水等，有砟轨道梁缝挡板是否脱落、盖板是否脱出。

5. 检查桥面人行道栏杆是否松动、裂损、掉块、开裂，栏片是否脱槽，连接处是否脱落，栏杆螺栓是否松动、缺少、锈蚀等。

6. 检查防护墙是否开裂、掉块。

7. 检查底座板是否存在风化、掉块现象。

四、隧道衬砌、洞口、缓冲结构、防排水设施检查

隧道设备检查项目：

1. 衬砌裂缝、风化、腐蚀、压溃、剥落、掉块情况（可使用分格、安设测标检查）。

2. 衬砌、施工缝、变形缝漏水、涌水、渗水、结冰情况（查明水源、测量流量、水温，必要时化验水质）。

3. 道床基底沉陷情况。

4. 道床与水沟边墙交界处、中心水沟部位的裂缝、变形、错台等情况。

5. 施工缝、变形缝部位的裂缝、变形、错台等情况。

6. 隧道内排水设施、出入口天沟、吊沟、截水沟排水和淤积情况。

7. 洞口边仰坡崩塌落石、滑坡，边坡防护设施损坏情况。

8. 偏压隧道或明洞的山体滑动情况，明洞顶填土厚度和坡度。

9. 洞顶防排水设施损坏情况，有无泄水漏斗。

10. 沟槽盖板损坏、缺少、翘动、大缝隙等情况。

11. 双洞隧道横通道、设备洞、预留洞状态，横通道内防护门状态。

五、周边环境及其防护设施检查

（一）铁路"三界"——安保区、铁路地界、限界

《铁路安全管理条例》第二十七条规定：铁路线路两侧应当设立铁路线路安全保护区。铁路线路安全保护区的范围，从铁路线路路堤坡脚、路堑坡顶或者铁路桥梁（含铁路、道路两用桥，下同）外侧起向外的距离分别为：

1. 城市市区高速铁路为 10 m，其他铁路为 8 m。
2. 城市郊区居民居住区高速铁路为 12 m，其他铁路为 10 m。
3. 村镇居民居住区高速铁路为 15 m，其他铁路为 12 m。
4. 其他地区高速铁路为 20 m，其他铁路为 15 m。

（二）安全防护设备设施检查

1. 检查封闭栅栏，包括混凝土封闭栅栏、金属网片封闭栅栏、异型金属网片封闭栅栏、Y 形加高防爬网、和刺线封闭栅栏等。

2. 检查安全保护区标桩（A、B 桩），如图 9-10 所示。

保证保护区标桩字迹清晰，符合设计要求，基础埋设牢固，台账准确。对损坏的保护区标桩要及时修补、更换。

安全保护区 A 桩

安全保护区 B 桩

图 9-10 安全保护区桩

(三)铁路运输安全环境管理

1. 检查在所辖铁路线路保护区内是否违法建造建筑物、构筑物等设施;是否违法进行取土、挖沙、采空作业或者堆放、悬挂物品。是否违法在铁路线路保护区内烧荒、放养牲畜、种植影响铁路线路安全和行车瞭望的树木等植物;是否向铁路线路安全保护区排污、倾倒垃圾以及其他危害铁路安全的物质。

2. 检查在铁路线路安全保护区内既有的建筑物、构筑物是否危及铁路运输安全。检查在铁路线路安全保护区及其邻近区域建造或者设置的建筑物、构筑物、设备等,是否有进入国家规定的铁路建筑限界的问题。

3. 检查在铁路线路两侧路堤坡脚、路堑坡顶、铁路桥梁外侧起向外各 1 000 m 范围内是否有违法进行露天采矿、采石或爆破作业。

4. 检查在铁路线路两侧建造、设立生产、加工、储存或者销售易燃、易爆或者放射性物品等危险物品的场所、仓库,是否符合国家标准、行业标准规定的安全防护距离。

5. 检查是否有擅自在铁路桥梁跨越处河道上、下游各 1 000 m 范围内围垦造田、拦河筑坝、架设浮桥或者修建其他影响铁路桥梁安全的设施。

6. 检查在高速铁路线路路堤坡脚、路堑坡顶或者铁路桥梁外侧起向外各 200 m 范围内是否有违规抽取地下水的行为。

7. 检查铁路道口警示标志、路段标线是否齐全有效;行人机动车是否正确履行通行规则。

8. 检查在铁路安全保护区内的道路和铁路路堑上的道路、公跨铁立交桥,其道路经营企业是否设置防止车辆以及其他物体进入、坠入铁路线路的安全防护设施和警示标志;道路管理部门或道路经营企业是否进行维护、管理。

9. 检查在电气化铁路附近从事排放粉尘、烟尘及腐蚀性气体的生产活动,是否有超过国家规定的排放标准,危及铁路运输安全的情况。

10. 检查是否有毁坏铁路线路、站台等设施设备和铁路路基、护坡、排水沟、防护林木、护坡草坪、铁路封闭网及其他铁路防护设施的违法行为。

11. 检查是否有《铁路安全管理条例》第三十八条明确禁止的在铁路桥梁跨越处河道上下游采砂、淘金的行为。

12. 检查是否有未经批准,在铁路桥梁跨越处河道上下游各 500 m 范围内进行疏浚作业。

13. 检查铁路、道路两用桥是否由铁路和道路管理部门或者道路经营企业定期检查、共同维护,保证桥梁处于安全的技术状态。

14. 检查下穿铁路桥梁、涵洞的道路限高、限宽防护架是否按规定设置限高、限宽标志。

15. 检查是否有擅自设置或者拓宽铁路道口、铁路人行过道的情况。

16. 检查是否存在《铁路安全管理条例》第五十二条明确禁止的危及铁路通信、信号设施安全的情况。

17. 检查是否存在《铁路安全管理条例》第五十三条明确禁止的危害电气化铁路设施的行为。

第十章 线路应急处理

第一节 红光带故障处理流程及办法

红光带故障发生的主要原因为钢轨折断引发,此外由于高速铁路防灾系统、作业标准执行等方面也存在引发红光带故障的因素。

一、信息传递

调度指挥中心接到轨道电路红光带——断轨信息后,立即通知设备管理车间,同时报告组长、副组长、工务部调度及相关人员,并按要求启动应急预案。

二、确定区段

由段值班调度及工区应急人员双确认断轨道电路区段、行别及上下道位置。

三、车站登记

通知车站值班员在"《行车设备检查登记簿》电子登销记系统"上登记,登记内容为"申请本线封锁,邻线××km××m 至××km××m 限速 80 km/h 及以下"。登记区段应包含进网网门位置或乘坐动车组下车位置。

四、赶赴现场

应急人员携带防断备品登乘动车组(由段调度统一指挥),同时乘坐汽车赶赴现场。每组应急人员不少于 2 人,其中作业人员 1 人、现场防护员 1 人。

1. 登乘动车组人员接到命令后,立即赶赴车站,到达车站后向段调度报告到达时间、登乘动车组的车次、动车开行时间、动车停车位置及时间等信息。

2. 乘坐汽车人员接到命令后,立即赶赴指定网门,出发前,向段调度报告出发时间,到达网门口原地待命,同时向段调度报告到达的位置及到达时间等信息。

五、现场检查

到达现场后,首先确认行别,然后将防断备品箱放置在轨道电路区段线路一侧的人行道盖板上,检查时,严禁越过本线轨道板的边缘。

1. 登乘动车组应急人员现场检查。接到封锁命令后，执行"双报告、三方控"后，并确认邻线限速 80 km/h 及以下，在路肩侧下车上线检查，若登乘邻线动车组，现场防护员与车站值班员确认邻线无车后再横越线路进行本线检查。

2. 乘坐汽车应急人员现场检查。接到封锁命令后，执行"双报告、三方控"，并确认邻线限速 80 km/h 及以下后，上线检查。若网门在邻线一侧，则现场防护员与车站值班员确认邻线无车后再横越线路进行本线检查。

六、应急处置

现场负责人应在第一时间，将断轨位置、断缝大小报告专业中心，调度指挥中心指挥现场进行处置。

1. 钢轨折断判定标准。

钢轨折断是指发生下列情况之一者：

（1）钢轨全截面断裂。
（2）裂纹贯通整个轨头截面。
（3）裂纹贯通整个轨底截面。
（4）钢轨顶面上有长度大于 30 mm 且深度大于 5 mm 的掉块。

2. 钢轨折断处置方法。

发现钢轨折断时应立即封锁线路，并根据现场情况采取紧急处理、临时处理或永久处理。

（1）紧急处理。当断缝不大于 30 mm 时，可在断缝处上夹板或鼓包夹板（图 10-1），用急救器加固（图 10-2、图 10-3），拧紧断缝前后各 50 m 范围内的扣件，并派专人看守，按不超过 45 km/h 速度放行列车，且邻线限速不超过 160 km/h。

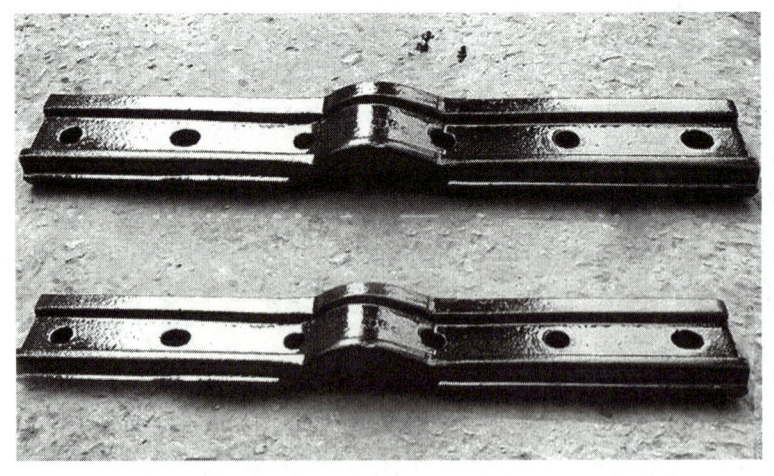

图 10-1　鼓包夹板

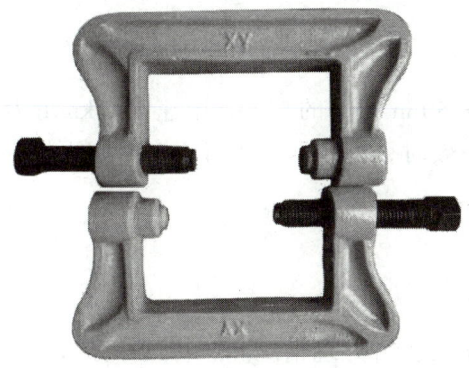 

图 10-2　钢轨急救器　　　　图 10-3　急救器加固钢轨

紧急处置相关工具操作流程：

应急备品：绝缘手套 1 副、绝缘胶鞋 1 双、鱼尾板 1 对、急救器 1 套、专用扳手 2 把、套筒扳手 1 把、卡爪 2 件、螺栓及螺母各 2 件。

流程：作业前穿戴绝缘鞋及绝缘手套→使用砂纸将钢轨上的锈迹除掉→将鱼尾板两边靠近，将钢轨接头夹板扣在断缝两侧→急救器从钢轨底部伸入鱼尾板下部，使急救器分别位于鱼尾板左右两侧位置→将急救器定位卡夹夹到鱼尾板定位凹槽上→使用专用扳手锁紧急救器→使用导接线将两个急救器左右两侧分别连起来，确保钢轨导通。

（2）临时处理。当钢轨折损严重、断缝超过 30 mm 或紧急处理后不能及时进行永久处理时，应切除伤损部分，在两锯口间插入长度不短于 6 m 的同型钢轨，轨端钻孔，安装接头夹板，使用 10.9 级螺栓拧紧，拧紧短轨前后各 50 m 范围内的扣件，按不超过 160 km/h 速度放行列车。

（3）永久处理。对紧急处理或临时处理处所，宜于当日天窗内采用原位焊复或插入短轨焊复处理。进行焊复处理时，应保持无缝线路锁定轨温不变。作业轨温宜低于实际锁定轨温 0～20 ℃。当采用插入短轨焊复时，短轨长度不得小于 20 m。

3．道岔内钢轨折断处置方法。

发现道岔尖轨、基本轨、可动心轨、翼轨折断时应立即封锁线路，进行更换。

（1）紧急处理。

断缝位于尖轨与基本轨、可动心轨与翼轨密贴范围以外，且能加固时，处理办法和放行列车条件同钢轨折断紧急处理。

断缝位于尖轨与基本轨、可动心轨与翼轨密贴范围以外不能加固或断缝位于尖轨与基本轨、可动心轨与翼轨密贴范围内，且直股或曲股之一可单独放行列车时，根据现场实际情况，确定道岔开向，进行紧固，车务加锁（或控制台单锁），视道岔型号和状态确定放行列车速度，但最高不得超过 80 km/h，并派人看守，邻线限速不超过 160 km/h；直股和曲股均不能放行列车时，应进行永久处理。

（2）永久处理。更换尖轨、基本轨或辙叉并焊接，焊接作业要求同钢轨折断永久处理。

4. 胶接绝缘接头拉开处置方法。

胶接绝缘接头拉开时，应立即复紧两端各 50 m 线路的扣件，限速 160 km/h 及以下，并及时进行更换，进行永久处理。绝缘失效时，应立即于当日天窗时间更换，进行永久处理。

七、故障销记

1. 故障处理后，由作业负责人向车站值班员报告处理情况和放行列车条件（需封锁或限速开通线路时，应报告封锁或限速的区间、行别、起止里程、放行列车速度等），并向段调度汇报。

2. 作业负责人确定放行列车条件后，通知车站值班员在"《行车设备检查登记簿》电子登销记系统"内登记。

八、确认出网

抢修结束后，抢修人员应原路返回登乘动车或在抢修就近网门出网，并向车站值班员报告。如网门在本线一侧时，可直接出网；当网门在邻线一侧需要横越线路时，应与车站值班员联系，确认邻线无车后快速跨过邻线出网。

第二节　道岔故障处理

一、现场检查项点

1. 道岔发生红光带：以"钢轨、绝缘、螺栓"三个方面为重点进行检查。道岔发生失表故障应检查：密贴、异物、零配件、尺寸。

（1）钢轨状态。检查该道岔范围内的钢轨是否断轨，具体折断标准参照本章第一节相关标准执行。

（2）绝缘接头状态。绝缘处轨端是否存在肥边导致搭接的情况（图 10-4），是否存在绝缘片挤死的情况，胶结绝缘是否存在拉开、绝缘片折断等情况。

（3）联电情况。道岔各部水平螺栓是否与绝缘有接触现象。

（4）零配件状态。重点检查道岔转换部位水平螺栓状态，因辊轮、防跳轮是否出现超限、松动等情况，检查是否因其他零配件出现松动、脱落情况导致道岔故障。

（5）结构状态。重点检查尖轨尖、可动心轨及竖切部位的密贴情况，道岔转换部位是否有异物导致转换卡阻。

（6）几何尺寸状态。目视道岔内是否出现明显高低、水平超限问题，有砟道岔转换部位岔枕空吊板状态。

图 10-4　轨端肥边

二、道岔故障常见原因及处置方案

1. 因道岔结构病害导致故障的处置。

（1）尖（心）轨背面及基本（翼）轨作用面因钢轨肥边、剥离掉块导致的道岔失表。钢轨肥边引起道岔失表时，使用角向磨光机打磨消除；尖轨背面裂纹未掉块（尖轨背顶面剥离且存在向基本轨方向掉块时）引起道岔失表时，利用垛斧或角向磨光机消除剥离掉块；尖轨、基本轨掉块落在滑床板上影响道岔扳动时，清除掉块。

（2）尖轨、可动心轨部位顶铁螺栓脱落掉在滑床板上导致的道岔失表。立即恢复道岔技术状态并紧固螺栓。

（3）尖轨、可动心轨部位顶铁过硬导致的道岔失表。立即撤除顶铁调整片，无顶铁调整片时撤除顶铁，并打磨处理，以顶铁距离尖轨腹部"≤"和"0.5~1"为宜。

（4）可动心轨拼接部分水平螺栓松动、脱落导致的道岔失表。立即使用活口扳手紧固心轨水平螺栓，并利用天窗使用扭矩扳手将水平螺栓紧固至标准扭矩值（1 000~1 100 N·m）。

（5）尖轨防跳轮脱落掉在滑床板上或防跳轮结构底部开口过紧顶靠在尖轨轨底导致的道岔失表。防跳轮脱落时立即进行紧固；防跳轮结构底部开口过紧顶靠在尖轨轨底时，松开防跳轮两个纵向螺栓，向道心侧调整防跳轮底部开口位置，以尖轨到位时防跳轮结构底部开口距离尖轨轨底不小于 3 mm 为宜。

（6）尖轨滑床板开焊、折断、脱落导致的道岔失表。立即组织更换伤损滑床板。无备用滑床板时，撤除伤损滑床板，限速 160 km/h 运行，尽快组织线上焊补。

（7）因尖轨严重旁弯、变形导致的道岔失表。立即配合电务临时调整，恢复道岔使用。随后测量线上尖轨尺寸，准备同型号备用尖轨，制订尖轨更换方案利用天窗更换并焊复。

（8）胶接绝缘接头失效故障处置。立即使用喷灯烤开接头，配合电务更换普通绝缘处理。随后利用天窗更换胶接接头并焊复。

2. 因道岔爬行导致故障的处置。

（1）因尖轨爬行超限使转换框架产生外力导致的道岔失表。立即配合信号专业临时调整，并针对尖轨爬行情况制订应力调整方案，利用天窗彻底整治尖轨爬行超限病害。

（2）藏尖式心轨因心轨爬行顶靠心前间隔铁导致的道岔失表。立即松开间隔铁水平螺栓，临时微调间隔铁位置，使心尖离开间隔铁，恢复道岔使用；并根据道岔铺设图检查可动心相对位置，测量心轨爬行量，制订调整方案利用天窗彻底整治，必要时应切开道岔后钢轨进行无缝线路应力调整。

3. 因道岔几何尺寸不良导致故障的处置。

（1）因道岔尖轨部位高低不良，严重空吊板导致的道岔失表。立即组织临时起道捣固顺接，恢复道岔使用；随后利用天窗检查分析，制订整治方案综合整治。

（2）因道岔可动心轨部位高低不良，严重空吊板导致的道岔失表。立即组织临时起道捣固顺接，恢复道岔使用；随后利用天窗检查分析，制订整治方案综合整治。

（3）因道岔尖轨部位、可动心轨部位轨距严重超限导致的道岔失表。立即组织改道处理，恢复道岔使用；随后利用天窗检查分析，制订整治方案综合整治。

（4）因道岔尖轨部位、可动心轨部位轨距严重超限导致的道岔失表。立即组织改道处理，恢复道岔使用；随后利用天窗检查分析，制订整治方案综合整治。

4. 因其他原因导致故障的处置。

（1）因转换部位挤异物（非道岔配件）导致的道岔失表。清除异物，恢复道岔使用。

（2）因道岔融雪装置顶靠导致的道岔失表。现场共同与相关部门确认，并全过程现场配合，直至故障消除。

5. 道岔钢轨、尖轨、基本轨、可动心轨折断的处置，按本章第一节相关标准执行。

三、具体案例解析

1. 辊轮位置不正确导致道岔故障。

2014年8月9日，某站 6#~8#道岔反位无表示。经现场检查发现尖轨部位第3位辊轮位置不正，与轨底间隙为 3.5 mm，与滑床台表面相对位置为 4.5 mm，导致尖轨在运动过程中受力不均卡阻。原因分析：一是未发现问题，导致问题不整治，如辊轮位置不正问题。在日常检查过程中，不重视辊轮相对于轨底缝隙及滑床台高度的检查，导致辊轮位置不正的问题未被发现，也就无法进行问题整治。二是不能正视问题，导致问题整治滞后。现场检查人员，对于辊轮设备日常养护的分工没有正确认识，特别是对于这种工电结合部问题，有等靠的思想，导致了问题整治的相对滞后。

2. 绝缘接头状态检查盯控不到位导致红光带。

2014年12月18日,某线路所1#岔前绝缘拉开导致红光带。原因分析:一是对防断薄弱区段的隐患问题预判不足。该处胶接绝缘位于某特大连续梁上,邻近桥上为小阻力扣件,随着气温变化钢轨爬行情况较为明显,但对于类似线路设备薄弱处所,相关单位没有引起高度重视,日常检查盯控不及时。二是安全敏感意识不足。分析这起事故,安全意识不足的问题较为突出,一些干部职工认为绝缘接头的检查应归属电务部门负责,不能眼睛向内看问题,安全意识不足,导致了事故的发生。

3. 滑床板磨卡轨底导致的道岔故障。

2015年11月29日,某站103#道岔反位无表示故障。原因分析:一是日常检查不到位。对于此次滑床板磨卡轨底问题,现场检查磨痕情况可确定已经存在较长时间,分析主要是在前期检查过程中检查不细致,没有及时发现隐患问题导致故障发生。二是隐患问题处理不及时。滑床板磨卡轨底问题大多会存在滑床板磨痕情况,但对于该类问题整治不及时,也是导致故障发生的主要原因。

4. 道岔结合部位置零配件养护不到位导致的道岔故障。

2018年12月15日,某线路所1#道岔卡阻。现场检查发现心轨部位第2个防跳顶铁磨卡心轨轨底,导致道岔卡阻。原因分析:一是日常检查标准掌握不清。现场检查人员,对于普通顶铁和防跳顶铁的技术标准掌握不清,导致在检查过程中,不能及时发现问题,从而导致问题遗漏。二是作业标准执行不力。经现场核实,该处顶铁进行过夹片作业,但由于夹片安设过程中不能按照标准执行,导致作业后整个顶铁不在同一水平面上,形成"低头"。三是新线设备基础不稳定。新线开通后,特别是有砟线路基础变化相对较大,造成道岔内各部位零配件相对结构状态发生变化,诱发问题。

5. 除雪不及时导道岔致故障。

2017年12月7日,某站1~3#道岔无表示。经现场检查,该道岔在隧道进口内80m位置,由于动车运行带入的冰雪淤积在辙叉咽喉及顶铁下方,导致道岔扳动卡阻。原因分析:主要是对于特殊位置,如隧道内、桥梁上方的道岔特性掌握不清,臆测降雪不能进入隧道内,忽略了动车走行带入的情况,导致不能及时清除隐患,造成道岔故障发生。

第十一章 电务(信号)仪表使用及作业

第一节 信号常用仪表的使用

一、作业准备

(一)仪表准备

MF-14 型万用表 2 块、兆欧表 1 块、CD96-3Z 移频 1 块,如图 11-1 所示。

 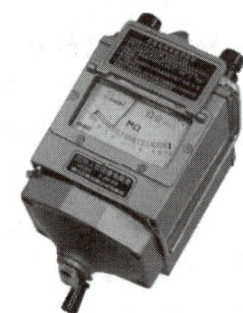 

图 11-1 仪表

(二)设备准备

矮柱信号机 1 架(图 11-2)、25 Hz 相敏轨道电路 1 区段(图 11-3)。

图 11-2 矮柱信号机　　　　图 11-3 轨道电路

二、仪表操作的注意事项

1. 进行测量前，先检查红、黑表笔连接的位置是否正确。红色表笔接到红色接线柱或标有"+"号的插孔内，黑色表笔接到黑色接线柱或标有"−"号的插孔内，不能接反；否则在测量直流电量时会因正负极的反接而使指针反转，损坏表头部件。

2. 在表笔连接被测电路之前，一定要查看所选挡位与测量对象是否相符；否则，误用挡位和量程，不仅得不到测量结果，而且还会损坏万用表。在此提醒初学者，万用表损坏往往就是上述原因造成的。

3. 测量时，手指不要触及表笔的金属部分和被测元器件。

4. 测量中若需转换量程，必须在表笔离开电路后才能进行，否则选择开关转动产生的电弧易烧坏选择开关的触点，造成接触不良的事故。

5. 在实际测量中，经常要测量多种电量，每一次测量前要注意根据每次测量任务把选择开关转换到相应的挡位和量程上，这是初学者最容易忽略的环节。

三、MF-14型万用表使用方法

测量交流电压的方法如下：

1. 使用前的准备。

（1）插好表笔。"−"黑，"+"红。

（2）检查万用表的指针在左侧对准"0"的位置，否则进行机械调零。

（3）量程的选择：

将选择开关旋至交流电压挡相应的量程进行测量。如果不知道被测电压的大致数值，需将选择开关旋至交流电压挡最高量程上预测，然后再旋至交流电压挡相应的量程上进行测量，如图11-4所示。

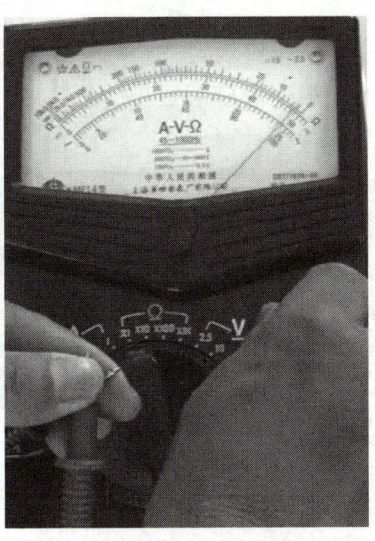

图11-4　万用表使用

2. 开始测量。

将两表笔并接在被测电压两端进行测量（交流电不分正负极）。

（1）读数：根据选择的量程，换算比例进行读数。

（2）挡位复位：使用完毕，将挡位开关打在交流电压 1 000 V 挡。

四、兆欧表的使用方法

（一）使用前的准备工作

1. 检查兆欧表外观是否完好，接线柱是否清洁，测量导线是否完好并导通良好，处于检验合格期内。

2. 检查兆欧表是否能正常工作。

将兆欧表水平放置，空摇兆欧表手柄，指针应该指到∞处，再慢慢摇动手柄，使 L 和 E 两接线桩输出线瞬时短接，指针应迅速指零。注意在摇动手柄时不得让 L 和 E 短接时间过长，否则将损坏兆欧表。

3. 检查被测电气设备和电路，查看是否已全部切断电源。

绝对不允许设备和线路带电时使用兆欧表去测量。

4. 测量前，应对设备和线路先行放电，以免设备或线路的电容放电危及人身安全和损坏兆欧表，这样还可以减少测量误差，同时注意将被测试点擦拭干净。

（二）兆欧表使用步骤

1. 将兆欧表放置于平稳牢固的地方，以免在摇动时因抖动和倾斜产生测量误差。

2. 接线必须正确无误。兆欧表有三个接线桩，E（接地）、L（线路）和 G（保护环或叫屏蔽端子）。保护环的作用是消除表壳表面 L 与 E 接线桩间的漏电和被测绝缘物表面漏电的影响。

3. 摇动手柄的转速要均匀，一般规定为 120 r/min，允许有±20%的变化，最多不应超过±25%。通常都要摇动 1 min 后，待指针稳定下来再读数。如被测电路中有电容时，先持续摇动一段时间，让兆欧表对电容充电指针稳定后再读数，测完后先拆去接线，再停止摇动。若测量中发现指针指零，应立即停止摇动手柄。

4. 测量完毕，应对设备充分放电，否则容易引起触电事故。

兆欧表的使用如图 11-5 所示。

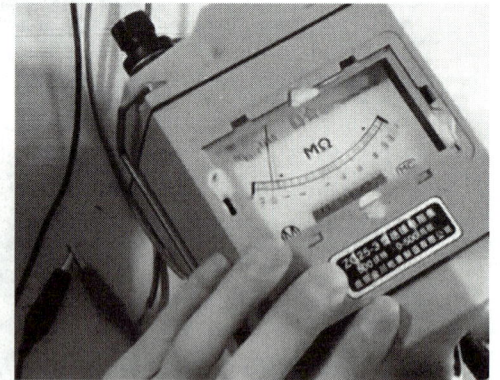

图 11-5　兆欧表使用

（三）兆欧表使用时的注意事项

1. 禁止在雷电时或附近有高压导体的设备上测量绝缘电阻。只有在设备不带电又不可能受其他电源感应而带电的情况下才可测量。

2. 兆欧表未停止转动以前，切勿用手去触及设备的测量部分或兆欧表接线桩。拆线时也不可直接去触及引线的裸露部分。

3. 兆欧表应定期校验。校验方法是直接测量有确定值的标准电阻，检查其测量误差是否在允许范围以内。

4. 接线。三个端子："线"（L）接被测量的物件；"地"（E）接地线或外壳；"保护"（G）为保护屏蔽环。在测试电缆芯线间绝缘时，接"L"和"E"即可。

（四）测量注意事项

1. 手摇发电机应以 120 r/min 匀速进行，输出 500 V 电压。
2. 遇到指针不稳定时，一般以 1 min 后的稳定读数为准。
3. 撤线时要停止发电机旋转，短路放电后才可以手摸。

五、使用常用仪表对信号机、站内轨道电路进行测试

1. 使用 MF-14 型万用表对 25 Hz 相敏轨道电路送、受电端变压器和轨面电压进行测试，如图 11-6 所示。

图 11-6　轨面测试

2. 使用兆欧表对矮柱调车信号机变压器二次对地绝缘电阻进行测试，如图 11-7 所示。

图 11-7　调车信号机测试

3. 使用兆欧表测量轨道电路轨道变压器与扼流变压器间电缆对地绝缘电阻。

4. 使用 CD96-3Z 移频表对双套钢轨引接线电流是否平衡进行测试，如图 11-8 所示。

图 11-8　引接线电流测试

第二节　高速铁路色灯信号机

一、色灯信号机常识简介

1. 色灯信号机按用途分为进站、出站、通过、进路、复示、调车信号机等，如图 11-9 所示。

图 11-9　信号机

2. 色灯信号机显示什么颜色的灯光，是由其机构内透镜的颜色决定的（图 11-10）；不同信号显示的灯光是由机构的位置区分的。

信号点灯交流 220 V 电源经信号点灯单元变压后送给色灯信号机的灯泡（图 11-11）。

图 11-10　内透镜

图 11-11　B 型、A 型灯泡

信号点灯单元主要由变压器和交流灯丝继电器组成。

色灯信号机灯泡的额定电压为 12 V。装有主副灯泡的信号机构，当主灯泡的主灯丝断丝时，会由信号点灯单元控制转至点副灯泡，并在控制台给出声光报警；未设副灯泡的信号机构，当主灯泡的主灯丝断丝时，会由信号点灯单元控制转至点副灯丝，并在控制台给出声光报警。

3. 区间不设通过信号机、在闭塞分区分界处设置区间信号标志牌的 CTCS-2/CTCS-3 级区段车站的进站、出站、进路信号机以及线路所的通过信号机常态灭灯，仅起停车位置作用。遇下列情况上述信号机应转为点亮状态：

（1）接发未装设列控车载设备的列车时。

（2）接发列控车载设备故障的动车组列车时。

（3）需越出站界调车时。

4. 信号机、区间信号标志牌应设在列车运行方向的左侧，如图 11-12 所示。反方向运行进站信号机可设在列车运行方向的右侧；其他特殊地段因条件限制，需设于右侧时，须经铁路局批准。

图 11-12　信号机位置

二、信号机巡检日常保养项点和标准

（一）作业前准备

1. 确定巡检重点：重点检查信号机显示距离是否符合标准。
2. 仪表料具准备：通信工具、钥匙、万用表、抹布、灯泡、毛刷（图 11-13）。

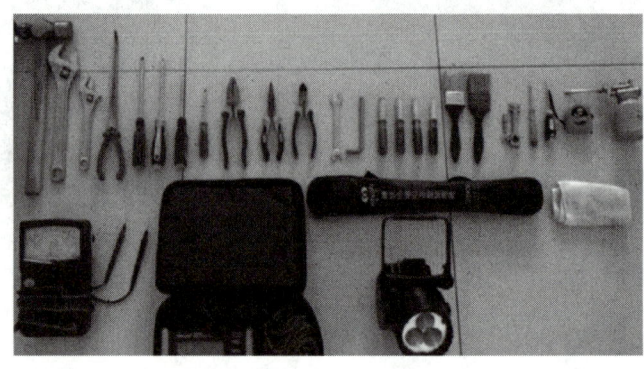

图 11-13　工具材料准备

（二）作业过程

1. 机柱、梯子状态。
（1）机柱不倾斜，无破损。
（2）水泥机柱表面光滑，水泥无严重脱落现象，横向裂纹不超过半周，纵向裂纹不露钢筋。
（3）引线管安装牢固，无破损，机顶及各部废孔堵塞良好。
（4）梯子与机柱中心一致，安装方向与所属线路垂直。
（5）梯子各部螺丝紧固，支架水平，梯子无弯曲。

高柱信号机如图 11-14 所示。

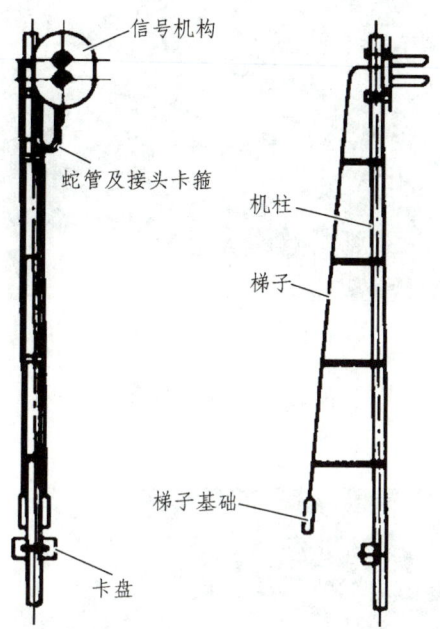

图 11-14　高柱信号机

2. 机构。

（1）显示距离达标。

（2）机构与底座、机构门密封严密，不进水。

（3）机构安装牢固，螺丝紧固，油漆无脱落。

（4）矮柱信号机外透镜清洁，无裂纹，不活动，不漏水，无影响显示的斑点。

3. 外部清理。

（1）设备周围清洁无杂物。

（2）号码牌清晰正确，安装牢固，如图 11-15 所示。

（三）作业后复查

1. 确认设备无异状，加锁良好。
2. 料具按照登记清点无遗漏，作业人员全部下道，室内防护员人员销记。
3. 作业全部结束，人员返回室内或撤出网外，室内防护员离台。

图 11-15　外部清理

三、信号机测试

1. 使用万用表测量信号点灯单元Ⅰ、Ⅱ次及主灯丝电压，如图 11-16 所示。

 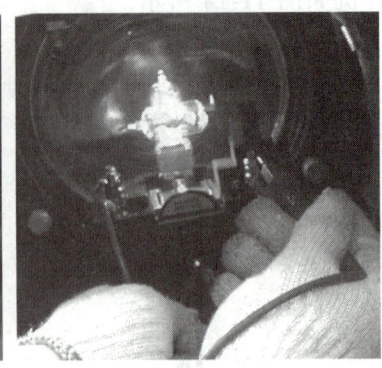

图 11-16　电压测试

2. 使用兆欧表测量信号点灯单元二次侧对地绝缘电阻（标准：不小于 1 MΩ），如图 11-17 所示。

图 11-17　绝缘电阻测试

注：对未在信号机构内的信号点灯单元二次侧对地绝缘电阻进行测试时，应在机构门关闭的状态下进行。

第三节　站内 25 Hz 相敏轨道电路

一、轨道电路的组成、命名、器材识别

（一）轨道电路的概念

轨道电路是以铁路线路的两根钢轨作为导体，两端加以机械绝缘（或电气绝缘），接上送电和受电设备构成的电路，如图 11-18 所示。

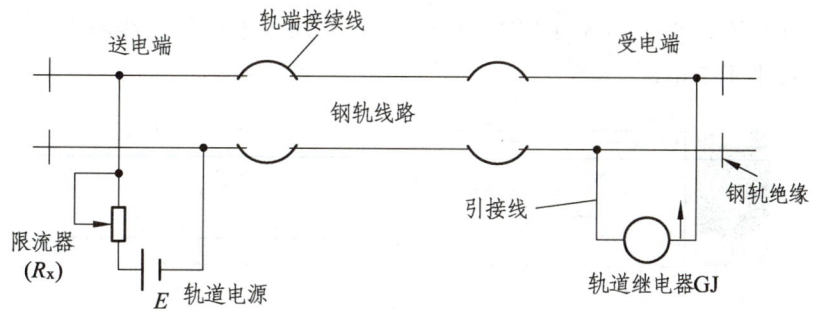

图 11-18 轨道电路

(二)轨道电路的组成及作用

1. 组成。

(1)电源:轨道电源(GJZ220、GJF220)。

经送电端设备:断路器、轨道变压器、限流电阻、扼流变压器等。

受电端设备:防护盒、接收变压器、硒堆盒(图 11-19)等。

(2)导体:线路的两根钢轨、箱盒引接线、极性跳线、抱线、连接线、轨端接续线(导接线)。

(3)负载:室内相敏接收器。

(4)绝缘:钢轨绝缘及道岔区段安装装置绝缘。

2. 作用。

(1)监督列车运行情况。

(2)传递行车信息。

图 11-19 硒堆盒

二、绝缘节的设置(超限绝缘)、轨道电路的防护范围

(一)钢轨绝缘的设置

1. 道岔区段警冲标内方的钢轨绝缘。

在道岔区段,设于警冲标内方的钢轨绝缘,除双动道岔渡线上的绝缘外,其他安

装位置距警冲标不得小于 3.5 m（图 11-20），在有动车组运行的线路上，其安装位置距警冲标不得小于 5 m。

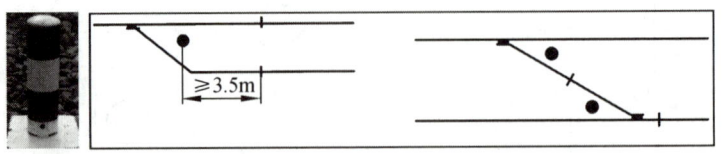

图 11-20　道岔区段警冲标内方的钢轨绝缘

当不得已必须装于警冲标内方小于 3.5 m 处时，则构成了"侵限绝缘"，在联锁中要充分考虑"侵限绝缘"的防护问题，如图 11-21 所示。

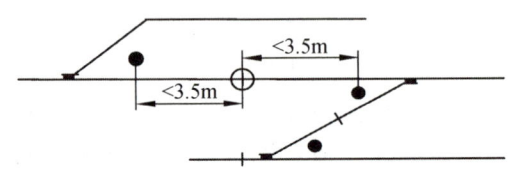

图 11-21　"侵限绝缘"的防护

2. 两钢轨绝缘应设于同一坐标处。

当两钢轨绝缘不能设于同一坐标时，其错开的距离（死区段）应不大于 2.5 m。

3. 信号机处的钢轨绝缘。

设于信号机处的绝缘节原则上应与信号机并齐。

（二）站内轨道电路的划分和命名

1. 站内轨道电路的划分。

轨道电路之间采用钢轨绝缘把两个轨道电路隔离成互不干扰的独立电路单元。每个轨道电路单元称为轨道电路区段。轨道电路要划分为许多区段，以保证轨道电路可靠工作，满足排列平行进路的需要和便于车站作业。

轨道电路划分的原则是：

（1）信号机的内外方应划分为不同的区段。

（2）凡是能平行运行的进路，应用钢轨绝缘将它们隔开，形成不同的轨道电路区段。

（3）在一个轨道电路区段内，单动道岔最多不超过 3 组，复式交分道岔不得超过 2 组。否则，道岔组数过多，轨道电路难以调整。

（4）有时为了提高咽喉使用效率，把轨道电路区段适当划短，使道岔能及时解锁，立即排列别的进路。

2. 轨道电路区段的命名。

（1）道岔区段轨道电路是根据道岔编号来命名的。轨道电路区段中只包含一组道岔的，用其所包含的道岔编号来命名，如 1DG、3DG，如图 11-22 所示；包含两组道岔的，用编号连缀来命名，如 15-17DG、13-19DG，如图 11-23 所示；若包含三组道岔，则以两端的道岔编号连缀来命名，如 39-47DG 包含了 39 号、43 号、47 号 3 组道岔，如图 11-24 所示。

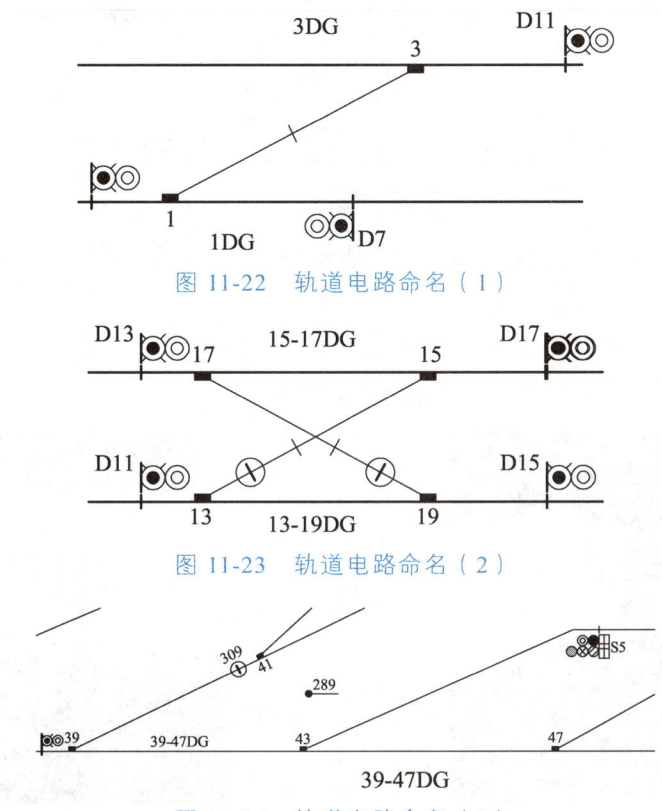

图 11-22　轨道电路命名（1）

图 11-23　轨道电路命名（2）

图 11-24　轨道电路命名（3）

（2）无岔区段命名。

对于股道，以股道号命名，如ⅠG、ⅡG；进站信号机内方及双线单方向运行的发车口的无岔区段，根据所衔接的股道编号加 A（下行咽喉）及 B（上行咽喉）来表示，如ⅠAG、ⅡAG。无岔区段轨道电路命名如图 11-25 所示。

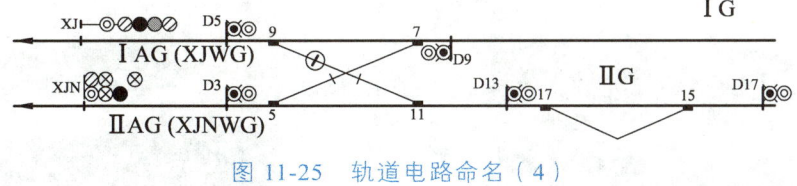

图 11-25　轨道电路命名（4）

差置调车信号机之间的无岔区段，以两端相邻的道岔编号写成分数形式来表示，如 D9、D21 间的 7/27G，如图 11-26 所示；牵出线、机待线、机车出入库线、专用线等调车信号机外方的接近区段，用调车信号机编号后加 G 来表示，如 D23G，如图 11-27 所示。

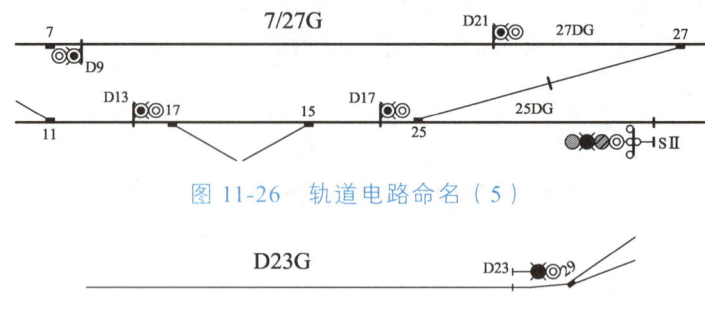

图 11-26　轨道电路命名（5）

图 11-27　轨道电路命名（6）

3. 轨道电路红光带（俗称"连电"）的发生。

（1）直接连电：

① 绝缘接头处肥边及铁屑（图 11-28、图 11-29）等。

② 推压机或无绝缘的单轨车经过极性绝缘接头。

图 11-28　绝缘接头铁屑

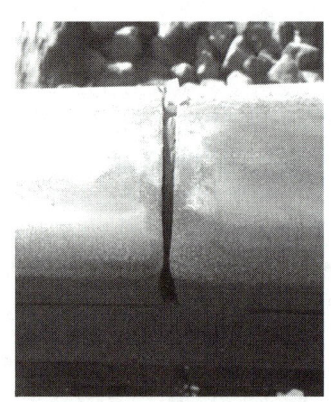

图 11-29　绝缘接头肥边

（2）间接连电：

① 槽型绝缘处基本轨的侧磨肥边（尤其区间弯道处所）。

② 扣件顶接头夹板、扣件螺栓卡绝缘螺栓等，如图 11-30 所示。

③ 绝缘管垫破损，如图 11-31 所示。

图 11-30　绝缘扣件顶接头

图 11-31　绝缘管破损

三、绝缘测试方法及标准

1. 钢轨绝缘测试的标准：钢轨绝缘电阻≥1 000 Ω。
2. 普通绝缘测试方法：两侧钢轨分别对两侧鱼尾板进行测量（4个值），填写测试记录。增加两侧鱼尾板分别对6个绝缘螺栓测试（12个值），不填写测试记录。
3. 胶接绝缘测试方法：两侧钢轨分别对单侧鱼尾板进行测量（2个值），填写测试记录。

钢轨绝缘测试如图11-32和图11-33所示。

图11-32　钢轨绝缘测试（1）

图11-33　钢轨绝缘测试（2）

四、轨道电路设备巡检标准化作业

（一）检查外观

1. 钢轨绝缘外观良好（图11-34），轨缝标准为6～10 mm。发现绝缘不良时通知工务更换。
2. 箱盒无破损，外部螺栓紧固，不倾斜，加锁良好。
3. 基础面及设备外部清扫、注油。
4. 轨距杆、方钢耳铁、连接板及安装装置等绝缘良好。
5. 连接线、极性跳线、导接线、抱线完好，防混措施良好。
更换不良连接线、极性跳线、导接线、抱线。

图 11-34 轨道电路外观

（二）作业方法

1. 重点检查绝缘处扣件卡鱼尾板、肥边混电，清扫绝缘处的遗留铁屑。
2. 注油部位包括锁、箱轴、螺丝，如图 11-35 所示。
3. 分路不良检查。

目视轨面有锈（图 11-36）立即请点进行残压测试，测试超标登记分路不良。

图 11-35 钢轨绝缘检查

图 11-36 轨面锈蚀

分路不良管理工作职责分工：

（1）电务部门：负责分路不良定期检查，分路残压定期测试，分路不良登销记，负责分路不良区段总体情况汇总，负责落实用技术设备解决分路不良工作的实施。

（2）工务部门：负责消除、整治分路不良的日常管理工作，并负责分路不良定期检查，掌握分路不良现状。

（三）作业后复查

1. 确认设备无异状，加锁良好。
2. 料具按照登记清点无遗漏，作业人员全部下道，室内驻站联络员销记。
3. 作业全部结束，作业人员返回室内或撤出网外，室内驻站联络员销记。

第四节　ZPW-2000A/K 无绝缘轨道电路

一、设备构成

设备分为室内和室外设备。室内设备有 ZPW·G-2000K 无绝缘移频自动闭塞机柜、ZPW·GK-2000K 网络接口柜、ZPW·XML-K 防雷模拟网络组匣、ZPW·F-K 发送器、ZPW·J-K 接收器、ZPW·RS-K 衰耗冗余控制器、ZPW·RSS-K 双频衰耗冗余控制器、ZPW·JT 轨道电路通信接口板、ZPW·ML-K 防雷模拟网络盘。室外设备区间有 ZPW·PT 调谐匹配单元、ZPW·XKD 大电流空心线圈、ZPW·XKJD 大电流机械绝缘空心线圈、补偿电容、空扼流变压器等；站内有 ZPW·BPLN 站内匹配变压器、可带适配器的扼流变压器、适配器、补偿电容等设备。

二、设备认知及器材作用

（一）发送器

发送器通过控制器局域网（CAN）总线接收列控中心主机给出的编码条件，产生 18 种低频、8 种载频的高精度、高稳定的移频信号；采用双机热备（"1+1" 冗余）冗余方式，并产生足够功率的移频信号；对移频信号进行自检测、故障时向监测维护主机发出报警信息。与 ZPW-2000A 轨道电路不同的是 ZPW-2000K 轨道电路发送器采用 "1+1" 冗余。发送器如图 11-37 所示。

（二）接收器

接收器的输入端和输出端都按双机并联运用设计，与另一台接收器构成双机并联运用系统（0.5+0.5），保证系统可靠性。其作用是：对主轨道电路移频信号进行解调，动作轨道继电器，实现与受电端相连接调谐区短小轨道电路移频信号的解调，给出短小轨道电路报警条件，并通过 CAND 及 CANE 总线送至监测终端；检查轨道电路的完好，减少分路死区段长度，用接收门限实现对 BA（调谐单元）断线检查。接收器如图 11-38 所示。

图 11-37　发送器

图 11-38　接收器

（三）衰耗冗余控制器

1. 作用。

（1）调整主轨和小轨的接收端输入电平。

（2）提供发送器、接收器和轨道电路工作状态测试接口。

（3）给出发送、接收故障报警和轨道占用指示灯。

（4）给出正方向和反方向指示。

（5）实现总功出电压切换（主备切换）。

（6）实现主发送器、备发送器发送报警条件的回采。

2. 单频衰耗冗余控制器。

内部有正方向继电器复示及反方向继电器复示，主发送报警继电器及备发送报警继电器；能实现单载频区段主轨道电路调整，单载频区段小轨道电路调整（含正向调整及反向调整），总功出电压切换（来自主发送器功出还是来自备发送器功出），主发送器、备发送器发送报警条件的回采。面板上有主发送工作灯、备发送工作灯、接收工作灯、轨道表示灯、正向指示灯及反向指示灯，主发送电源测试孔、备发送电源测试孔、主发送报警测试孔、备发送报警测试孔、功出电压测试孔、功出电流测试孔、接收电源测试孔、主机轨道继电器测试孔、并机轨道继电器测试孔、轨道继电器测试孔、轨道信号输入测试孔、主轨道信号输出测试孔、小轨道信号输出测试孔。单频衰耗冗余控制器如图11-39所示。

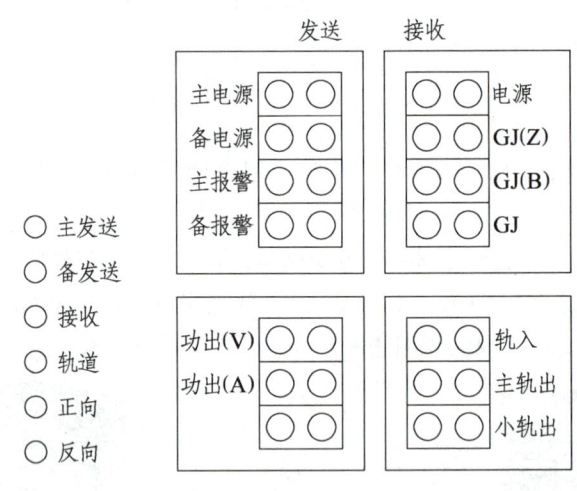

图11-39 单频衰耗冗余控制器

3. 双频衰耗冗余控制器。

内部有正方向继电器复示及反方向继电器复示，有主发送报警继电器及备发送报警继电器；能实现双载频区段主轨道电路调整（含正向调整及反向调整），总功出电压切换（来自主发送器功出还是来自备发送器功出），主发送器、备发送器发送报警条件的回采。面板上有主发送工作灯、备发送工作灯、接收工作灯、轨道表示灯、正向指示灯及反向指示灯、主发送电源测试孔、备发送电源测试孔、主发送报警测试孔、备发送报警测试孔、功出电压测试孔、功出电流测试孔、接收电源测试孔、主机轨道继电器测试孔、并机轨道继电器测试孔、轨道继电器测试孔、轨道信号输入测试孔、主轨道信号输出测试孔。双频衰耗冗余控制器如图 11-40 所示。

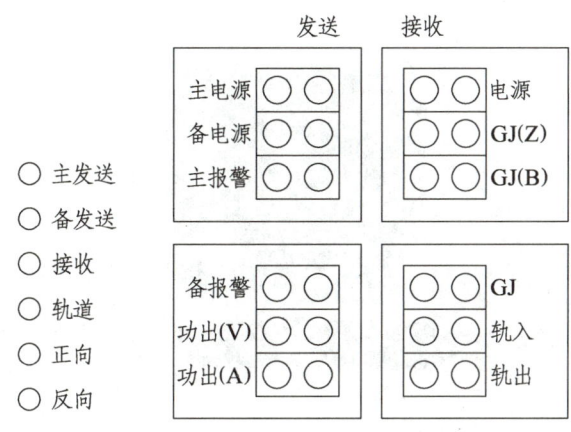

图 11-40　双频衰耗冗余控制器

（四）防雷模拟网络盘

（1）通过六节电缆模拟网络补偿实际室外 SPT 数字信号电缆，使发送与接收电缆的长度均为设计值（普速为 10 km，客专为 7.5 km 和 10 km），当电路需要改方时，由于已经将送、受电缆补偿到相同的数值，不会造成由于改方引起轨道电路电气特性的变化，便于实现对轨道电路的一次调整。

（2）对通过传输电缆引入室内雷电冲击的进行横向、纵向防护。

防雷模拟网络盘如图 11-41 所示。

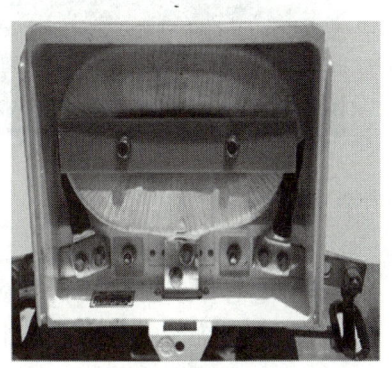

图 11-41　防雷模拟网络盘

（五）空心线圈

扼流空心线圈设置于电气绝缘节中心位置，起到平衡牵引电流和稳定调谐区阻抗的作用，由截面积为 50 mm^2 的玻璃丝包电磁线绕制。线圈中点可以作为钢轨的横向连接、牵引电流回流连接和纵向防雷的接地连接使用。机械绝缘节空心线圈用于进出站口处，该设备与调谐匹配单元形成并联谐振，使机械绝缘节电气参数与电气绝缘节等效，从而使含有机械绝缘节的轨道电路区段与双端均为电气绝缘节区段达到等长传输距离。空心线圈盘如图 11-42 所示。

图 11-42　空心线圈盘

(六)调谐匹配单元

调谐部分实现相邻区段信号的隔离和本区段信号的稳定输出。匹配部分实现钢轨阻抗和电缆阻抗的匹配连接,以实现向钢轨输出较大功率的信号。调谐匹配单元如图11-43所示。

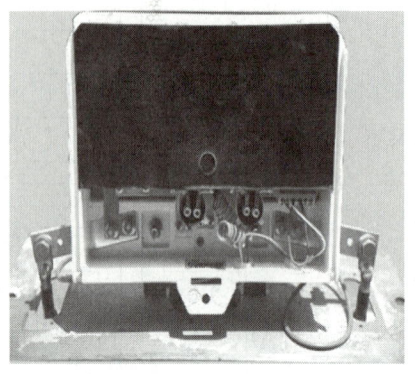

图 11-43 调谐匹配单元实物

调谐单元(PT)接线图如图11-43所示,V1、V2、V3、E1、E2为6 mm² 万可端子。E1、E2连接电缆,V1、V2为匹配单元的测试端子,在运用中V1与V3采用4 mm² 多股铜线连接。A、B为ϕ4 mm 螺母,用于机械绝缘节时需要拆除A、B间铜引接片,在电气绝缘节使用时连接。

(七)补偿电容

补偿电容(图11-44、图11-45)是为了补偿因轨道电路过长,钢轨电感的感抗所产生的无功功率损耗,改善轨道电路在钢轨上的传输性能。

图 11-44 补偿电容(1)　　　　图 11-45 补偿电容(2)

1. 作用。

补偿电容用于补偿钢轨电感,使轨道电路特性阻抗趋于阻性,以保证:

(1)提高轨道电路的"信干比"及传输长度。

(2)实现对钢轨断轨的检查。

(3)提高轨道电路入口端机车信号短路电流。

2. ZPW-2000K 在道床电阻大于或等于 2 Ω/km 时。

（1）电容值为 25 μF。

（2）区间间距为 60 m（1 700 Hz、2 300 Hz）和 80 m（2 300 Hz、2 600 Hz）。

（3）站内间距为 100 m。

上述"间距"为间距等级，具体间距长度按公式 $\Delta=L/N_c$ 计算确定。电容布置如图 11-46 所示。

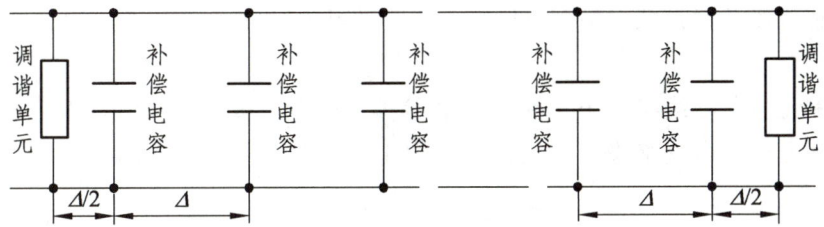

图 11-46　电容布置

（八）带适配器的扼流变压器

用于站内 ZPW-2000K 轨道电路及其需要设置空扼流变压器导通牵引电流的无岔分支末端，其作用：一是降低不平衡牵引电流在扼流变压器两端产生的 50 Hz 电压，使其不大于 2.4 V；二是导通钢轨内的牵引电流，使其畅通无阻。带适配器的扼流变压器如图 11-47 所示。

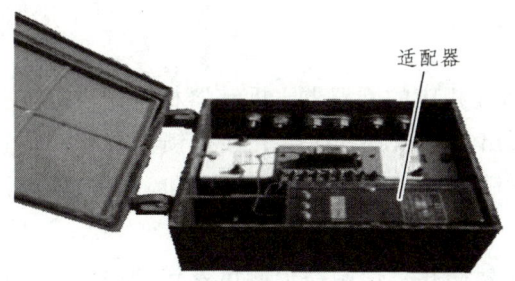

图 11-47　带适配器的扼流变压器

适配器由 50 Hz 的 LC 串联谐振电路构成，通过变换适配器与扼流变压器连接端子，用其 50 Hz 的低阻抗抑制不平衡牵引电流在变压器两端产生的 50 Hz 电压。

适配器与扼流变压器配套使用。带适配器的扼流变压器对牵引电流 50 Hz 信号呈现较低的阻抗，使其在最大的不平衡牵引电流条件下在扼流变压器上产生 50 Hz 电压不大于 2.4 V；而对于轨道电路的移频信号呈现较高阻抗，在规定的使用条件下不小于 17 Ω。

三、电气绝缘节组成及工作原理

电气绝缘节由调谐单元、空心线圈及 29 m 钢轨组成，用于实现两相邻轨道电路间的电气隔离，即完成电气绝缘节的作用。

电气绝缘节长 29 m，在两端各设一个调谐单元，对于较低频率轨道电路（1 700 Hz、2 000 Hz）端，设置 L_1、C_1 两元件 F_1 型调谐单元；对于较高频率轨道电路（2 300 Hz、2 600 Hz）端，设置 L_2、C_2、C_3 三元件的 F_2 型调谐单元。F_1（F_2）端调谐单元的 L_1C_1（L_2C_2）对 F_2（F_1）端的频率为串联谐振，呈现较低阻抗，称"零阻抗"，相当于短路，阻止了相邻区段信号进入本区段。

F_1（F_2）端调谐单元对本区段的频率呈现电容性，并与调谐区的钢轨、空心线圈的综合电感构成并联谐振，呈现高阻抗，称"极阻抗"，相当于开路，减少了对本区段信号的衰耗。

调谐单元与空心线圈、29 m 钢轨电感等参数配合，实现了两个相邻轨道电路信号的隔离，即完成"电气绝缘节"功能，如图 11-48 所示。

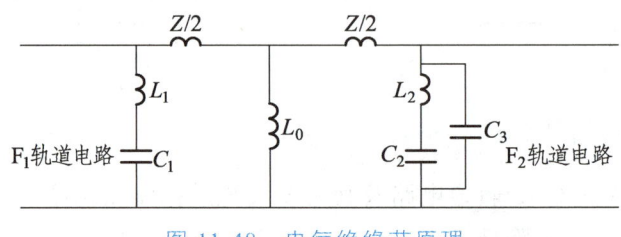

图 11-48　电气绝缘节原理

四、更换器材作业注意事项

（一）发送器

1. 更换发送器要断开相应的断路器，拆卸器材时钥匙向左拧至 9 点钟方向，用手向上托起器材再向外拔出；装载器材时，先检查锁杆在解锁位置，插入时也应托住设备先插入再用钥匙锁紧锁杆，钥匙拧到 1 点钟方向。更换发送器后应对功出电压进行测试检查。

2. 更换完毕后，在衰耗冗余控制器上测试发送功出电压、轨入电压以及主轨出电压与以前电压比较是否一致。

3. 更换发送器后要进行主备发送器切换试验。试验方法是：断开主发送器的熔断器，备发送器正常工作，列控维护机上显示备发送器主用，站场显示图上无红光带；主发送器恢复供电后工作正常，列控维护机显示发送器工作状态正常。采用同样方法再将备用发送器试验一遍。

（二）接收器

1. 更换接收器时要断开相应的断路器，拆卸器材时钥匙向左拧至 9 点钟方向，用手向上托起器材再向外拔出；装载器材时，先检查锁杆在解锁位置，插入时也应托住设备先插入再用钥匙锁紧锁杆，钥匙拧到 1 点钟方向。更换接收器后需要对接收器进行断电冗余试验。

2. 将更换的接收器熔断器断开，相应的轨道区段无红光带；将邻线相邻区段的接收器熔断器断开后，上下行的相邻区段都亮红光带，将本区段的接收器恢复供电后，两红光带同时消失；最后将邻线的接收器恢复供电。检查列控维护机或集中监测上相应接收器的工作状态以及移频柜中的电子盒工作灯均正常。

（三）衰耗冗余控制器

1. 更换衰耗冗余控制器后，需要对相应区段的发送器、接收器进行断电试验，检查衰耗冗余控制器上相应的指示灯是否与实际相符。

2. 注意更换衰耗冗余控制器上下行对应区段同时会出现红光带。

（四）防雷模拟网络盘

1. 更换防雷模拟网络盘时按机柜槽道插入，插紧后电子盒的边缘与其他电子盒平齐。使用移频表测试电缆侧、防雷侧、设备侧的电压与以前的正常数据相符。

2. 更换发送端防雷模拟网络盘会造成本区段轨道电路红光带，更换接收端模拟网络盘会造成本区段和相邻列车运行前方轨道区段红光带。

（五）调谐匹配单元、空心线圈

1. 到达现场联系室内断开室内发送器、接收器的开关，防止带电作业时造成设备短路。

2. 更换调谐匹配单元，注意型号，区分上下行、载频。特别注意用于机械绝缘节时需要拆除A、B间铜引接片，在电气绝缘节使用时连接。

注：设备出厂时，A、B间使用铜引接片连接。

第五节　道岔调整

一、ZD6道岔巡检作业标准化程序

（一）作业前准备

1. 确定巡检重点：利用微机监测（视频监测）等手段，确定重点设备及检查项点；利用微机监测重点对道岔动作、锁闭电流进行分析。

2. 仪表料具准备：

（1）携带工具：通信设备、MF14万用表、钥匙、道岔调整扳手、梅花扳手、手锤、克丝钳、活口扳手、螺丝刀、腻刀、塞尺、200 mm钢板尺、小镜子、2 mm/4 mm夹板、机油、抹布、开口销，如图11-49所示。

（2）出工前进行通话试验、仪表校核、料具检查。

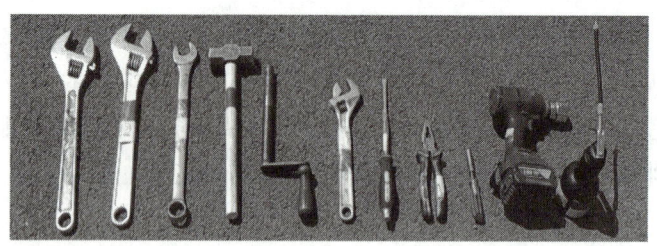

图 11-49　工具材料

（二）作业过程

1. 通用部分。

（1）检查外观（图 11-50~图 11-54）：

① 机盖、防护罩加锁固定良好，遮沿作用良好；机盖、防护罩固定良好无破损，用手掀动遮沿，松手后能自动复位。

② 各部螺栓紧固，开口销齐全、标准；螺丝紧固可以通过检查弹簧垫是否错牙、接触面是否有锈等快捷方式进行判定；各部开口销不得接触轨面轨底，重点检查动作杆连接螺丝及开口销。

③ 各部绝缘无破损；发现 L 螺丝松动时，用小镜子检查角钢底部绝缘。

④ 各部销子不旷动；销子旷动可以通过连接面的磨痕来判断。

⑤ 引线管不脱地、不破损；引线管不能存留硬弯。

⑥ 电缆盒安装牢固无倾斜。

图 11-50　外观检查

图 11-51　固定螺丝检查

图 11-52　加锁检查

图 11-53　电缆盒检查

图 11-54　杆件螺栓检查

（2）检查密贴（图 11-55、图 11-56）：

① 扳动检查道岔定反位宏观密贴；解锁时密贴力不过大。扳动后检查密贴，扳动时检查道岔动作是否平稳、解锁有无反弹声。

② 根据道岔运用状态和季节性变化进行夹异物试验和调整故障电流。道岔调整密贴必须先测试故障电流。注意：调整故障电流严禁采用扳接点方式。

图 11-55　宏观密贴检查

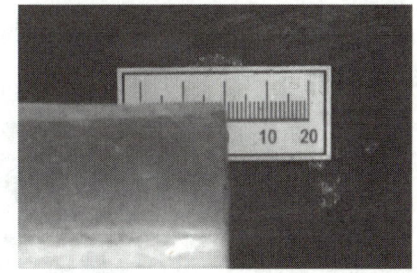
图 11-56　尖轨爬行检查

（3）检查缺口：扳动检查移位标指针与标记对齐，标记变化要查找原因，不能盲目调整。

（4）检查顶铁间隙（1±0.5）mm：

① 用塞尺检查顶铁间隙不达标时，协调工务对枕木空间距和调整块进行校正，如图 11-57 所示。

② 检查尖轨、基本轨有无肥边，打磨钢轨肥边后必须对道岔进行夹异物试验。

③ 尖轨爬行≤20 mm，检查尖轨爬行时看防爬标记。

④ 尖轨无上翘、无吊板、无掉块，吊板不能连续超过 3 块，如图 11-58 所示。

图 11-57　顶铁检查

图 11-58　尖轨吊板检查

上述问题协调工务解决，及时下发通知书。

2. 交分道岔（图11-59、图11-60）检查。

（1）2、3撒尖端各部件不磨卡，重点检查象鼻铁螺丝、尖轨尖端滑床板和工务方钢拐铁部位是否磨卡。

（2）各杆件与枕木不刮碰，杆件刮碰必须在扳动状态下进行检查。

图11-59　交分道岔（1）

图11-60　交分道岔（2）

3. AT道岔检查。

（1）检查第二牵引点密贴调整杆是否持力，用扳手撬动第二牵引点检查密贴力，如图11-61所示，不达标时可以协调工务更换调整块方式解决。

图11-61　第二牵引点密贴力检查

（2）检查道岔第二方钢螺栓与滑床板是否磨卡，重点检查方钢螺栓是否松动，可以采取螺丝向上串方式。

（三）作业后复查

1. 防护罩固定加锁。
2. 扳动试验，检查缺口。
3. 料具清点无遗漏，作业人员全部下道，室内驻站联络员销记。
4. 作业全部结束，人员返回室内或撤出网外，室内驻站联络员离台。

备注：

1. 摩擦电流调整过大容易造成：夹4 mm异物锁闭、接点反弹，如图11-62所示。
2. 道岔缺口调整过大容易造成：卡口故障，夹4 mm异物易回表示。
3. 顶铁间隙调整不当容易造成：过大挤切削变形、表示缺口变化量大、加重杆件磨耗；过小道岔密贴不良、尖轨反弹。

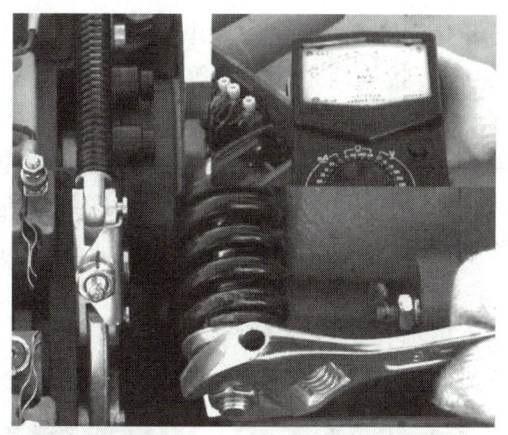

图 11-62　摩擦电流调整

二、S700K 道岔巡检作业标准化程序

(一) 作业前准备

1. 确定巡检重点：利用微机监测（视频监测）等手段，确定重点设备及检查项点，利用微机监测重点对道岔动作曲线进行分析；利用视频监测重点对表示缺口变化重点调整。

2. 仪表料具准备：

（1）携带工具：通信设备、MF14 万用表、钥匙、道岔调整扳手、梅花扳手、手锤、克丝钳、活口扳手、螺丝刀、腻刀、塞尺、200 mm 钢板尺、小镜子、小钩子、4 mm/5 mm 夹板、密贴调整片、抹布、开口销、机油，如图 11-63 所示。

（2）出场前进行通话试验、仪表校核、料具检查。

图 11-63　工具材料

(二) 作业过程

1. 通用部分。

（1）检查外观：

① 机盖、防护罩加锁固定良好，遮沿作用良好；机盖、防护罩固定良好无破损，用手掀动遮沿，松手后能自动复位。

② 各部螺栓紧固，开口销齐全、标准，如图 11-64、图 11-65 所示；螺丝紧固可以通过检查弹簧垫是否错牙、接触面是否有锈等快捷方式进行判定，开口销劈开角度达标。

③ 各部绝缘无破损；绝缘外观良好，动作杆草帽绝缘动作时无明显窜动。

④ 各部销轴不旷动；销轴旷动可以通过连接面的磨痕来判断。

⑤ 融雪装置加热条不浮起，卡具不脱落；卡具保证 600 mm 间隔（每个枕木空一个，靠近枕木侧安装）。

⑥ 引线管不脱地、不破损；引线管不能存留硬弯。

⑦ 电缆盒安装牢固无倾斜。

图 11-64　螺丝检查

图 11-65　开口销

（2）检查外锁装置：

① 锁闭框安装孔螺栓居中，左右偏差≤5 mm；锁框固定螺栓在安装孔内尽量居中。

② 锁闭框两侧限位块应有效插入锁闭杆两侧导向槽内，不松脱、不别卡，两侧与锁闭框内侧间隙均匀，间隙≥0.5 mm，锁闭杆限位块与锁框间隙≤3 mm；用 0.5 mm 塞尺检查锁闭杆与锁框间隙，扳动检查两侧无磨卡痕迹，用 3 mm 塞尺检查锁闭杆限位块与锁框间隙。

③ 锁闭铁与锁钩、锁钩与锁闭杆的接触面清洁、油润、无沟痕，在尖轨斥离侧用小镜子检查锁闭铁斜面是否有沟痕，如图 11-66 所示。锁钩与锁闭杆磨卡通过道岔解锁瞬间的声音来判定。

图 11-66　小镜子检查

（3）检查密贴：

① 尖轨与基本轨、心轨与翼轨宏观密贴，锁钩不能过松；需要扳动道岔分别检查

定反位状态，用扳手撬动密贴尖轨有位移，松开后尖轨能复位，用扳手撬动密贴位置锁钩稍有位移。

② 道岔密贴不卡阻，动作无异声；用钢板尺插入方式检查辊轮运用状态，标准：闭合状态辊轮与尖轨轨底边缘间的空隙应为 1~2 mm，辊轮顶面应高于滑床台上表面 1~3 mm。

③ 斥离尖轨在自然状态下，不受防跳铁影响，间隙≤3 mm。检查斥离尖轨与防跳铁有无间隙，锁钩与锁闭杆凸台接触面有间隙时，用扳手向基本轨侧撬动尖轨，松开后用 3 mm 塞尺检查斥离尖轨与防跳铁间隙，应≤3 mm。

（4）检查缺口：

① 扳动检查移位标指针与标记对齐；标记变化要查找原因，不能盲目调整，调整后与视频监测图像进行核对。

② 两片表示杆无张嘴、无错牙现象（图 11-67），两片表示杆端头尽量对齐，其错开距离≤8 mm，用钢板尺测量表示杆错开距离，不达标时调整开程，定反位偏差≤2 mm。

（5）检查结合部：

① 顶铁间隙应不大于 1 mm，如图 11-68 所示；用塞尺检查顶铁间隙，不达标时，协调工务对枕木空间距和调整块进行校正。

图 11-67　表示杆缺口标记检查

图 11-68　顶铁检查

② 尖轨、基本轨无肥边；打磨钢轨肥边后必须对道岔进行密贴检查。

③ 尖轨爬行≤20 mm；检查尖轨爬行时看防爬标记。

④ 尖轨无上翘、无吊板，如图 11-69 所示。吊板不能连续超过 3 块。

⑤ 检查辊轮运用状态，辊轮框架内无异物，动作灵活，无卡阻。辊轮调整尺寸达标，标准：闭合状态辊轮与尖轨轨底边缘间的空隙应为 1~2 mm，辊轮顶面应高于滑床台上表面 1~3 mm；辊轮位置由电务负责检测并配合工务调整。

上述问题协调工务解决，及时下发通知书。

图 11-69　尖轨吊板检查

2. 单开道岔。

（1）18号及以上道岔尖轨表示缺口注意可靠性调整；通过视频图像观察昼夜缺口变化量，根据变化量进行适应性调整。

（2）心轨尖端鼻子与翼轨间隔铁不磨卡（图11-70），用2 mm塞片进行检查，以能自如插入为准。

图 11-70　心轨检查

3. 交分道岔。

检查各杆件与枕木不刮碰，道岔扳动时检查。

（三）作业后复查

1. 防护罩固定加锁。

2. 扳动试验，检查缺口。

3. 料具清点无遗漏，作业人员全部下道，室内驻站联络员销记。

4. 作业全部结束，作业人员返回室内或撤出网外，室内驻站联络员离台。

备注：

1. 顶铁间隙调整过大容易造成表示缺口变化，加重杆件磨耗；顶铁间隙小容易造成密贴过紧，尖轨反弹。

2. 提速道岔不能只检查尖轨密贴时缺口，还要检查表示杆端头齐度：错开距离≤8 mm，>8 mm 时测量调整道岔开程，两侧偏差≤2 mm，错开 16.25 mm 时会造成"大口吃小口"，检查柱落不到表示杆缺口内，道岔无表示。

三、ZYJ7+SH6 道岔巡检作业标准化程序

（一）作业前准备

1．确定巡检重点。

利用微机监测（视频监测）等手段，确定重点设备及检查项点，利用微机监测重点对道岔动作曲线进行分析；利用视频监测重点对表示缺口变化进行重点调整。

2．仪表料具准备。

（1）携带工具：通信设备、MF14 万用表、钥匙、道岔调整扳手、梅花扳手、手锤、克丝钳、活口扳手、螺丝刀、腻刀、塞尺、200 mm 钢板尺、小镜子、4 mm 夹板、机油、抹布、开口销、尖嘴钳子、小钩子、密贴调整片，如图 11-71 所示。

图 11-71　工具材料

（2）出场前进行通话试验，仪表校核，料具检查。

（二）作业过程

1．通用。

（1）检查外观：

① 机盖、防护罩加锁固定良好，遮沿作用良好；机盖、防护罩固定良好无破损，用手掀动遮沿，松手后能自动复位。

② 各部螺栓紧固，开口销齐全、标准；螺丝紧固可以通过检查弹簧垫是否错牙、接触面是否有锈等快捷方式进行判定，开口销劈开角度达标，如图 11-72 所示。

③ 各部绝缘无破损；绝缘外观良好，动作杆草帽绝缘动作时无明显窜动。

④ 各部销轴不旷动；销轴旷动可以通过连接面的磨痕来判断。

⑤ 油管及接口无漏油渗油现象。

⑥ 融雪装置加热条不浮起，卡具齐全（每空不少于1个）不脱落；卡具保证600 mm间隔（每个枕木空一个，靠近枕木侧安装）。

⑦ 引线管不脱地、不破损；引线管不能存留硬弯。

⑧ 电缆盒安装牢固无倾斜。

图 11-72　开口销劈开角度

（2）检查外锁装置：

① 锁闭框安装孔螺栓居中，左右偏差≤5 mm；锁框固定螺栓在安装孔内尽量居中。

② 锁闭框两侧限位块应有效插入锁闭杆两侧导向槽内，不松脱、不别卡，两侧与锁闭框内侧间隙均匀，间隙≥0.5 mm，锁闭杆限位块与锁框间隙≤3 mm（不顶死）；用0.5 mm塞尺检查锁闭杆与锁框间隙，扳动检查两侧有无磨卡痕迹，用3 mm塞尺检查锁闭杆限位块与锁框间隙。

③ 锁闭铁与锁钩、锁钩与锁闭杆的接触面清洁、油润、无沟痕，在尖轨斥离侧用小镜子检查锁闭铁斜面是否有沟痕。锁钩与锁闭杆磨卡通过道岔解锁瞬间的声音来判定。

（3）检查密贴：

① 尖轨与基本轨、心轨与翼轨宏观密贴，锁钩不能过松（图 11-73）；扳动道岔分别检查定反位状态，用扳手撬动密贴尖轨有位移，松开后尖轨能复位，用扳手撬动密贴位置锁钩稍有位移。

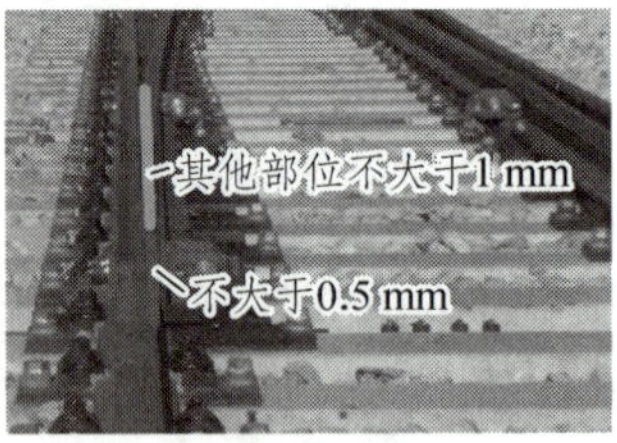

图 11-73　道岔尖轨密贴检查

② 道岔密贴不卡阻，动作无异声；用钢板尺插入方式检查辊轮运用状态，标准：闭合状态辊轮与尖轨轨底边缘间的空隙应为1~2 mm，辊轮顶面应高于滑床台上表面1~3 mm。

③ 斥离尖轨在自然状态下，不受防跳铁影响，间隙不得大于3 mm。观察斥离尖轨与防跳铁间隙，向道岔中心撬动尖轨，松开后恢复原位。

(4）检查缺口：

① 扳动检查移位标指针与标记是否对齐；标记变化要查找原因，不能盲目调整，调整后与视频监测图像进行核对。

② 两片表示杆无张嘴、无错牙现象，两片表示杆端头尽量对齐，其错开距离≤8 mm，用钢板尺测量表示杆错开距离，不达标时调整开程，定反位偏差≤2 mm。

（5）检查结合部：

① 顶铁间隙应不大于1 mm；用塞尺检查顶铁间隙，不达标时，协调工务对枕木空间距和调整块进行校正。

② 尖轨、基本轨无肥边（图11-74）；打磨钢轨肥边后必须对道岔进行密贴检查。

③ 尖轨爬行≤20 mm；检查尖轨爬行时看防爬标记。

④ 检查尖轨无上翘、无吊板；吊板不能连续超过3块。

⑤ 检查辊轮运用状态，辊轮框架内无异物，动作灵活，无卡阻。辊轮调整尺寸达标，标准：闭合状态辊轮与尖轨轨底边缘间的空隙应为1~2 mm，辊轮顶面应高于滑床台上表面1~3 mm；辊轮位置由电务负责检测并配合工务调整。

图11-74　道岔尖轨、基本轨肥边检查

上述问题协调工务解决，及时下发通知书。

2. 外锁交分道岔。

检查各杆件与枕木不刮碰，道岔扳动时检查。

3. 双杆交分道岔。

（1）2、3撤尖端各部件不磨卡，重点检查象鼻铁螺丝、尖轨尖端滑床板和工务方钢拐铁部位是否磨卡。

（2）检查各杆件与枕木不刮碰，杆件刮碰必须在扳动状态下进行检查。

4. 18号外锁道岔。

尖轨表示缺口注意可靠性调整；根据尖轨爬行变化量进行适应性调整。

（三）作业后复查

1. 防护罩固定加锁。

2. 扳动试验，检查缺口。

3. 料具清点无遗漏，作业人员全部下道，室内驻站联络员销记。

4. 作业全部结束，作业人员返回室内或撤出网外，室内驻站联络员离台。

备注：

1. 顶铁间隙调整过大容易造成表示缺口变化，加重杆件磨耗；顶铁间隙小容易造成密贴过紧，尖轨反弹。

2. 提速道岔不能只检查尖轨密贴时缺口，还要检查表示杆端头齐度（图 11-75），错开距离≤8 mm，>8 mm 时测量调整道岔开程，两侧偏差≤2 mm，错开 16.25 mm 时会造成"大口吃小口"，检查柱落不到表示杆缺口内，道岔无表示。

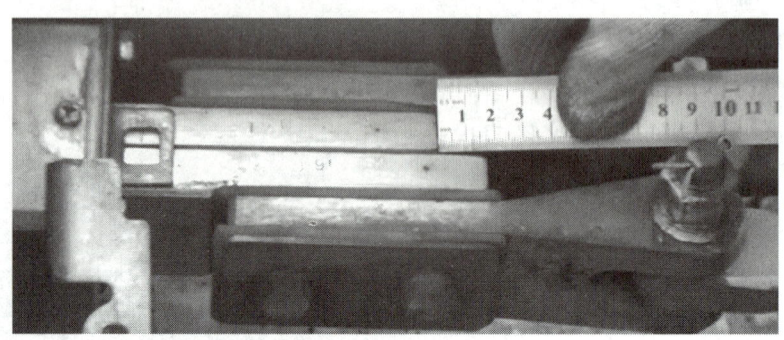

图 11-75　表示杆齐度

四、S700K 道岔检修作业标准化程序

（一）作业前准备

1. 确定检修重点

结合季节性变化和结合部问题确定检修作业重点。结合季节性变化对表示杆缺口进行适应性调整，根据工电联合整治记录协调工务解决结合部问题。

2. 仪表料具准备

（1）携带工具：通信设备、MF14 万用表、钥匙、道岔调整扳手、梅花扳手、手锤、克丝钳、活口扳手、螺丝刀、塞尺、200 mm 钢板尺、小镜子、4 mm/5 mm 夹板、机油、抹布、开口销、万可端子专用螺丝刀、尖嘴钳子、长嘴钳、小钩子、密贴调整片、四氯化碳、毛刷、竹片、专用油，如图 11-76 所示。

（2）出场前进行通话试验、仪表校核、料具检查。

图 11-76　工具材料

（二）作业过程

1. 通用部分。

（1）道岔调整：

① 调整道岔开程（图11-77）：18号尖轨第一牵引点为160 mm±5 mm，第二牵引点为118 mm±5 mm，第三牵引点为75 mm±5 mm；12号第一牵引点为160 mm±5 mm，第二牵引点为75 mm±5 mm；定、反位开程偏差≤2 mm；第一牵引点锁闭量≥30 mm，其余牵引点≥20 mm；斥离轨不受防跳铁影响。在锁闭杆中心，用钢板尺测量尖轨开程；开程大时在尖轨连接铁处加垫，开程小时协调工务校正轨距，同时对磨耗超限的草帽绝缘、鼓形销、销轴进行更换；在锁钩与锁闭杆重合点用钢板尺测量锁闭量。

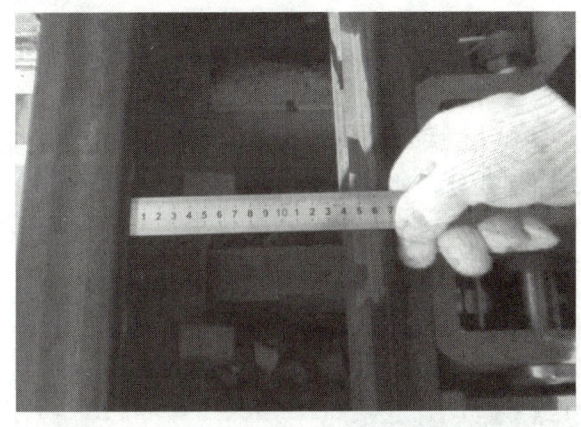

图11-77　道岔开程检查

② 调整道岔密贴：尖轨与基本轨、心轨与翼轨宏观密贴，运行速度120 km/h以下区段第一牵引点夹4 mm标准铁板道岔不锁闭，其他牵引点夹6 mm标准铁板道岔不锁闭，运行速度120～160 km/h区段各牵引点处夹4 mm标准铁板道岔不锁闭；通过增减锁框与锁闭铁间的调整片来调整密贴，道岔定反位宏观密贴后，用扳手撬动密贴尖轨有位移，松开后尖轨能复位，用扳手撬动密贴位置锁钩稍有位移。

③ 调整表示缺口：检测杆缺口调整为指示标对准检测杆缺口中央，距两侧各2.0 mm±0.5 mm；两片检测杆无张嘴、无错牙现象，两片检测杆端头尽量对齐，其错开距离≤8 mm。调整表示杆调整螺丝使表示杆缺口达标，核对内外缺口一致，调整后与室内视频图像进行核对。

（2）接点及配线检查：

① 接点组安装牢固，接点触头无烧损发黑，转换时无过大火花；用螺丝刀检查接点组配线螺丝紧固，目测接点外壳无龟裂，扳动检查火花。

② 使用TS-1接点组时应对接点进行擦拭；使用竹片缠白布沾四氯化碳擦拭接点，保证接点清洁。

③ 各部配线端子不松动，配线绑扎整齐，插针插接良好（图11-78），引线孔防磨卡措施齐全，检查万科端子插针无串出。

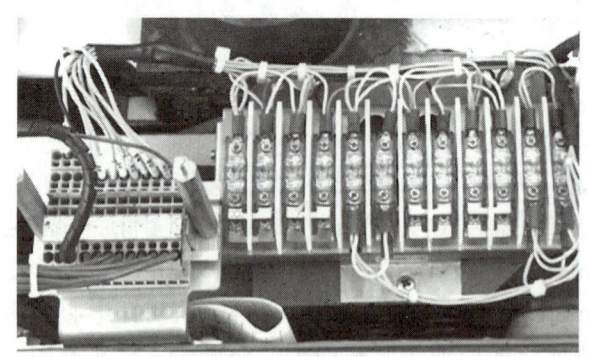

图 11-78 接点组配线检查

（3）部件注油：

① 齿轮组、滚珠丝杠注专用 FZ-243 润滑脂。

② 锁块、锁舌、动作杆和表示杆毡垫注机油。

③ 用抹布擦净齿轮组、滚珠丝杠油垢，用毛刷涂抹专用润滑脂，如图 11-79 所示。

④ 在接点组底板注油孔处，注机油润滑锁块及锁舌。

⑤ 打开动作杆及表示杆袖套螺母，检查毡垫是否需要注机油，毡垫每年更换。

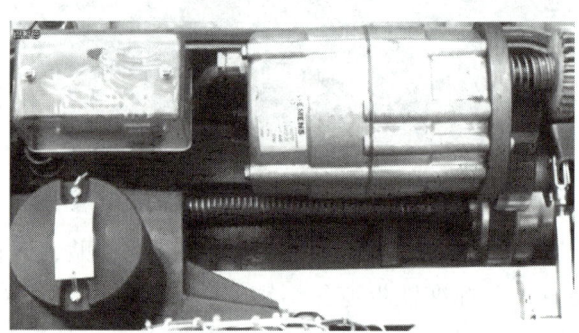

图 11-79 滚珠丝杠检查

（4）机内检查清扫：

① 紧固各部螺丝，擦拭机内油渍；用专用扳手紧固机身螺栓、用长嘴钳夹住抹布进行机内擦拭。

② 摩擦连接器防松锁片、保持连接器铅封良好；防松锁片不跳起。

③ 整治转辙机密封；调整机盖高度达标，更换不良胶条，摇把孔及遮断开关盖密封良好。

④ 填写检修卡。

2．单开道岔。

（1）18 号及以上道岔表示缺口，由于昼夜温差变化，造成尖轨爬行，及时对道岔缺口进行适应性调整；通过视频监控设备观察昼夜缺口变化规律，进行适应性调整。

（2）检查心轨尖端鼻子与翼轨间隔铁不磨卡。用 2 mm 塞片进行检查，应能自如插入。

3. 交分道岔。

（1）交分尖外锁开程调整标准，尖 1 开程为 145 mm±5 mm，尖 2 开程为 88 mm±5 mm。

（2）开程调整方法：先通过旋转可调接头铁调整 1、2 撇开程，再通过旋转锁闭连接杆鸭嘴调整 3、4 撇开程，两侧偏差＞2 mm 时通过调整尖端杆鸭嘴螺栓使开程一致。

（三）作业后复查

1. 防护罩固定加锁。
2. 扳动试验，检查缺口。
3. 料具清点无遗漏，作业人员全部下道，室内驻站联络员销记。
4. 作业全部结束，作业人员返回室内或撤出网外，室内驻站联络员离台。

备注：

（1）沙特堡接点防拉弧防范措施：通过调整电源屏输出电压方式，保证动作电流≤2.0 A；转辙机入所检修，必须对齐度和滚轮居中情况进行检查。

（2）转辙机故障和密检器故障判断：通过查看微机监测道岔动作曲线（图 11-80），比较道岔参考曲线和故障曲线，如果故障曲线是转辙机空转，则可能是转辙机故障，如果故障曲线是没有台阶的整流匣断线曲线，则可能是密检器故障。

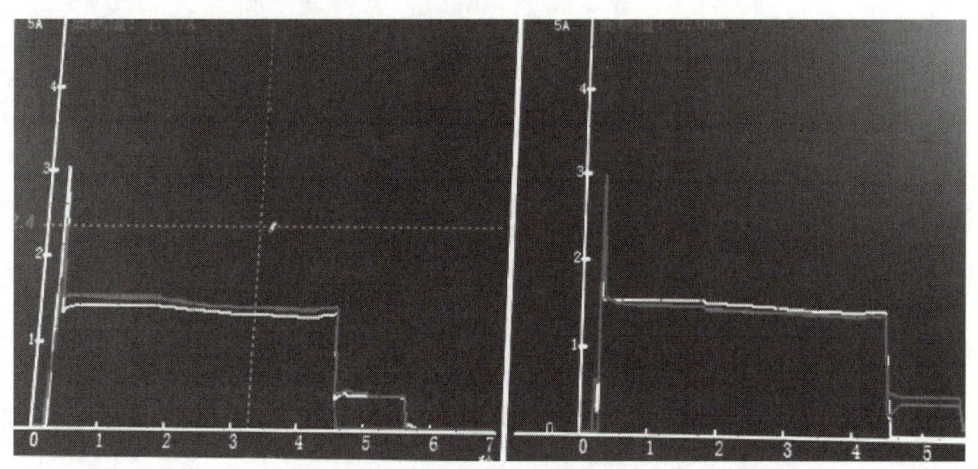

图 11-80　道岔动作曲线

（3）卡口无表示还是卡阻转换不到位判断（图 11-81）：通过比较参考曲线的动作时间来区分，如果故障道岔动作曲线的空转（曲线略高的起始点）发生在参考曲线的落锁之前，则可能是道岔卡阻转换不到位；如果故障道岔动作曲线的空转发生在参考曲线的落锁之后，则可能是道岔卡口无表示故障。

（4）通过视频缺口监测设备浏览发现机内湿度＞40%时必须现场查找原因。

图 11-81 道岔缺口检查

第十二章 电务（信号）应急处理

第一节 道岔应急处理

一、道岔故障处理流程（图12-1）

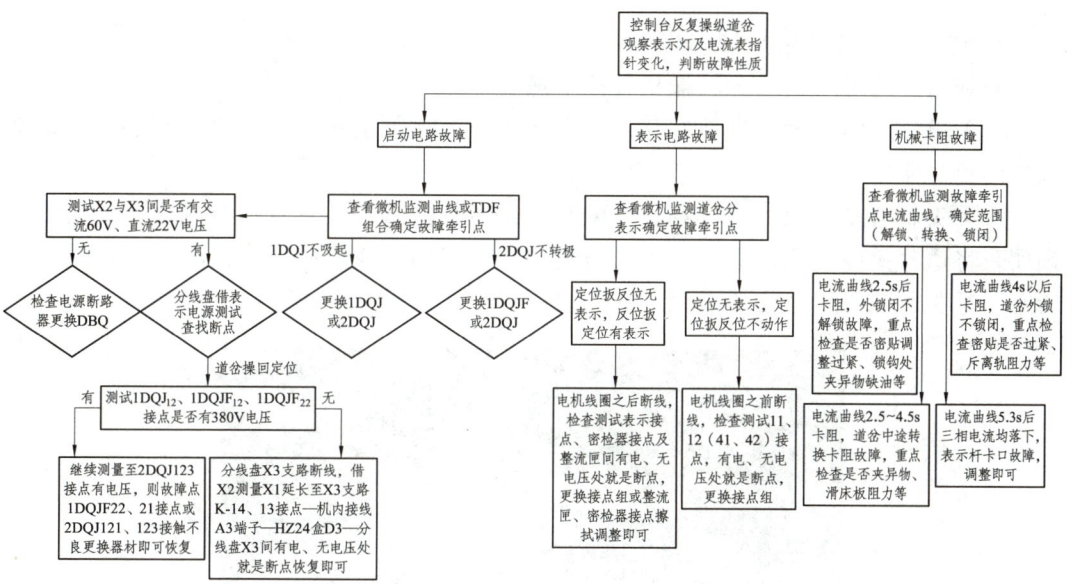

图 12-1 道岔故障处理流程

二、故障应急处理

（一）故障原因分析

外锁闭道岔设备在现场运用过程中经常发生机械故障，大都是道岔"绷、卡、爬、松"这四个原因造成的，根据故障现象一般分为三大类。

1. 转辙机在没解锁时空转。

（1）道岔密贴力大。这种故障大多体现在道岔密贴调整过紧。处理这类故障时，要区分是密贴调整原因还是道岔尖轨绷劲反弹的原因。密贴调整过紧，可视状态加、减锁闭框和锁闭铁之间的调整片；道岔尖轨绷劲反弹的需要找出尖轨绷劲反弹的原因，例如是否为顶铁调整不良等，并联系工务部门共同整治。

（2）ZYJ7液压道岔油压调整过低或油压系统缺油，造成转换压力不足，通过调整油压或加液压油可以克服，如图12-2所示。

图12-2　机内注油孔

2. 转辙机在解锁后空转。

遇到这种情况时判断为转辙机转换中途受阻：

（1）道岔的阻力大，尖轨在移动过程中受阻。比如滑床板的表面不平、尖轨根部螺丝调整过紧等。

（2）尖轨与基本轨间有异物。当尖轨与基本轨间或锁钩底部有异物时，道岔不能锁闭，将道岔操纵到原位后，在尖轨与基本轨间仔细查找障碍物，如图12-3、图12-4所示。这类故障大都是由于道岔清扫不良。

图12-3　清理异物（1）

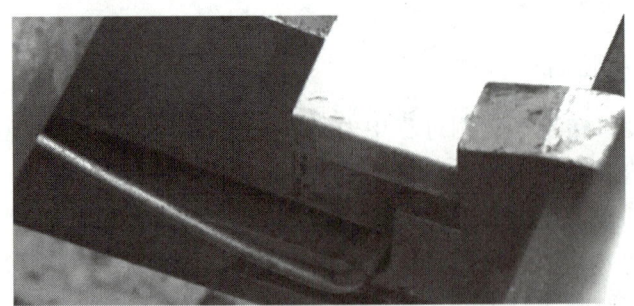

图12-4　清理异物（2）

（3）ZYJ7液压道岔油压调整过低或油压系统缺油（图12-5）。

图 12-5　检查油量

3. 转辙机转换到位，尖轨密贴后空转。主要原因有：

（1）道岔调整不良，密贴力大，通过减少调减片的调整方法克服。

（2）锁钩底部有异物，对道岔进行清扫。

4. 转辙机完成机械锁闭，尖轨密贴，但是没有表示（俗称卡口）。可能的机械原因为：

（1）道岔缺口调整不良。

（2）道岔尖轨与基本轨间有异物。

（3）表示杆螺丝松动，造成表示杆缺口变化。

（4）密贴调整螺丝松动等原因，造成道岔缺口变化。

（5）钢轨侧磨非标。

（6）由于基本轨横移等，道岔缺口变化。其中基本轨横移属于相对隐性的故障，也是现场高发、多发的故障，往往由于现场处理、维护人员经验不足难以从根本上解决。此时重点检查、整治几个地方：

① 工务弓形扣件下的楔铁是否起作用。

② 轨撑是否起作用。

③ 轨距调整块是否合适。

④ 滑床板与基本轨内侧是否密贴。

⑤ 轨距是否达标。

5. 转辙机完成机械锁闭，尖轨密贴，表示给出后又消失（俗称倒表示）。可能的机械原因为：

（1）ZYJ7 液压道岔可能是惰性轮失效，惰性轮抱死或过松，需要更换。

（2）ZYJ7 液压道岔也可能是油路系统内有空气，进行排气处理。

（3）S700K 道岔也可能是摩擦连接器调整不当，需要更换。

（二）故障处理

1. 外锁闭提速道岔不解锁故障处理。

处理方法：室内多次反复扳动道岔，室外道岔在转换时用手锤敲击不解锁牵引点处的锁钩两侧平面，外锁闭即可解锁。然后检查道岔尖轨、基本轨是否爬行、吊板，滑床板是否开焊，密贴调整是否过紧，锁闭铁的锁闭斜面、锁钩锁闭斜面、动作板凸起的锁台与锁钩锁闭下平面是否夹异物、是否卡出沟痕，现场及时处理；必要时更换锁闭铁及锁钩，工电部门联合进行整治。

2. 外锁闭提速道岔变位时转换不到位、电机空转故障处理。

处理方法：室内多次反复扳动道岔，室外检查道岔尖轨、基本轨间是否夹异物，如果尖轨已密贴，可能是斥离尖轨卡阻或道岔密贴过紧造成的，现场用手锤敲击密贴尖轨或用撬棍拨斥离尖轨使道岔锁闭保证使用；然后重点检查道岔尖轨、基本轨是否爬行、吊板，滑床板是否开焊、杆件不方正等，工电部门联合进行整治。S700K 转辙机表示杆卡口造成电机空转，调整即可。

3. 道岔无表示故障处理方法。

室内控制部分的故障原因主要通过观察控制台上的道岔表示灯、电流表（图 12-6）来分析故障原因。

借助于分线盘上的相关数据（图 12-7）查找纯表示电路故障，判断出故障的性质和故障的地点，然后处理故障。

利用动作电路与表示电路共同对某一故障实现分析与处理，必须清楚五线控制电路使用，然后对照现象缩小故障范围查找故障点。

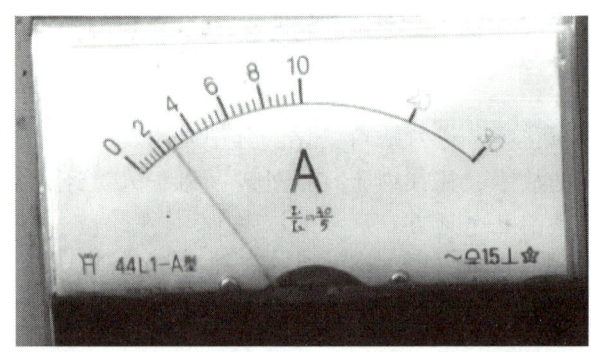

图 12-6　表头

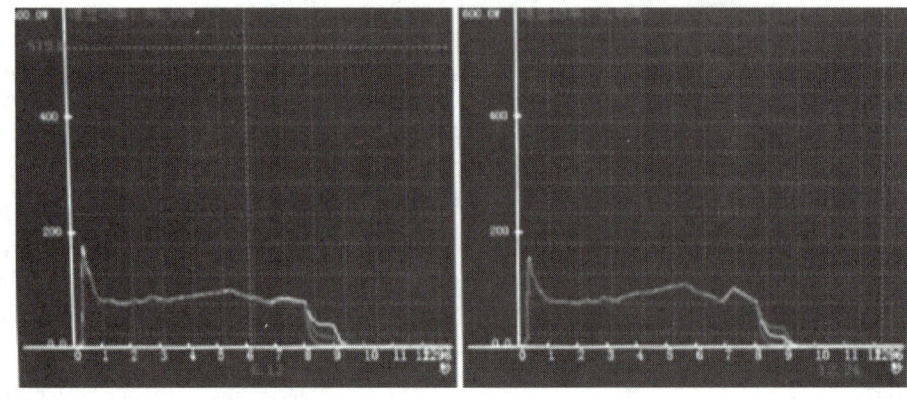

图 12-7　曲线

4. 表示电路故障分析。

假定道岔在定位，而无定位表示，应先检查 DBJ 电路，看总 DBJ 各牵引点的 DBJ 哪个未励磁，如图 12-8 所示。若总 DBJ 未励磁（各牵引点的 DBJ 均在吸起状态），应检查总的 DBJ 电路；若某个牵引点的 DBJ 未励磁，则应检查该牵引点的 DBJ 电路。

图 12-8　检查继电器

5. 遇 ZYJ7 液压道岔油路故障的特殊情况时的应急措施。

如遇到油管堵塞或液压系统处于瘫痪状态，无压力，道岔又处于"四开"位，或必须用另一个位置时，根据转辙机外锁闭装置的动作原理，可按下述方法进行：

（1）松开溢流阀（图 12-9），然后用撬杠或其他工具分别撬动一、二动转辙机和转换锁闭器的油缸，使动作杆解锁。

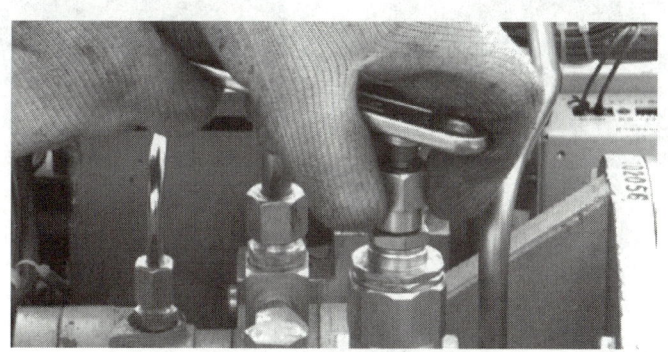

图 12-9　松开溢流阀

（2）用撬杠撬动斥离轨，使一、二动外锁闭解锁并至另一个位置，再撬动另一斥离轨。

（3）用小撬杠撬动一、二动油缸，使转辙机和转换锁闭器锁闭，接点落下，给出另一表示即可。

（4）必须用钩锁器加锁。

第二节 轨道电路故障处理

一、轨道电路非列车占用红光带故障处理

车站值班员发现或接到行车设备故障的报告后,应立即通知设备管理单位相关人员,并在《行车设备检查登记簿》内登记,如图 12-10 所示。

列车调度员发现或接到调度台行车设备故障的报告后,应立即通知设备管理单位相关人员,并在《行车设备检查登记簿》内登记。

设备管理单位应在《行车设备检查登记簿》内签认,尽快组织修复。对暂时不能修复的,应登记停用内容和影响范围,并注明行车限制条件。

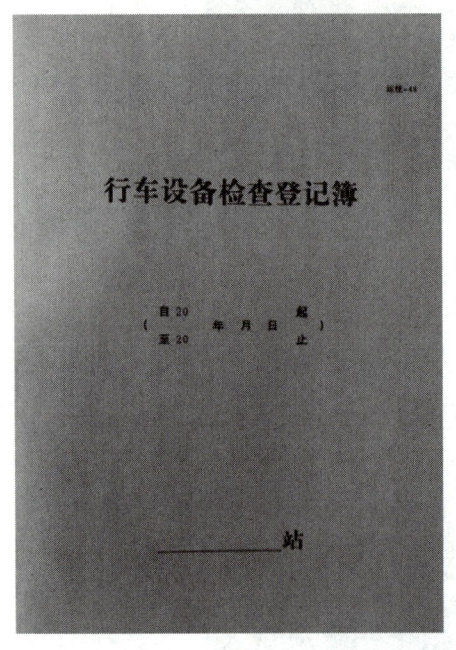 

图 12-10　行车设备检查登记簿

二、客专 ZPW-2000K 轨道电路应急故障处理

(一)故障分类

分为器材故障和轨道通道故障。

(二)故障处理

1. 控制台移频报警,轨道电路正常工作。

控制台移频报警,轨道电路虽然正常工作,但一定要积极处理,将轨道红光带消灭在发生之前。控制台移频报警则说明柜内有发送器故障(已转至备机或 $N+1$ 工作)

或者接收器故障（双套已转单套工作），首先更换器材，确定是否由于器材故障引起；如更换器材仍报警，对于发送器需检查柜内电源、保安器、低频编码电源以及载频、频标及低频编码是否断线，对于接收器则需检查柜内电源、断路器、载频、频标是否断线。

2. 轨道电路红光带。

轨道电路红光带后首先判断是主轨故障还是小轨故障，或者主轨、小轨均故障（图 12-11）。故障现象的处理方法如下（注：小轨正常与否是以衰耗器小轨出电压作为参考，以下同）：

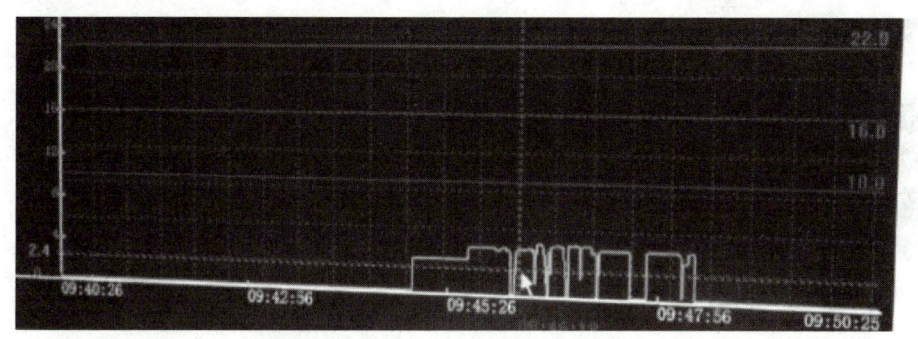

图 12-11　轨道电路故障曲线

（1）本区段主轨、小轨均故障。

本区段主轨、小轨均故障则说明故障点在发送设备上，首先观察是否有移频报警，如有移频报警则说明柜内有发送器故障，应更换相应的发送器。如果没有移频报警，则在分线盘测试发送电压，进而确定故障点在室内或者室外，具体如下：

① 分线盘发送电压正常，说明室内发送设备正常，故障在室外发送设备，室外分别测量匹配压器电压、调谐单元电缆、匹配变压器、调谐单元、等阻线。

② 分线盘发送电压没有，说明室内发送设备故障，室内分别测量衰耗盘功放输出、电缆模拟网络盘输入及输出，确定故障具体位置（主要有发送器、发送通道的继电器接点、电缆模拟网络盘）。

故障查找如图 12-12 ~ 图 12-17 所示。

（2）本区段主轨故障、小轨正常。

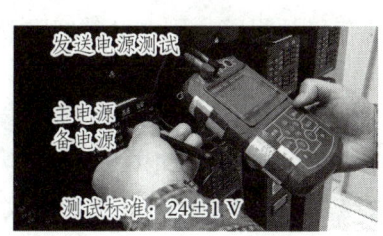

图 12-12　故障查找（1）

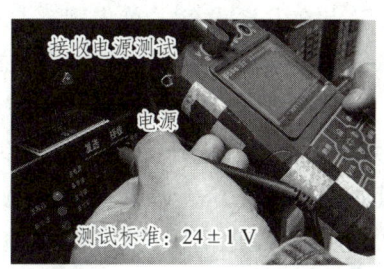

图 12-13　故障查找（2）

图 12-14　故障查找（3）

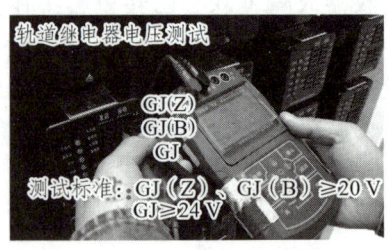
图 12-15　故障查找（4）

图 12-16　故障查找（5）

图 12-17　故障查找（6）

（3）一离去区段故障

本区段主轨故障、小轨正常说明故障点在本区段的接收，首先观察是否有移频报警，如有移频报警则说明柜内有接收器故障，应更换相应的接收器。如果没有移频报警，则在分线盘测试接收电压，进而确定故障点在室内或者室外，具体如下：

① 分线盘接收电压正常，说明室外接收设备正常，故障在室内接收设备，室内分别测量电缆模拟网络盘输入及输出、衰耗盘信号输入及轨道继电器输出，从而进一步确定故障具体位置（主要有接收器、衰耗盘、电缆模拟网络盘）。

② 分线盘接收电压没有，说明室外接收设备故障，室外主要测试接收轨面电压：接收轨面电压正常，说明补偿电容好，故障在接收端器材，分别测量调谐单元、匹配变压器电压进一步确定故障具体位置（主要有调谐单元、匹配变压器、接收电缆）；接收轨面没有电压，说明室外该区段轨道及补偿电容不好，需测试轨面电压进一步确认。

（4）三接近区段故障。

故障点在发送设备，首先观察是否有移频报警，如有移频报警则说明柜内有发送器故障，应更换相应的发送器（图 12-18）。如果没有移频报警，则在分线盘测试发送电压，进而确定故障点在室内或者室外，具体如下：

① 分线盘发送电压正常，说明室内发送设备正常，故障在室外发送设备，室外分别测量匹配压器电压、调谐单元电缆、匹配变压器、调谐单元、等阻线。

② 分线盘发送电压没有，说明室内发送设备故障，室内分别测量衰耗盘功放输出、电缆模拟网络盘输入及输出，确定故障具体位置（主要有发送器、发送通道的继电器接点、电缆模拟网络盘）。

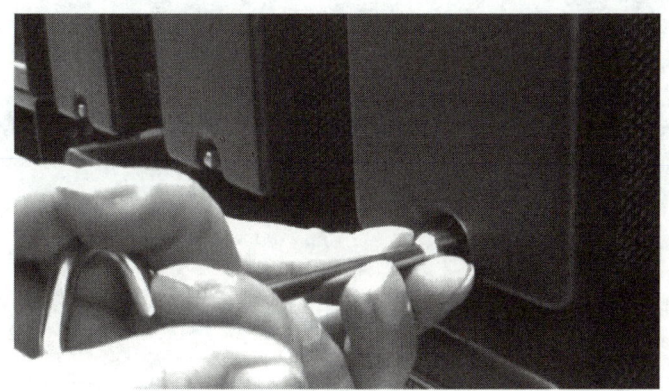

图 12-18　更换发送器

（5）三接近、一离去区段除外。

① 测试接收的轨入信号，接收轨入信号正常说明衰耗盘故障率较高。

② 接收的轨入信号不正常，说明室外的轨道电路有故障。

3. 本区段主轨电压正常、小轨故障。

小轨道故障后应先测试衰耗盘（列车运行前方相邻信号点）确认小轨道输入、输出信号是否正常。如小轨道信号输入不正常，则重点检查小轨道钢轨的状态及空心线圈等设备。

接收电压低：

（1）测试电容值。

（2）测试塞钉电阻值。

（3）测试电缆绝缘。

瞬间闪红光带：

（4）检查吸上线，空心线圈及连线是否完好。

（5）检查扼流变及连接线等。

4. 本区段轨道电路红光带，测试轨入电压正常。

原因分析：测试轨入电压正常继续测试主轨出电压，发现主轨出电压没有，经过分析可以判定问题在衰耗冗余控制器的调整部分。

第十三章 接触网仪表工具使用

第一节 特斯拉计使用

一、地面磁感应器的设置

1. 地面磁感应器一般分为无砟轨道预埋化学锚栓和有砟轨道轨枕预埋（磁轨枕式）两种安装形式。有砟轨道轨枕预埋分为一体式磁感应器轨枕和分体式磁感应器轨枕两种。无砟轨道预埋化学锚栓形式由磁性感应装置、化学锚栓两部分组成；有砟轨道轨枕预埋（磁轨枕式）形式由磁性感应装置、特制轨枕和不锈钢防护箍三部分组成。推广使用有砟轨道分体式磁感应器轨枕。

2. 每个分相点附近单股道安装 4 个地面磁感应器，按图 13-1 所示位置放置（以磁轨枕为例）。

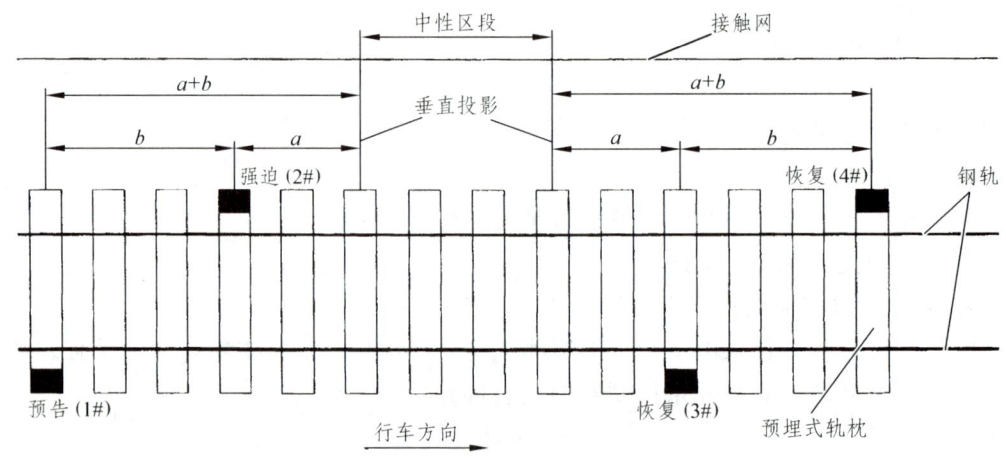

图 13-1 地面磁感应器布置

地面磁感应器安装距离（a、b）应满足列车自动过分相的行车要求。运行速度在 250 km/h 及以上区段 a 值设为 360 m，b 值设为 140 m；运行速度在 250 km/h 以下区段 a 值设为 35 m，b 值设为 170 m。线路条件困难时经铁路局批准后安装距离可适当调整。

二、检测标准

供电部门对地面磁感应器的磁感应强度每半年检测一次。

检测方法和标准:

使用高斯计,在磁感应器上方水平方向距钢轨内缘 335 mm±15 mm、垂直方向距钢轨顶面 110 mm+10 mm 处测量,地面磁感应器的磁感应强度应大于 36 Gs。

发现地面磁感应器的磁感应强度接近 36 Gs 时,应适当缩短测量周期。

当地面磁感应器开裂、损坏、松动、丢失或磁场强度低于 36 Gs 时,应及时更换。

第二节 利用接触网激光测量仪测量接触网参数

一、基本操作

(一)仪器放置标准

将测量架放置于待测目标下方的轨道面上,拨动测量架右端的轨距手柄,使测量架两端的固定测脚和活动测脚都紧靠钢轨内沿。保持测量架与轨道基本垂直。将主机放置于测量架的定位盘上,并使旋紧旋钮处于旋紧状态,如图 13-2 所示。

图 13-2 接触网激光测量仪放置位置

(二)开 机

打开电源开关后,显示屏出现"请向右旋转主机",根据提示用手轻轻旋转主机头(禁止快速旋转),直至显示屏上出现视频图像,即表示仪器进入正常测量状态。

正常测量状态是指将仪器按"仪器放置标准"放置,开机后,仪器处于可随时对任何参数进行测量的待测状态。每次测量完成或需要中断测量时,按下"返回"键,可使显示屏切换到图像界面,进入正常测量状态。

开机后,如果 25 min 内没有任何操作,仪器会自动关闭电源,这样就需要按下"启动"键。仪器长时间不使用时,请关闭电源。

接触网激光测量仪主机结构如图 13-3 所示。

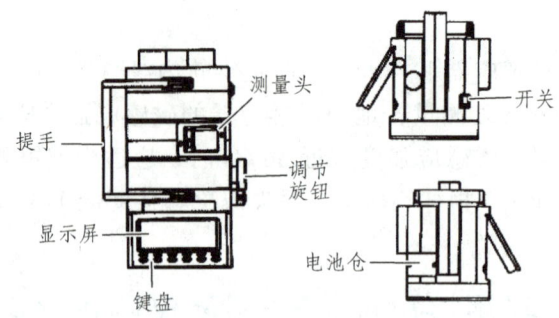

图 13-3 接触网激光测量仪主机结构

（三）瞄　准

仪器的显示屏中央有白色十字丝，通过前后挪动测量架和旋转主机头，使十字丝中心与待测目标完全重合。

瞄准时，可先用手转动主机头进行粗调，然后根据需要可旋转微调旋钮进行微调（图 13-4），直到对准目标。在光线较弱的情况下也可以按"长光"键打开长光（键盘上有一"长光"键，按下该键仪器就会发出一束红色激光，用于辅助瞄准），用眼睛观察红色激光点辅助瞄准。

（四）测　量

在正常测量状态下，瞄准目标后即可按下相应功能键进行测量，并显示测量结果，如图 13-5 所示。如果没有瞄准目标则提示"进入盲区或未对准目标请重新测量"。

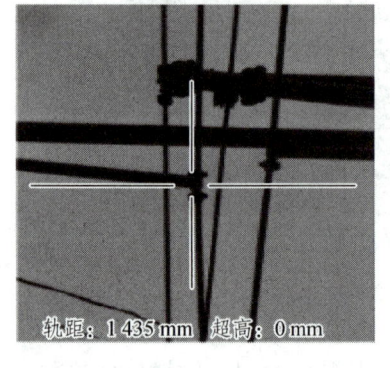

图 13-4 瞄准示意图

图 13-5 测量界面显示

（五）注意事项

接触网激光测量仪为精密测量仪器，在使用过程中应轻拿轻放，并注意如下事项：

1. 在低温状态下使用仪器，需提前在室内开机预热 15 min。
2. 本仪器测量架主体为金属材料，采用喷塑工艺，具有较高的绝缘性，使用中为安全起见，切勿将其侧翻同时置于两条钢轨上。

3. 为保证轨距测量精度，轨距测量触头采用金属材料，切勿将仪器放置于需要绝缘的钢轨接头处。如确需在钢轨绝缘处使用时，务必使用测脚绝缘套，防止造成钢轨信号短接，引起事故。

4. 保护仪器避免阳光直射，避免潮湿，保持仪器清洁。主机应保持清洁，尤其是光学部件要注意防尘。

5. 仪器激光级别为 2 级激光辐射，波长 630～675 nm，功率<1 mW，符合标准 EN 60825-1：2001，请勿直视激光束，请勿将激光束对向人或动物的眼睛。

6. 未经许可，切勿擅自打开或拆卸仪器。

7. 主机严禁摔碰，不可挤压显示屏。

8. 严禁重压测量架。

9. 尽量避免在大雨天使用，若作业中遇雨天，应减少作业，使用时，一定要把激光发射窗口擦净，作业后用干棉布将仪器擦干。

10. 仪器应在干燥环境下存放。

11. 设备设计使用年限为：5 年。

二、导高、拉出值、外轨超高测量

1. 将仪器按照"仪器放置标准"放置。
2. 在正常测量状态下瞄准目标后，按下"测量"键，即可显示结果。

三、侧面限界测量

1. 将仪器按照"仪器放置标准"放置。
2. 在正常测量状态下瞄准支柱上的红线（没标注红线时瞄准目测近似点即可）。
3. 按下"限界"键，即可显示结果。

四、斜率测量

1. 将仪器按照"仪器放置标准"放置。
2. 按下"菜单"键，再选择"垂直度"，进入支柱垂直度测量模式。
3. 仪器提示"请测量第一点"，瞄准支柱的高端按下"测量"键。
4. 仪器提示"请测量第二点"，瞄准支柱的低端按下"测量"键。
5. 按下"确认"键，即可显示结果。

五、水平测量

1. 将仪器按照"仪器放置标准"放置。
2. 在正常测量状态下按下键盘上"承力索"键。

3. 仪器提示"请测量第一点",瞄准承力索后按下"测量"键。
4. 仪器提示"请测量第二点",瞄准接触线,按下"测量"键。
5. 按下"确认"键,即可显示结果。

第三节　安全、绝缘工具检查、使用

一、全身式安全带

(一) 检　查

1. 有效期:定期检查合格证(是否在有效期内)。
2. 外观检查:有无脆裂、断股、扭结,金属配件有无裂纹、严重锈蚀现象,铆钉有无明显偏位、卡子是否灵活,表面磨损是否严重;安全绳挂钩咬口有无错位,保险装置是否完整;握住安全带背部衬垫的 D 型环扣,保证织带没有缠绕在一起。

(二) 穿　戴

1. 将安全带滑过手臂至双肩。保证所有织带没有缠结,自由悬挂。肩带必须保持垂直,不要靠近身体中心。
2. 抓住腿带,将它们与臀部两边的蓝色织带上的搭扣连接。将多余长度的织带穿入调整环中。
3. 将胸带通过穿套式搭扣连接在一起。胸带必须在肩部以下 15 cm 的地方。多余长度的织带穿入调整环中,全身式安全带穿戴形式如图 13-6 所示。

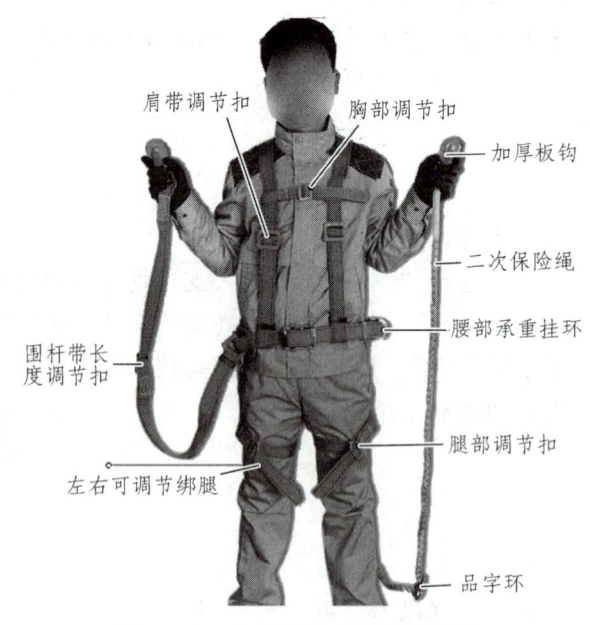

图 13-6　全身式安全带穿戴示意

（三）调　整

1. 肩部：从肩部开始调整全身的织带，确保腿部织带的高度正好位于臀部下方，背部 D 型环位于两肩胛骨之间。

2. 腿部：对腿部织带进行调整，试着做单腿前伸和半蹲动作，调整使得两侧腿部织带长度相同。

3. 胸部：胸部织带要交叉在胸部中间位置，并且大约离开胸骨底部 3 个手指宽的距离。

（四）注意事项

1. 安全带使用期一般为 3~5 年，发现异常应提前报废。

2. 安全带的腰带和保险带、绳应有足够的机械强度，材质应有耐磨性，卡环（钩）应具有保险装置。保险带、绳使用长度在 3 m 以上的应加缓冲器。

3. 使用安全带前应进行外观检查：组件完整，无短缺，无损伤残破损，绳索、编带无脆裂、断股或扭结，金属配件无裂纹、焊接无缺陷、无严重锈蚀，挂钩的钩舌咬口平整不错位，保险装置完整可靠。

4. 安全带应系在牢固的物体上，禁止系挂在移动或不牢固的物体上。不得系在棱角锋利处，安全带要高挂和平衡拴挂，严禁低挂高用。

二、绝缘手套

绝缘手套如图 13-7 所示。

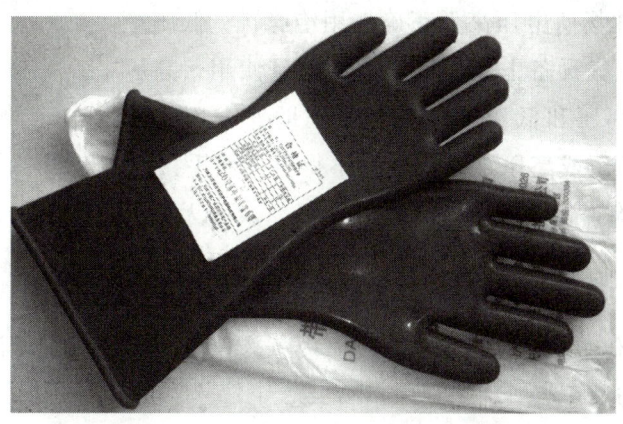

图 13-7　绝缘手套

（一）检　查

1. 根据所操作电压范围合理选择绝缘手套，并检查试验周期是否在有效期内。

2. 进行外部检查，查看绝缘手套是否完好，表面无磨损、破漏、划痕等。

3. 若绝缘手套有粘胶破损或漏气现象，严禁使用。

4. 充气试验（绝缘手套的检查方法由两手抓住绝缘手套的上口两侧，将手套朝手指方向卷曲，当卷曲到一定程度时，内部空气因体积减小压力增大，手指若鼓起为不漏气，即为良好）。

（二）注意事项

1. 戴上手套应将外衣袖口放入手套伸长部分内。
2. 使用绝缘手套后，应内外擦净，晾干再撒上一些滑石粉，以免粘连。
3. 绝缘手套不允许放在过冷、过热、阳光直射或有酸、碱物品的地方，以防胶纸老化，降低绝缘性能。
4. 应放在干燥、阴凉的专用柜内，与其他工具分开放置，其上不得堆压任何物件，以免刺破手套。
5. 绝缘手套应每 6 个月进行一次绝缘实验。
6. 绝缘手套应统一编号，现场使用的绝缘手套最少保证两副。

三、绝缘靴

绝缘靴如图 13-8 所示。

图 13-8　绝缘靴

（一）检　查

1. 检查试验周期有无超期问题。
2. 应根据作业场所电压高低正确选用绝缘靴，低压绝缘靴禁止在高压电气设备上作为安全辅助用具使用，高压绝缘靴可以作为高压和低压电气设备上辅助安全用具使用。但不论是穿低压或高压绝缘靴，均不得直接用手接触电气设备。
3. 进行外部检查，查看绝缘靴是否完好，表面无磨损、破漏、划痕等。

（二）注意事项

1. 穿用绝缘靴时，应将裤管套入靴筒内。裤管不宜长及靴底外沿条高度，更不能长及地面，保持布帮干燥。
2. 非耐酸碱油的橡胶底，不可与酸碱油类物质接触，并应防止尖锐物刺伤。若底面花纹磨光，露出内部颜色时则不能作为绝缘靴使用。

四、验电器

各种高压验电器如图 13-9 所示。

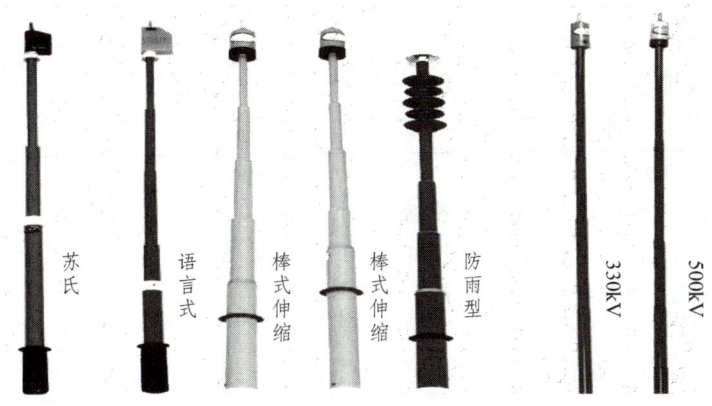

图 13-9　高压验电器

（一）检查

1. 必须使用相应电压等级而且合格的接触式验电器。
2. 所使用的验电器必须有绝缘试验标签，并且在试验周期之内。
3. 外观检查，绝缘杆无裂纹，各连接部位状态良好。
4. 验电器自检，有条件时，可先在有电设备上进行试验，验证验电器良好，无法在有电设备上试验时可用自检方式确认验电器声光信号良好。

（二）注意事项

1. 高压验电必须戴绝缘手套，穿绝缘靴，验电器的伸缩式绝缘杆长度拉足。验电时手应握在手柄处，不得过护环，人体与验电设备保持安全距离，雨雪天气时不得进行室外直接验电。
2. 高压验电时，二人进行，一人监护，一人操作。
3. 验电时让验电器顶端的金属工作触头逐渐靠近带电部分，至声光报警为止，验电器不应受邻近带电体的影响，以至于发出错误的信号。
4. 验电完成后，应立即进行接地操作。验电后因故中断未及时进行接地，若需要继续操作必须重新验电。

五、接地线、短接线

图 13-10 所示为接电线实物。

（一）检查

1. 合格证检查：是否在有效期内。
2. 外观检查：接地线有无散股、断股和接头，透明护套是否有破损，各连接部位是否牢靠，绝缘杆有无裂纹，内外是否脏污，钩头是否灵活，接地端螺栓是否灵活。

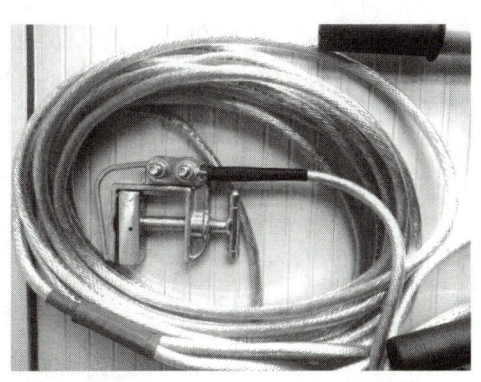

图 13-10　接地线、短接线

（二）注意事项

1. 先连接接地端，再与被停电的导体相连，必须连接牢固。
2. 接挂过程中人体不得触及接地线。
3. 绝缘杆要保持清洁干燥。
4. 使用时，必须穿绝缘靴、戴绝缘手套。

六、异物杆、打冰杆

图 13-11 所示为高速铁路接触网除冰工具组合。

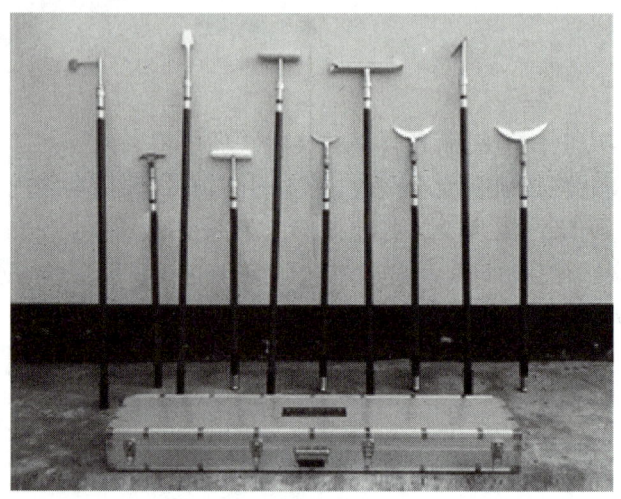

图 13-11　高速铁路接触网除冰工具组合

（一）检　查

1. 合格证检查：是否在有效期内。
2. 外观检查：各连接部位是否牢靠，绝缘杆有无裂纹，内外是否脏污。

（二）注意事项

1. 使用时，必须穿绝缘靴、戴绝缘手套。
2. 绝缘杆要保持清洁干燥。
3. 使用中避免损伤设备

第四节　接触网常用工具认识和使用

一、手扳葫芦

手扳葫芦广泛地应用于造船、电力、运输、建筑、矿山、邮电等行业的设备安装、物品起吊、机件牵拉等，如图 13-12 所示。手扳葫芦具有安全可靠、经久耐用、性能好、维修简便、体积小、质量轻、携带方便、手板力小、效率高、结构完善、外形美观等特点。手扳葫芦是用人力来提升重物的，不得任意加长操作手柄；操作中应让其余手柄自由随动，不得卡阻。必须根据负载的大小选用适当吨位的葫芦。

图 13-12　手扳葫芦

（一）使用前

1. 选择大小合适的手扳葫芦进行使用，严禁超载。
2. 将手扳葫芦的吊钩与固定物可靠地固定，将链条吊钩与被吊重物可靠地挂在一起。
3. 手扳葫芦吊钩位置的调整。空载时把旋钮扳至指示上的"0（N）"位，然后转动手轮，即可调整链条吊钩的上、下位置。棘爪脱开棘轮，这样是可用手拉动链条方便而迅速地调整链条吊钩的位置。
4. 使用前必须确认机件完好无损、传动部件及起重链条润滑良好、空转情况正常。
5. 使用前应检查上下吊钩是否挂牢。应使荷载加在吊钩的钩腔中央。起重链条不得有错扭曲弯曲的链环，以确保安全。

（二）使用时

1. 手扳葫芦重物提升。将旋钮扳至位置牌的"上（U）"，然后往复扳动手柄，随着手柄的往复扳动，重物便平稳地上升。
2. 手扳葫芦重物的下降。将旋钮至指示牌上"下（D）"的位置，然后往复扳动手柄，重物便随着手柄的扳动而平稳地下降。
3. 在起吊起重物时，严禁人员在重物下做任何工作或行走，防止发生人身事故。
4. 使用时如果发现手扳力过大时应立即停止使用，并进行检查：
（1）重物是否与其他物件牵连。
（2）葫芦机件有无损坏。
（3）重物是否超出了葫芦的额定荷载。
5. 手扳葫芦使用完毕应注意及时进行清洗，清洗检修以后应进行空载试验和重载试验，在保证手扳葫芦完好以后应在通风、干燥处妥善保存。

（三）注意事项

1. 严禁超载使用，严禁擅自加长手柄使用，严禁用人力以外的其他动力操作。
2. 不准违规操作，不准把手扳葫芦放置在雨中或很潮湿的地方。
3. 在搬运过程中，要轻拿轻放。
4. 在受力时，不得搬动松紧挡。

5. 要选用张力适用的手扳葫芦。
6. 使用中要时刻观察手扳葫芦与紧线器的状态。

二、紧线器

蛙式紧线器（德式卡线器）如图 13-13 所示。

图 13-13　蛙式紧线器

（一）使用前

1. 此紧线器分为 16-70、50-150 和 150-300 三种型号，型号代表能够夹持的线索截面积，如 50-150 代表紧线器夹持线索的截面积在 $50 \sim 150 \text{ mm}^2$ 之间。根据线索截面积选用合适型号的紧线器，避免紧线器型号过大夹持不住或线索过粗无法夹持的情况出现。

2. 检查紧线器上的 6 个轴点。双手掌心顶住紧线器两端，用力向中间推，这时夹槽开启，松手后，夹槽能快速闭合，过程无卡阻现象，则 6 个轴点转动灵活，否则应点注润滑油润滑。

3. 检查夹槽中的齿状纹路。打开夹槽后，夹槽两侧布满整齐排布的齿状纹路，用眼观察纹路有无被杂质所填满，用手划过纹路，应能感受到纹路的摩擦感。当有杂质填充纹路时应及时清理干净。

（二）使用时

使用时应正确选用型号，并注意所夹持的线索张力不得大于紧线器的额定负荷。16-70 型的额定负荷为 15 kN，50-150 型的额定张力为 25 kN，150-300 型的额定张力为 40 kN。

（三）使用后

使用后的紧线器要及时清理干净，放在干燥清洁的室内保管。

三、正面器

接触线正面器适用于铜及铜合金接触线，通过活动的头部自动适应不同的线型，如图 13-14 所示。其主要特点是：专用性能强、体积小、质量轻、使用方便。

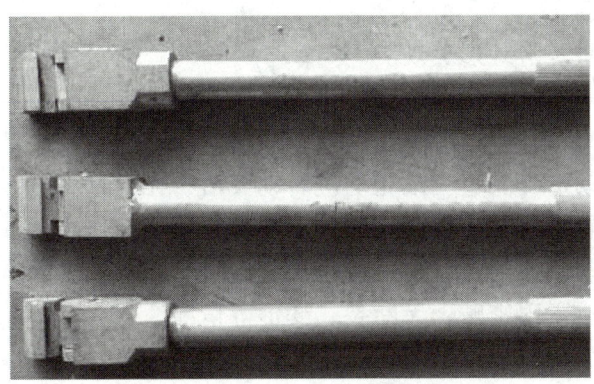

图 13-14 接触线正面器

（一）使用前

1. 检查校正部位有无裂痕、碰伤、变形现象。
2. 旋钮能正常松紧，无滑丝现象。

（二）使用时

1. 当导线扭弯变形时，将正面器旋钮打开，让夹口张开角度恰好从接触线的小面侧夹住接触线沟槽，锁紧旋钮，防止正面器掉落。
2. 利用正面器调整接触线线面，保证接触线小面朝上，大面朝下，不能有旋转现象。

（三）使用后

应放在清洁干燥的室内进行保存。日常保养时，应严禁捶打、重压、高空抛投。

（四）注意事项

1. 防止平面器从接触线中拖出伤人。
2. 不得当锤子使用，防止损坏正面器。
3. 手柄有油渍，要擦拭干净后使用。

四、五轮平弯器

五轮平弯器通过 5 个铜质滚轮沿导线滚动实现对接触网线的校直，适用范围 85～150 mm^2 铜接触线。在五轮正弯器的多个轮对的作用下，无须在接触线上施加张力，即可使接触线恢复顺直、方便使用，对接触线无任何损伤。

（一）主要特点

1. 不易对接触网线表面产生损伤。

2. 调节简便、快捷。
3. 调节精度更高。
4. 体积小、质量轻、外形美观。

(二) 使用前

1. 检查滚轮转动情况。每个滚轮均应转动灵活，无卡顿。
2. 每个滚轮的轮缘与轮槽表面均应光滑平整，不能损伤线索。
3. 旋转螺栓转动要灵活自如，无滑丝现象。
4. 各连接部位应紧固密贴，无断裂、变形等情况。
5. 保证线索截面积与五轮平弯器型号相匹配。

(三) 使用时

1. 调整旋转螺栓，使两排滚轮的距离能够容纳线索通过。
2. 将需要平弯的线索放入轮槽中，锁紧旋转螺栓，两排滚轮夹住线索。
3. 用力推拉平弯器，反复经过弯曲变形的线索处，观察平弯过程。
4. 通过锁紧旋转螺栓和用力推拉平弯器的组合动作，能够将线索逐渐校直。多次重复此工序，完成校直工作。

(四) 使用后

1. 本设备为精密工具，应轻拿轻放。不能敲击、捶打、磕碰，以免影响其精度。
2. 应放置在干燥清洁的室内保管，防止锈蚀。

(五) 注意事项

1. 使用中避免调节过紧，要循序渐进地使用。
2. 避免高空坠落伤人、损伤工具。
3. 手柄有油渍，要擦干净后使用。
4. 定期进行保养。

五、断线钳

(一) 使用前

1. 连臂用断线钳的刀头螺钉是用45号优质碳素结构钢制造的。
2. 断线钳的剪切刃口应为一直线，经剪切试验后，两刀片刃口不得产生错位、崩刃、凹痕等缺陷。
3. 断线钳的表面不应有裂纹、毛刺、缩孔、碰伤、铁锈等缺陷。
4. 断线钳的刀头表面进行电镀或发黑、涂漆处理，漆层均匀、色泽一致，光滑，不得有遗漏的地方及剥层、气泡等缺陷。

5. 断线钳的刃口厚度：450、600 mm 规格的为 0.3~0.5 mm；750、900、1 050 mm 规格的为 0.4~0.7 mm。

断线钳如图 13-15 所示。

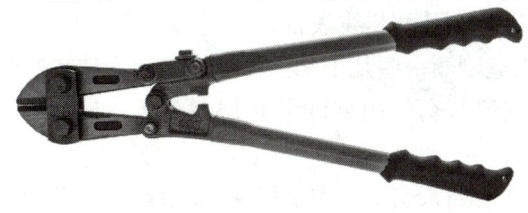

图 13-15　断线钳

（二）使用时

1. 不能剪切超过规定使用直径范围的金属线材。
2. 不宜剪切温度超过 200 ℃ 的金属线材。
3. 使用时以一人操作为限。

（三）使用后

1. 应存放在干燥清洁的室内。
2. 做好防锈保养。

（四）注意事项

1. 使用时不得任意接长手柄或砸击钳柄，以免其部件受损或断裂。
2. 断线钳钳头（刀头）不可代替锤子作敲击之用，以免钳头受损。
3. 使用后发现钳口刃部间隙过大时，可借调节螺钉进行适当调节。

六、压接钳

导线压接钳由油箱、动力机构、换向阀、卸压阀、泵油机构组成，如图 13-16 所示。优点：泵油机构与动力机构的连接为垂直连接，可充分利用空间而减小占地面积，有利于作业及运输；将高、低压油泵的泵油形式变为偏心轴承的动作形式，结构简单、零部件少而利于装配。

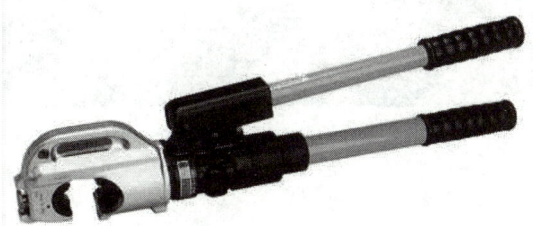

图 13-16　液压导线压接钳

（一）使用时

1. 根据导线截面选择压膜和椭圆形铝套管。
2. 把连接处的导线绝缘护套剥除，剥除长度一般应为套管长度加上 5~10 mm（裸导线无此此项），用钢丝刷去芯线表面的氧化层（膜）。
3. 用另一清洁的钢丝刷蘸一些凡士林锌粉膏均匀地涂抹在芯线上，以防氧化层重生。
4. 用圆条形钢丝刷清除套管内壁的氧化层及油垢，最好也在管子内壁涂上凡士林锌粉膏。
5. 把两根芯线相对地插入套管，使两个线头恰好在套管的正中连接。
6. 根据套管的粗细选择适当的线模装在压接钳上，拧紧定位螺丝后，把套有套管的芯线嵌入线模。
7. 对准套管，用力捏夹钳柄，进行压接：先压两端的两个坑，再压中间的两个坑，压坑应在一直线上。
8. 接头压接完毕后要检查套管弯曲度是否大于管长的 2%，否则要用木槌校直。
9. 套管不应有裂纹。
10. 擦去残余的油膏。

（二）使用后

1. 要保管好相关配件和压接模块，不要丢失。
2. 要存放在干燥清洁的室内，以免锈蚀。

七、力矩扳手

力矩扳手是用来紧固螺栓的，为防止紧固螺栓时过力造成螺栓损坏，故力矩扳手设计有力矩设置功能，如图 13-17 所示。通过设置好的力矩值来控制扳手的紧固力，当紧固力超过设置的力矩值时，力矩扳手将出现打滑现象，无法继续紧固螺栓。

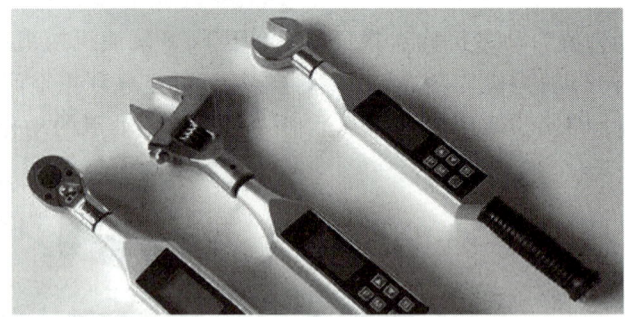

图 13-17　力矩扳手

（一）使用前

1. 检查力矩扳手外观，扳手不能出现弯曲、损坏等影响使用的情况。

2. 选择力矩值量程合适的力矩扳手。
3. 调整力矩值。力矩值不能从大往小调整。
4. 选择与螺栓配套的套筒安装在力矩扳手上。

（二）使用时

1. 手柄人体工程学优化设计，握持舒适，大大降低高强度操作时产生的疲劳感。
2. 双刻度尺，可精确设定扭矩值。力矩值为大视窗中黑色刻度线数值加上小视窗中的刻度值之和，数值精确到个位。
3. 调整力矩值通过手柄尾部的锁紧装置进行调整。向下拉此装置后，可以调整力矩值；调整好数值后向上推锁紧装置，即锁定力矩值。
4. 紧固螺栓中达到设定力矩值时，发出清晰的咔嗒声，并且在手柄上可感觉到轻微震动。

（三）使用后

1. 拆卸套筒，放入套装箱中。
2. 将力矩扳手的力矩值重新调整为0，放回套装箱中。

（四）注意事项

1. 应用力矩应在扳手的扭力范围20%至90%之内。
2. 力矩扳手不能遭受捶打，也不能捶打其他物体。

第五节　绳扣系法

一、平　结

平结又称接绳扣，用于连接两根粗细相同的绳子。结绳方法如图13-18所示。

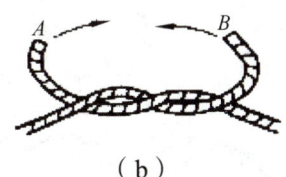

（a）　　　　　　　　　　　　　（b）

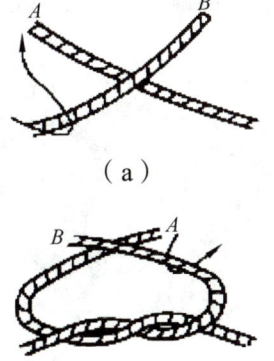 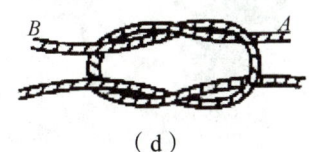

（c）　　　　　　　　　　　　　（d）

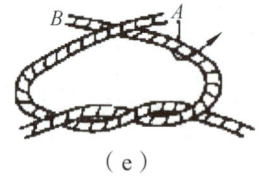
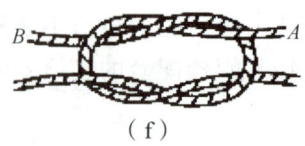

图 13-18 平结

（一）缠绕方法

1. 将两根绳子的绳头互相交叉在一起，如图 13-18（a）所示，A 绳头在 B 绳头的下方，也可以互相对调位置。

2. 将 A 绳头在 B 绳头上绕一圈，如图 13-18（b）所示。

3. 将 A、B 两根绳头互相折拢并交叉，A 绳头仍在 B 绳头的下方，如图 13-18（c）所示。

4. 将 A 绳头在 B 绳头上绕一圈，即将 A 绳头绕过 B 绳头从绳圈中穿入，与 A 绳并在一起（也可以将 B 绳头按 A 绳头的穿绕方法穿绕），将绳头拉紧即成平结，如图 13-18（d）所示。

（二）注意事项

在进行第 3 步时，A、B 两个绳头不能交叉错，如果 A 绳头放在 B 绳头的上方[图 13-18（e）]，则 A 绳头在 B 绳头上绕过后，A 绳头就不会与 A 绳并在一起，而打成的绳结如图 13-18（f）所示。此绳结的牢固程度不如平结，外表不如平结美观。

二、活　结

活结的特点是当需要把绳结拆开时，只需把留在圈外的绳头 A（或 B）用力拉出，绳结即被拆开，拆开方便而迅速（图 13-19）。

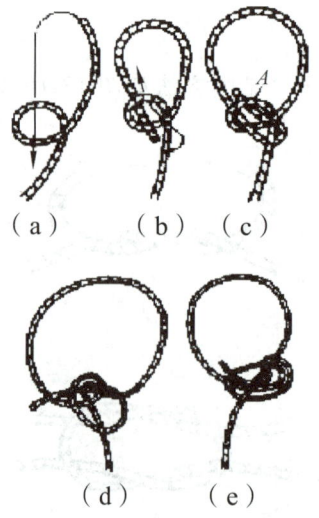
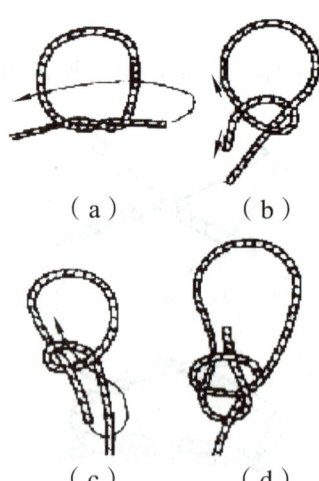

图 13-19　活结

三、倒背扣

倒背扣用于垂直方向捆绑起吊质量较轻的杆件或管件（图 13-20）。

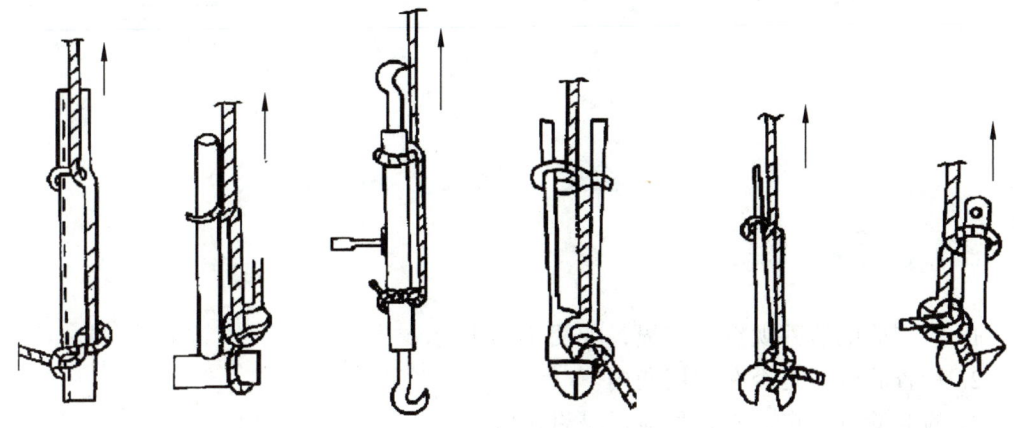

图 13-20　倒背扣

1. 将绳从木杆的前面绕向后面，再从后面绕向前面，并把绳压在绳头的下方。

2. 在第一个圈的下部，再将绳头从木杆的前面绕到后面，并继续绕到前面，即做了一个背扣。

3. 把绳头按图 13-20 箭头所示方向连续绕两圈，把绳头压在线圈内（做成一个死背扣），即成为倒背扣。在垂直起吊前，应把绳结拉紧，使绳结与木杆间不留空隙。

第十四章　接触网作业及应急处理

第一节　验电、接挂、拆除地线

一、检　查

1. 检查验电器外观有无破损，如图 14-1 所示。
2. 检查验电器是否在使用期内。
3. 检验验电器声、光信号显示是否正常。

图 14-1　检查验电器外观

4. 检查绝缘靴、绝缘手套外观有无破损，绝缘等级是否符合要求，如图 14-2 所示。
5. 检查绝缘靴、绝缘手套试验安全合格证是否在使用期内。

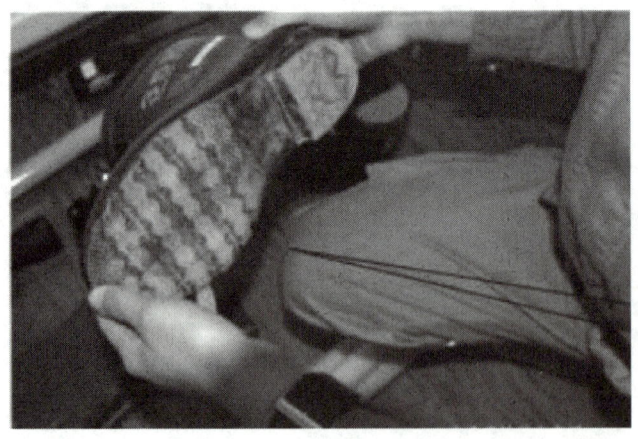

图 14-2　绝缘靴检查

6. 检查接地线杆体外观有无破损。
7. 检查接地线有无断股、散股和接头,透明护套外观有无破损。
8. 检查接地线试验安全合格证是否在使用期内。

二、操作流程

(一)验 电

1. 与地线监护人共同接受并复述、确认工作领导人验电接地命令。
2. 穿戴绝缘靴、绝缘手套。
3. 使用验电器检测地线接挂位置是否停电。
4. 向监护人汇报验电情况。

(二)连接地端

对钢轨进行除锈打磨,装设地线接地端,并确认连接牢固,接触良好,如图 14-3 所示。

 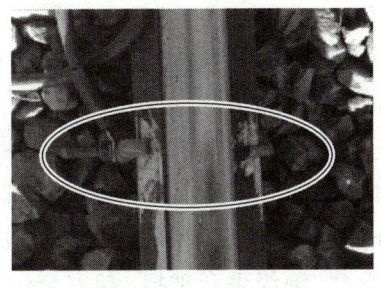

图 14-3 接地端固定

(三)短接封线

1. 确认短接钢轨位置。
2. 接受并复述、确认工作领导人短接钢轨命令。
3. 用短接线短接钢轨。
4. 向驻站联络员、工作领导人汇报钢轨短接情况。

(四)接挂地线

1. 地线操作人、监护人共同确认工作领导人下达的接挂地线命令。
2. 将接地线与停电的接触网设备相连。
3. 采取防风摆措施。
4. 向监护人、工作领导人汇报地线接挂情况。
5. 撤除钢轨短接线。

（五）拆除地线

1. 复述、确认工作领导人拆除地线命令。
2. 穿着绝缘靴、绝缘手套。
3. 地线操作人在监护人监护下，先拆除接地线与被停电接触网设备的相连，再拆除地线接地端。

（六）作业结束

1. 地线操作人、监护人共同清点工具材料，防止遗漏。
2. 地线操作人、监护人撤至安全地点，等候返回。

三、注意事项

1. 装设接地线时，人体不得触及接地线。
2. 接好的接地线不得侵入未封锁线路的限界。
3. 装设或拆除接地线时，操作人要借助于绝缘杆进行。
4. 绝缘杆要保持清洁、干燥。
5. 未穿着绝缘靴、绝缘手套禁止验电、接挂、拆除地线。
6. 绝缘锚段关节一侧接触网有电时，禁止在转换柱、中心柱等双腕臂支柱上接挂地线。
7. 通信中断或未接到工作领导人拆除地线命令，严禁臆测拆除地线。
8. 验电器杆体破损、声光检验异常或超安全试验周期禁止使用。
9. 绝缘靴、绝缘手套破损、超安全试验周期或绝缘手套充气试验不合格禁止使用。
10. 接地线杆体破损、超安全试验周期或接地线有断股、散股和接头禁止使用。
11. 验电器声、光信号显示异常情况下，禁止臆测接挂地线。
12. 未接到工作领导人验电接地作业命令，禁止臆测作业。
13. 接地端在钢柱上时，不需短接钢轨。站场作业时，无电务人员现场指导禁止短接钢轨。

第二节　异物处理

一、处置原则

1. 原则上高速铁路正线区段坚持添乘动车组方式处理，动车所和有人值班的车站（站内）可采取临时封锁人员进网的方式处理。
2. 不侵入受电弓动态包络线范围且不影响供电的异物，原则上在当日天窗时间内利用临时天窗处理。

3. 不侵入受电弓动态包络线范围但影响供电的异物（如绝缘子附近的锡箔纸等导电材质异物，飘动后可能发生放电的），要第一时间处理。

4. 侵入受电弓动态包络线范围的异物，第一时间通知后续动车组降弓通过，并立即组织人员添乘（动车所和有人值守的车站可以申请临时封锁进网处理）处理。

5. 遇有大型接触网异物（如大型苫布、长大广告布等），除第一时间添乘处理外，还要安排后续邻线添乘人员支援和汽车人员支援。

6. 处理大型接触网异物时，如异物（考虑风摆）距处置人员无法保证 2 m 以上安全距离的，要在接触网停电状态下进行处理。

二、处置流程

1. 接到异物信息后，调度指挥中心第一时间通知异物所在位置的两端车站（有供电人员值守的）的供电人员携带处理工具第一时间前往车站。同时第一时间通知车间主任、主管供电副主任。

2. 车间接到异物信息后，第一时间安排驻站联络员上台登记、联系列车调度员确认处置方式和添乘的动车组信息。

3. 调度指挥中心，通知相关人员后，要立即调取列车运行信息，查找可以第一时间到达异物地点的动车组运行信息，并联系集团公司列车调度员，安排添乘人员上车。非图定停靠站，也可以联系列车调度员安排停车上人。

4. 如最佳添乘车站的供电人员因工作冲突，无法第一时间上车，调度指挥中心要立即查找列车信息，安排第二梯队人员添乘处理。

5. 发现异物后，调度指挥中心应及时调取视频监控，查看现场情况，及时发布异物信息视频。

6. 各综合车间的添乘动车组人员，在未确定异物大小前，一律按影响行车类型对待，需携带异物处理工具、有效通信工具，在封锁命令下达到动车组 CIR 终端后，方可下车处理，并根据调度命令内容做好邻线行车防护。

7. 在异物处理过程中，驻站联络员要联系列车调度员，处理人员的返回方式，如采用添乘邻线动车组处理且邻线动车组不等待处理人员时，需立即查找附件梯口或网门位置，指导处理人员撤离现场，并联系线路专业派人前往梯口或网门开门，以人员到达梯口或网门旁为（远离线路）时间节点销令。如需添乘本列返回，异物处理人员作业结束后需添乘本列，则以人员上车时间为节点进行销令。

8. 如现场确认异物无法由两人处置时，应立即联系车间和段调度，安排后续支援。

9. 异物处理后，驻站联络员根据现场人员反馈，及时销令。如有限制行车条件，需及时登记。

10. 如异物可以降弓通过，且列车调度员明确要求暂时不处理时，车间要安排人员在网外看守，随时观察异物情况，如需处理，第一时间进网处理。

三、注意事项

1. 现场情况应拍摄照片，上报段调度。
2. 处理后的异物要带回，交车间留存备用。
3. 在本线封锁邻线不封锁的情况下，要做好行车防护，根据现场情况及天气情况，对邻线列车限速提出要求，原则上坚持 160 km/h 及以下，具体速度根据现场情况确定。
4. 异物处理后，清点物品，确保无工具遗漏。

第三节　接触网隔离开关状态确认和应急操作

一、隔离开关状态确认

1. 分、合状态及触头状态检查，检查隔离开关分、合闸时，动触头动作是否灵活。
2. 合闸时刀闸接触是否密贴，分闸时 S3F 隔离开关刀闸角度是否为 65°。
3. 隔离开关必须调至"分"或"合"位，不允许有中间状态。
4. 开关"合"到位是指开关触头触母间的间隙符合要求的尺寸，即 3~7 mm。
5. 开关"分"到位是指分闸角度符合产品设计说明要求，接触刀闸距离接触弹簧至少 30~35 mm，开关才会发出隔离开关"分"的信号；接触刀闸和间隔套间的距离在 15~20 mm。

二、操作机构状态确认

1. 操作机构转动时有卡滞或冲击现象时，对转动部分注入润滑油。
2. 手动操作机构分合闸与标识不一致时，调整标识，重新安装。
3. 传动杆与操作机构连接松动时，按照标准紧固法兰盘连接螺栓。
4. 传动杆安装不垂直时，调整操作机构安装位置，直至其垂直。

三、现场停电检修操作流程

1. 供电调度员下达当地分、合闸操作命令。
2. 将开关调至"当地"位，进行分、合闸操作。
3. 操作隔离开关时，按照指示说明进行操作，电动功能失灵时，使用摇把手动操作。
4. 向供电调度员汇报操作开关状态，确认与调度台遥控信号显示是否一致。
5. 确认无误后，供电调度员下达当地合、分闸操作命令。
6. 向供电调度员汇报操作开关状态，确认与调度台信号显示是否一致。
7. 确认无误后，将开关调至"远动"位。

8. 向供电调度员汇报操作开关状态，供电调度员进行远动分、合闸试验，确认隔离开关状态。

四、注意事项

1. 没有供电调度员准许操作的命令，禁止进行任何操作。
2. 使用摇把手动操作隔离开关时，操作准确迅速，一次开闭到位，中途不得停留和发生冲击。

参考文献

[1] 中国铁路总公司. 铁路技术管理规程（高速铁路部分）. 北京：中国铁道出版社，2014.

[2] 佟立本. 铁道概论[M]. 8版. 北京：中国铁道出版社有限公司，2020.

[3] 张仕雄，薄宜勇. 铁路信号基础设备维护[M]. 北京：中国铁道出版社，2015.

[4] 戴成新. 铁路基础设施综合维修（基础知识）[M]. 北京：中国铁道出版社有限公司，2020.

[5] 杨岸立，张辉. 接触网施工与维护[M]. 北京：中国铁道出版社，2017.

[6] 中国铁道出版社. 高速铁路接触网维修岗位（修订版）[M]. 北京：中国铁道出版社，2018.

[7] 林瑜筠，谭丽，涂序跃，等. 高速铁路信号技术（修订版）[M]. 北京：中国铁道出版社，2017.

[8] 李建平. 铁路轨道与修理[M]. 3版. 北京：中国铁道出版社有限公司，2019.